日本 1852

ペリー遠征計画の基礎資料

チャールズ・マックファーレン

渡辺惣樹＝訳

草思社文庫

JAPAN : an account, geographical and historical,
from the earliest period at which the islands composing this empire
were known to Europeans, down to the present time,
and the expedition fitted out in the United States, etc.
by Charles MacFarlane, esq.,
George P. Putnam & Co.,
10 Park Place New York, 1852.

文庫版のための訳者まえがき

本書は、訳者の著書『日本開国』（草思社文庫）執筆に際して参考とした文献である。一八五二年夏、ニューヨークで発刊されたこの書は、アメリカの日本開国プロジェクトを意識したものだった。当時のアメリカは、英国やフランスなどのヨーロッパの大国に比べれば、まだ弱々しい新興国であった。そのアメリカが海軍力の四分の一を使って進める国家事業が日本開国プロジェクトだった。

このプロジェクトが国家事業になるまでの動機や背景、あるいはペリー（マシュー・ガリブレイス）提督が指揮官として選ばれるまでのプロセスについては、『日本開国』で十分に書き込んだのでここでは繰り返さない。読者には『日本開国』を本書と併せて読んでいただきたいと思う。

本書『日本1852』は、アメリカの世紀のプロジェクトとも言える日本開国計画に強い関心を寄せるアメリカ国民に向けて書かれた。当時の日本は極東の閉ざされた未知なる島国であり、国民の日本に対する興味が高まっていた。それだけに時宜にかなった出版であった。

筆者のチャールズ・マックファーレンは英国人である。歴史家であり、日本への溢れる好奇心をもつ友人に囲まれていた。その影響を受けて彼自身も日本に強い関心を寄せ、世界各国で著された日本に関する書籍を蔵書していた。日本を訪れた経験はないものの、当時としては日本についての十分すぎるほどの情報をもっていた。

当初、日本開国プロジェクトを委ねられたのはペリー提督ではなく、一八五一年に東インド艦隊司令官に就任していたジョン・オーリック提督であった。しかし、オーリックはその任に相応しくないとして解任され、ペリーにその大役が任された。オーリックの解任の理由ははっきりしないが、指揮能力や外交交渉能力に問題があると見なされたのは確かなことである。既に広東に赴任していたオーリックと交代するために、ペリーがノーフォーク（バージニア州）の港を、乗り慣れた戦艦ミシシッピ号で艦隊の待つ中国沿岸に向かったのは一八五二年十一月二十四日のことであった。

ペリーの旅は大西洋から喜望峰を周り、インド洋を抜けて中国に向かう東回り航路であった。それだけに長い船旅となった。香港への到着は年も明けた四月初めのことである。四か月半の船旅をペリーは無駄にしなかった。交渉相手国となる日本をじっくりと学んだのである。ペリーは日本開国交渉の本質が、米国に莫大な富をもたらす支那市場への太平洋蒸気船航路（太平洋シーレーン）を安全なものにすることであることは十分に理解していた。

ペリー提督の娘キャロラインは美貌で知られ、ニューヨークの富豪オーガスト・ベルモントに嫁していた。ベルモントはイギリス・ロスチャイルド家のエージェントであった。ロスチャイルド家にはベルモントの他にもう一人のエージェントがいた。それが法律家アーロン・パーマーだった。このパーマーこそが「日本開国計画」を立案し、時の政権に建言した人物だった。このことは拙著『日本開国』で詳述したからここでは繰り返さないが、この人間関係からも明らかなように、提督は立案者のパーマーから計画の骨子を十分に聞き、理解していたのである。

ペリー提督は計画の狙いやその重要性は理解していたものの、交渉相手となる日本についての知識は乏しかった。そんな彼にとって東回りの長旅は幸運だった。何冊もの日本を理解するための書を読みこんだ。その中の一つが本書『日本1852』だった。

著者のマックファーレンは日本を訪れたことはないと書いた。彼の情報源の多くが長崎出島に暮らしたオランダ商館長や商館員のものである。出島に勤務したのはオランダ人だけではない。オランダは小国であり人口が少なかっただけに、有為な人材供給を外国に頼らざるを得なかった。蘭東インド会社にも多くの外国人が採用されていた。だから幕府の目からはオランダ人として見えた商館員には、イギリス人やドイツ人がいた。彼らは母国語で日本の経験を書いていた。それらもマックファーレンの重要な情報源となった。そうした情報を総合して書き上げたものが本書である。間違いもある。それでも日本の歴史と日本人の気質を驚くほど正確に伝えているのである。

詳細は本文に譲るが、日本の社会システム（徳川幕藩体制）を処々で批判するものの、全体的評価は極めて高い。また日本人社会に行き渡る礼節に驚嘆し、賞賛を惜しんでいない。明治期に多くの西洋人が日本を訪れ、好意的な描写を残していることはよく知られている。彼らは日本に来る前にマックファーレンに代表される日本を好意的に記す書を読んでいた。けっして日本の素晴らしさを日本に来て初めて発見したのではない。書かれていたことが事実だったと確認した驚きの描写なのである。

もう一点注目しておきたいことがある。それは日本における権力の二重構造の理解である。世俗権力の象徴である将軍と、武力を有しないミカド（皇室）の精神的な権力の並立を見事なまでに把握している。マックファーレンのこの記述を読んだからこそペリー提督の日本開国交渉は丁寧であり、日本側に二重権力の間での意見のすり合わせと意思統一の時間を与えようとしたのではなかろうか思わせる。例えば、ペリー艦隊の来航は二度にわたっている。一八五三年の四隻による来航時には、大艦隊を率いて翌年に再び来航することを伝えただけであった。二つの権力に方針を一致させるための時間を与えたのであろう。また日米和親条約締結後から領事赴任までに十八か月の余裕を持たせている。これも同じ考えに基づくものではなかったか。もちろん我々はその後の歴史を知っている。ペリー提督の意識していた二つの権力は意見のすり合わせに失敗した。暴力的な分裂を見せた結果が、ペリー提督自身も予期しなかったろう明治維新であった。

先述のようにペリー提督は日本を全く知らなかった。本書を、読者自身が日本開国という重責を委ねられたペリー提督になったつもりで読んでもらいたいと思う。彼が進めた開国交渉の一つ一つの進め方の根拠が奈辺にあったか、合理的な推測ができるヒントが散らばっている。歴史学は事件の記録を記憶することだけではない。なぜ歴史上の人物がそのような行動を取ったかを考えること。これは事件の経緯を記憶するよりも重要なことなのである。

訳者まえがき

本書の原題『日本：地理と歴史　この列島の帝国が西洋人に知られてから現在まで、及びアメリカが準備する遠征計画について』が示すように、この書は、アメリカの進める日本遠征計画を、強い関心を持って見つめていた英米の知識人のニーズに応えて出版されたものです。アメリカ海軍の四分の一の戦力を割き、アメリカの威信をかけて臨む日本開国プロジェクトは世間の耳目を集めていたにもかかわらず、人々は日本をほとんど知りませんでした。本書の発行は一八五二年七月。ニューヨークの出版社から刊行されています。ペリー提督がノーフォーク（バージニア州）を出港する四カ月前のことです。アメリカ政府もここに記述される情報以上のものは持ち合わせてはいませんでした。

ペリーの出発に先立ち、アナポリスで歓送セレモニーが行なわれています。フィルモア大統領以下政府の重要閣僚が列席しています。それほどの重要案件であった日本開国交渉。アメリカ政界幹部や、交渉を委ねられたペリー提督以下の軍人たちはいったい日本をどんな風に理解していたのでしょうか。本書は彼らの頭の中を覗くのに絶好の資料です。読者には、これまで学んだ日本史をいったん引き出しにしまって、日本のことなどまるで知らなかったペリー提督のつもりで本書を読まれることをお勧めします。開国を頑なに拒み続けている日本。果たしてペリーの開国要求にどのような反応をみせるのか。交渉相手をまず知ることが外交の鉄則です。知り得た情報をもとにペリーはいくつかのシナリオを考えていたに違いありません。どんなシナリオだったのか想像しながら読むのも一興です。

著者のマックファーレンは日本を訪れたこともなく、日本人との直接の接触もありません。数世紀にわたってヨーロッパ人によって伝えられた文献と、数少ない日本訪問経験者との会話で得た情報をもとに本書はまとめられています。ですから私たち日本人からすれば、彼の語る日本は「他人が書いた履歴書」のようなものです。間違いもたくさんあります。しかし、履歴書を書かれた本人が全く気づいていなかった、驚くべき観察の多いことにも気づきます。私たちが学ばなかった、あるいは忘れてしまった日本の姿です。

本書を読み進むにつれ、日本人としての誇り、先人たちの作り上げた文化への感謝の気持ちがふつふつと湧いてきます。オスマントルコやインドの歴史にも造詣の深いマックファーレン。本書は、大英帝国の一流知識人が残してくれた現代日本人への贈り物にも思えてきます。

＊訳注は（　）と数字で示し、数字の注は各章末にまとめた。小見出しは訳者による。

日本　1852◉目次

読者へ

我々は日本をほとんど知らないと言ってしまうことは正確ではない。その多くが多少古くなっているとはいえ、ヨーロッパには日本に関わる大量の文献が存在している。他の東洋諸国を理解するのと同じ程度の情報が揃っているのだ。

私の手元には、日本及び日本人に関する書物が、あたかも日本に特化した専門図書館のように、多くの方々の好意によって集められている。こういった書物は一五六〇年から一八三八年に著述されたもので、ラテン語、ポルトガル語、スペイン語、イタリア語、フランス語、オランダ語、ドイツ語、及び英語と、多くの言語で記されたものである。中でもこの国で勤務したオランダ人やドイツ人の医師たちの記した書物が最も有益で、その内容も豊かなものだ。したがって、オランダ人たちがその独占貿易特権を維持するべく、日本という特殊な国を西洋人に知らせまいとしていたなどと言うことは適当ではない。我々がトルコについて百年前に知り得た以上に、日本のことが理解できると言えよう。本書の中でおいおい説明していくことになるが、このことは日本に住む人々の社交的で穏やかな民族性と多分に関わっていそうだ。

私が日本に関心を持つことになったのは、二十年前に故ジェームズ・ドラモンド卿と知り合ったことがきっかけになっている。卿はワーテルローの戦いののち英国代表として交渉に臨んだ。私の良き友人であり、若い頃にはオランダ人と偽り日本に数年暮らした経験があった。私が彼と知り合ったブライトンの町には日本に関するあらゆる分野の書籍が集められており、あたかも図書館の様相を呈していた。彼の実際の見聞と、鋭い洞察に満ちた会話を暖炉の前で楽しんだものだ。いつか日本についての書物を著わしたいと思っていたが、他のプロジェクトのために中断せざるを得なかった。しかし米国により日本遠征が計画されている今日、まさに世間の耳目を集めている日本についてまとまった書を出すべきだとの思いをあらたにした。

ドラモンド夫人はスモレット卿のいとこの娘で、その文学趣味はご主人に匹敵するほどだった。ドラモンド卿が多くの友人に惜しまれながら亡くなったのは一八四四年のことで、夫人もその一週間ほどのちにご主人のあとを追っている。お二人はいま同じ墓に眠っておられる。私の悲しみはお二人には届かず、もはや思い出話を楽しむことはできないが、お二人との出会いを書きとめながら懐かしく当時を思い起こしている。

本書執筆にあたっては、できるだけ多くの日本研究者と意見交換を行なった。そうした方々のお名前は脚注に記したので、今後の研究の参考になろう（脚注は読みやすさを考慮し、適宜本文の中で説明するか訳注の中で説明している）。

本書のテーマはより広い総合的な日本理解にあるので、あえて細かい事象には触れていない。誤解を避けるために述べておきたいのだが、私も十分に齢を重ね、数々の国を訪れ、たくさんの書物に目を通している。集められた文献に記されている内容をそのまま真に受けて記述することはない。十六世紀から今日まで、他者によって集められた情報の中で常識を疑うものや、複数のソースから確認できないものについては、それなりに疑いの目を向けながら表現したつもりである。

本書執筆にあたっては、外務省勤務で王立アジア協会のエドウィン・ノリス卿に数々の助言と有益な情報をいただいた。ここに篤く謝意を表したい。また王立アジア協会におかれては所蔵品の閲覧、見学の機会を与えていただいた。他にも多くの便宜を図っていただいたジェームズ・ウイアー・ホッグ卿、ホラス・ヘイマン・ウィルソン卿、東インド会社図書館の担当者の方々にも併せて御礼申し上げたい。

C. M. F.

本書をブラウンロー・C・バーティー卿に捧ぐ

カンタベリーにて　一八五二年七月一日

第一章　西洋との接触

ポルトガル人来航

一五四二年、マカオに向かうポルトガル船が嵐によってそのコースを変えられ、日本諸島の一つの島に打ち寄せられた。この島国はヨーロッパ社会にはおよそ未知の世界であった。[1]ポルトガル船がやっとの思いで碇を下ろしたのは、九州・豊後（大分県臼杵市）の港であった。この地の支配者は用心深かったものの、外国に敵意を持ってはいなかった。そのためポルトガル人たちは歓迎され、住民たちとの交流も自由であった。ポルトガル人たちがまず驚いたのはこの国の肥沃さと美しさであり、高度に開墾された土地と多くの人々が住んでいる事実であった。また豊富に存在する金、銀、銅の鉱物資源にも目を見張っている。この国の発見が、それがたとえ偶然であったにしろ、東インド諸島を経由してやって来たポルトガル人たちによってなされたことは間違いのないことである。

この未知の国に最初の足跡を残したのは、アントニオ・モタとフランセスコ・ゼイモトの二人だった。二人の肖像画が日本に残っている。日本の芸術の特徴をよく示した絵画である。彼らに対して親しみをもって接していることから、西洋人がこの国に最初に与えた印象はかなり友好的なものだったろう。

このとき以来、豊後の支配者の了解の下、年に一度、毛織物、毛皮、絹製品、琥珀《タフ》織《タ》などを満載したポルトガル船がこの国を訪れることになった。ポルトガル船が初めて日本に入ってから七年後の一五四九年に、一人の日本人の若者が国を捨て、ポルトガルの植民地であるインド・マラバー地方の港町ゴアに逃げてきている。この若者はローマ・カソリック教会の宣教師と知り合うとカソリック信者となり、洗礼を受けている。[2]

多くの日本人がそうであるように、この若者は知的で進取の気性を持っていたようだ。ポルトガル商人に、日本全国にその取引を広げるように勧めている。またイエズス会宣教師には、日本での宣教の容易さとキリスト教化の可能性が高いことを説いている。これを受けてポルトガル人たちは、この二つの目的を達成しようと交易所設置の準備に取りかかっている。たくさんの売れそうな商品と献上の品々を満載したポルトガル船に乗って、この若者は日本に戻ってきた。当然にイエズス会士もこうした船に乗っていたのである。

フランシスコ・ザビエル

その中にロヨラ（イグナチオ・デ・ロヨラ）と共にイエズス会の創設にかかわり、のちに聖人とされたフランシスコ・ザビエルがいた。スペインの名門に生まれたザビエルは日本の布教に大きな成功を収めている。彼には日本人のような民族を教化するのにもってこいの資質が備わっていたのだろう。ゴアの町の友人たちはザビエルの日本行きには反対だったようだ。千三百リーグ（およそ七千キロメートル。一リーグは三海里、一海里は約一・八キロメートル）もの船旅、捕獲した者を虐殺することで知られるマレーの海賊、まだ測量されていない岩だらけの日本沿岸、日本近海に現われる巨大な渦、支那と日本の間で吹き荒れる台風。こうした危険の数々を指摘する友人たち。しかしザビエルは、商人たちが商業利益を求めて危険を恐れず航海しているのだから、我々宣教の使徒が危険を恐れるようなことがあってはならないと主張して、そうした忠告には耳を貸さなかった。日本への布教は神の御心。ザビエルの日本行きは実り多いものになった。

日本に向かったポルトガル人は船乗り、商人、神父などであったが、豊後だけでなく、どこに行っても温かい歓迎を受けている。日本の諸侯は、その頃は相当な独立性を保持していて、自らの判断で争うようにしてポルトガル人を港や市中に招いていた。その上彼らは何の制約も受けずに陸路・海路を問わず移動ができた。商人は高い利益のあがる市場にありつき、宣教師たちは、辛抱強く、知的で、説教に真剣に耳を傾ける聴衆にめぐり合った。この国には支配的な信仰はない。

信仰はいくつかの流派に分かれているようだった。信仰の中の少なくとも三つの流派は外国からもたらされたもので、穏やかにこの国に根づいている。中でもバラモン教に起源を持つとされる信仰はインドから輸入され、この国の人々に広く信じられていた。この信仰はポルトガル人のもたらした教えによく似たところがある。それが、日本人たちが彼らの説教に好意的だった原因かもしれない[3]。彼らの信仰には生、死、復活があるようで、その概念はキリストの教えの本質の多くに近似していて三位一体の考えまで含んでいるとも考えられるのだ[4]。仮にこういった観察が正しければ、紀元五〇年頃の後漢の皇帝明帝の頃にはキリスト教の教徒の教えが、さすがに日本までは到達しなかったものの、当時、東方の最果てだった支那までは届いていたのかもしれない。

ローマ教会の仰々しく、人を圧倒するような儀式の数々。頻繁に行なわれる礼拝。こういったカソリック教会の特徴が、信心の篤い日本人には、より単純な信仰の形式よりも好まれたのかもしれない。確かに初期の宣教師たちは、謙虚で徳を積んだ利他的な人物ばかりだった。情け深く、貧しい人々や不幸に見舞われた人々に強い愛情を持って接している。宣教師たちは絶望の淵にある民に神の救いを説き、そして病人の看護にあたった。彼らは当時最新の西洋医学の知識を幾ばくか持ちあわせていたから、この国の人々にとって有益であったし、そのことはキリスト教信者の増加に貢献している。ザビエルが日本から支那の宣教に向かったのは一五五一年。彼は翌年の十二月二日に広東のマカオ近くの村、上川島（原文はShan-Shan）で亡くなったが、日本での布教は彼が残した有能な人材やその後、頻繁にこの国を訪れる者たちに引き継がれている。

ザビエルの後任は一五七〇年に亡くなっているが、五十の教会を設立し、三万人の信者を獲得している。この時期の宣教に携わった者は、口をそろえて日本人を賞賛している。日本人の従順で他者に優しい気質。恩義を重んじる傾向。ザビエル自身も日本人を語るときは歓喜の思いを隠せないと述べている。

この国での教化が順調に進んでいたこの時期でも、幾ばくかの迫害や背教の行為があった。それでもポルトガル人にとっては、この国との交易を盛んにし、教化を進めることはいとも簡単な作業だった。マカオには既にヨーロッパやインドから多くの商品がもたらされていたし、十分な数の宣教師たちが活動していた。日本への進出支援は容易だった。確かにマニラを拠点とするスペイン人も同じように必要な支援を受けることができた。それでもポルトガルが有利だったのは、ポルトガル植民地の中心都市ゴアは、スペインの拠点マニラよりも遠く地理的に不利だったとはいえ、インドのローマと言われるほど繁栄していたからだ。ここで宣教に向かわせる人材をいくらでも調達できた。ポルトガル人が日本で極めて短期間のうちに巨富を築いたのは決して驚くに値しない。

ポルトガルの成功は、日本の支配者の間に嫉妬心を生ませるほど大きなものだったが、こうした感情がこの島国との交易そのものに悪影響を及ぼすのはまだ先のことだった。この時期にはこの国の中央政府が弱体だったことで、中央への反抗と、独立の気概が地方には溢れていた。割拠する諸侯の異邦人への強い興味が、ポルトガル人たちの活動の追い風になったのだろう。将軍の命令を無視する諸侯の例は、この時期の宣教師たちによって頻繁に報告されている。

ポルトガル貿易の繁栄と布教

一五六六年頃にはポルトガル人は大村の大名に、長崎が貿易に適した港であると進言している。これによりポルトガル人の居住地が長崎にできた。爾来、この港町は貿易の重要拠点となっている。同時に、この港をあまり歓迎しない一面が現在に至るまで存在することも否定できない[5]。

商人たちはこの港に毛織物、絹製品、ワイン、医薬品などのヨーロッパの品々を持ち込み、その見返りにこの国に豊富に存在する貴金属を得た。一方宣教師たちは、やっかいなこの国の言語と格闘していた。

神父たちはこの国の作法、習慣に不慣れで言葉も不自由だったから、布教や説教には下手な通訳を使わざるを得なかった。日本語の単語をラテン語で書きとめたものを、その意味も理解せずに使うのだから、聴衆の失笑を買うこともあった。ところが言葉に親しみ、この地の人々の信仰、習慣、性癖などを理解すると、彼らの布教活動は驚くほどの成功を収めている。ポルトガル人が最初に住み着くことになった九州では、信者は増え、豊後、有馬、大村の諸侯はキリストの教えを後押しするだけでなく、自らも信者となり洗礼を受けた。

イエズス会は十分な教育を施して、少なくない数の若者を入会させている。日本のキリスト教徒は、親書と献上品を持たせた七人の使節をローマに遣《や》った[6]。彼らは教皇グレゴリオ十三世に謁見し忠誠を誓っている。長い船旅の末、この使節がローマに至ったのは一五八五年のことで、グレゴリオ十三世の後継である教皇シクストゥス（五世）の即位式にも立ち会っている。この使節が日本に戻ったのは一五九〇年のことなので、（一五八二年に日本を出てから）実に八年にもわたる旅であった。この使節が帰国した一五九一年から九二年の二年間で少なくとも一万二千人が信者となり洗礼を受けている。この時期、将軍さえもイエズス会の教えに強い興味を示した事実は、布教の成功を示すものだと言える。

一方、布施と民衆への影響力の逓減に悩む非キリスト教の僧たちは、支配層へその影響力を行使し、キリスト教信仰を死罪により禁止させることに成功している。これにより狂信的な迫害も起きている。とはいえ、こうした抑圧は日本人信者に向けられたもので、ポルトガル人に対して激しい嫌がらせがあったわけではない。多くのポルトガル人が有力者の娘と結婚していて、こうした女性は当然ながら洗礼を受けていた。商人も宣教師もこの国では十分に成功していたのだ。交易や布教の窓口となったのは豊後、平戸、長崎の三つの港だった。輸入品の利益率は少なくとも百パーセント。この国からの輸出品の利益も極めて高かった。年間三百トンにもなる金、銀、銅がこの国から持ち出されている。当時ポルトガル人は交易品の種類にも数量にも何の制約も受けなかった。大型船が行き来し、船が港に入ると人々はその日がまるで祝日であるかのように歓迎した。往時の様子をドイツ人[7]（オランダ商館の医官、エンゲルベルト・ケンペルのこと）が伝えている。

「ポルトガル人による貴金属の流出があと二十年も続いていたら、オフィル山[8]（『旧約聖書』にある黄金の産地）が衰退してしまったのと同じように、この国で産出する富はマカオにすっかり移されていただろう」

溢れる金銀でマカオの町は、あたかもソロモン王時代のエルサレムの様相を呈していたのだ。

当時のポルトガルは、キリスト教文明国の一つであり、服装も作法も洗練され、音楽や詩文にも優れていた。ところが、ポルトガル文化の痕跡を上流日本人の間に見つけることは難しい。彼らの文化は不思議なほどインドや支那から伝わった文化要素との融合を遂げている。ケンペルは人種間の類似性に注意を向けていて、日本人とポルトガル人の間には、考え方・振る舞い・性向に確かに似たものがあると言う。そしてそれは同じような気候の中で生活していることが関係しているかもしれない、と言うのだ。しかし不幸なことにポルトガル人たちはあまりに多くの宣教師たちを連れてきてしまった。彼らは異常なまでに宗教的情熱を燃やしたのだった。

イギリス人航海士ウィリアム・アダムス

イギリスは布教については全く関与していないのだが、オランダ人が初めてこの国にやって来ることができたのは、(彼らに雇われていた)イギリス人航海士アダムス[9](日本名、三浦按針)の技能と科学知識のおかげであった。エリザベス朝期の半ばに生まれたこの男の興味深い逸話は数多く残されている。残された手紙を引用しよう。

「私はロチェスターから二マイル、チャタムから一マイルのところにあるケント地方の町、ジリンガムに生まれた。ここは多くの女王陛下の船が碇を下ろしている港町だった(エリザベス一世の時代に造船所設立)。十二歳の頃にはロンドン近郊のライムハウスに移り、船長の資格を持つニコラス・ディギンズ[10]の見習いとして十二年間を過ごした。ディギンズの会社と英国海軍で働いた後、およそ十一年から十二年の間、バーバリーコースト(アフリカの地中海北岸)との貿易に携わる船で働いていた。オランダの船がインドに向けて頻繁に向かうようになると、自分の技量をそこで試したいと思うようになった」

「一五九八年、五隻の船で構成されるオランダの船団が東インドに向かうことになったのだが、そのうちの一隻のチーフパイロットとして雇われることになった。この船団を企画したのはピーター・ヴァンダーヘーグとハンス・ヴァンダーグートで船団の指揮はジャック・メイヘイに任されていた。私は彼の乗る船の航海士だった」

船団がテセル島（現在のオランダ北ホラント州にある島）を出帆したのは一五九八年六月二十四日。エリザベス一世治世の晩年の頃である。

当時は何事もなくうまくいく航海などはほとんどなかった。（トルデシリャス条約による）教皇子午線を越える前[11]には既に病気（壊血病）が蔓延し、アフリカのギニア沿岸に碇を下ろさざるを得なくなった。指揮官はここにたどり着く前に亡くなっていて、さらにここでも相当数が死んでいる。その後も苦難の連続だったが、一五九九年四月初め、ようやくマゼラン海峡まで達した。

「南米のこの地は、既に冬となっていて雪も激しく、寒さと飢えで仲間の多くが衰弱していった」

当時、この海峡を抜けるヨーロッパの船はほとんどなく、海図もなく、アダムスはたとえ倍の時間がかかろうともケープ岬沖を抜けたかったようだ。

「五、六日間は北東風に恵まれたから、一気に海峡を抜けることができたかもしれない。しかし船員の休養と薪水の補給がどうしても必要だった。積み上げた薪や材木は十五トンから十六トンにもなった。補給と休養ができたので、無理をすれば海峡を首尾よく通過できたかもしれなかったが、南から吹き込む風や冷たい雨と雪で越冬せざるを得なかった。四月六日から九月二十四日までの長期にわたってここに釘付けになり、食料も尽きていった。多くの仲間が飢えで死んでいった」

やっとのことで海峡を抜けたものの、船団は離れ離れとなってしまい、アダムスの乗るエラスムス号[12]（アダムスの乗ったリーフデ号の旧名）はチリの沿岸で僚船をおよそ九日間待ち続けた。現われない仲間たち。そこでモカ島[13]（チリ南部太平洋岸の島）に向かうことにした。

「沿岸には気性の穏やかな原住民が住んでいて、羊やジャガイモを小さな鐘やナイフとの交換で供給してくれ、それにひどく満足してくれていた。ところが、この地域はスペインの支配が及んでいたこともあり、彼らは住居から姿を消してしまい、我々との接触をやめてしまった」

南アメリカの沿岸はどこにいっても、スペイン人かポルトガル人が支配していて、遅れてきた国の船乗りたちは彼らの激しい敵愾心と警戒心に悩まされた。

「十一月一日、南緯三十八度[14]に位置するモカ島に近づいた。ところがあまりの風で碇が下ろせない。しかたなくサンタマリア島（サンチアゴ南方二百キロ、コロネル川河口沖の島）を目指した。この島についての情報は全く持ち合わせていなかった。少人数の先発隊を上陸させたのだが、島民との小競り合いで八、九人が負傷した。しかし島民は我々を親切にもてなしてくれた。翌日、船長は二、三十人の部下を連れ、食料を求めて島に向かった。ひどく食料が不足して飢えがひどかったのだ。数人の島民が、親しげにボートに近づいて来ると、酒と芋のようなものを見せながら上陸を促した。羊も牛もいる様子だった。船長はこの誘いに乗って部下と共に上陸した。ところがこれは彼らの策略だった。どこかに隠れていた、千人を超すほどの原住民が一斉に船長たちに襲いかかったのだ。虐殺された仲間の中には私の弟トーマス・アダムスもいた。あまりに多くの同僚を失い、碇を上げることさえ難しくなるほどだった」

この惨劇から二、三日してエラスムス号は見失った僚船の一隻と再会できたのだが、彼らも同様の手口で、モカ島で船長と二十七人の仲間を殺されていた。

「我々は食料を確保する手段を相談した。上陸して力ずくで掠奪するには、あまりに多くの仲間を失った。残っている者もほとんどが病んでいた。そんなときスペイン人らしい男が我々の船にやって来た。その男は次の日も現われたのだが、我々は何事もなかったかのように帰してやった。三日目に二人のスペイン人が乗船して来ると、我々は、彼らが担保なしで約束を守るか心配だったが、こちらの窮状を説明し、食料を何とかできるか交渉した。しぶしぶであったが、彼らは約束の時間までに必要な食料を揃えてくれた。牛肉とマトンのおかげで、我々は相当に体力を回復することができた」

僚船（ホープ号）の航海士はアダムスと同じくイギリス人で、ティモシー・ショッテンといった。あの有名なトーマス・カベンディッシュ船長（大航海時代のイギリスの探検家。一五六〇―九二年）の世界一周航海に参加している。アダムスとショッテンは二人とも山っ気があるほうだったせいか、よく気が合った。残りの僚船三隻のうち一隻はスペイン船に襲撃されたことは聞いたが、あとの二隻がどうなったかの情報は持っていなかった。おそらく沈没したのだろう。アダムスの船では仲間に互選された船長らで今後の方針が検討された。こういう状況の中で、どうしたら最高の利益を得る商売ができるかが最も重要なテーマだった。積荷は毛織物で、この商品をどこで売り捌《さば》くのか、必ずしもはっきりした当てがあるわけではなかった。

「最終的に日本に向かうことに決めた。ディレック・ゲリットソンという男の意見を採用したのだ。この男はかつてポルトガル船で日本に行ったことがあるという。この島では毛織物が重宝されているらしい。マラッカや東インド諸島では暑くて毛織物は不要だろう。こうして目的地は日本に決まった[15]」

「一五九九年十一月二十九日、目的地に向けて出帆した。数カ月にわたって貿易風に恵まれた」

アダムスは人食い人種が住んでいる地帯に入ってきたことを確信していた[16]。

「北緯十六度付近でこうした島を見つけた。大型ボートで近づいた八人は人肉食の犠牲になったと思う。人食いの島民一人を捕虜にした」

北緯二十七度から二十八度付近で風向きの一定しない嵐に遭遇した。一六〇〇年二月二十四日、この嵐の中で二隻の帆船はお互いを見失っている。この二隻が出会うことは二度となかった。オランダの港を出た五隻の艦隊のうち、残ったのはアダムスの船だけであった。しかしアダムスはあきらめなかった。

カソリックの敵意

「嵐に悩まされながらも全力で、日本に向けて帆を張った。三月二十四日、ウナコロナ島と名づけられた小さな島が見えた。この頃既に多くの乗組員が病気になり死者も出ていた。なんとか這いずって動けるものが九人か、十人いるだけだった。船長も含めた誰もが死を覚悟していた。こんな状況の中で遂に日本が見えてきた。四月十一日のことだった。この頃になると動ける者はわずか五人もいないありさまだった。ここは目指していた豊後だった。十二日、小型の船がやって来て日本人たちが乗り込んできた。我々にはこれに抵抗する力は全く残っていなかった。我々の船はここに碇を下ろした」

後日、日本人は実直な民族だと知るのだが、この時点では彼らは決して正直とは言えなかった。

「日本人は、危害を加えることはなかったが、持てる限りの積荷を持っていってしまった。ただ、のちに代金を支払ってくれる者もいた。翌日、兵士が乗船して来ると残りの積荷が盗まれることはなかった。二、三日して、我々の船は港の中に曳航された。この地方の王に我々の入港が知らされ、彼の指示が決まるまで、この港で待機することになった。幸いなことにこの王は船長と病人の上陸を許してくれた。一軒の家があてがわれ、食事も与えられゆっくり休むことができた。五、六日した頃、数人のポルトガル人がやって来た。そのうちの一人はイエズス会士だった。キリスト教徒になった日本人も何人か混じっていた。長崎という町から出向いてきたのだ。彼らは、我々が海賊で、商売のためにこの国に来たのではないと主張していた。プロテスタントの我々を敵視していたのだ」

確かにこの頃、太平洋のこの周辺に現われる船は、スペインやポルトガルからの船でなければ、みな海賊船あるいは私掠船と見なされていた。ローマ教皇の裁定[17]で、次々に発見される新世界はスペインとポルトガルで分け合うことが約束されていて、イギリスやフランスなど他の国には手を出させなかった。こうした国の船がスペイン船やポルトガル船に見つかると積荷は全て密輸品として没収され、乗組員は盗人として扱われた。しかし、宗教改革を成し遂げた国々はこの馬鹿げた主張を受け入れはしなかった。世界の地理を全く知らない教皇がスペイン、ポルトガルに勝手に与えた領土である。その分割に正当性などあるはずはない。それでも反カソリックの国の太平洋の航海は、自衛のために船団を組むことが常識だった。船団であれば、自由な交易ができ、スペイン船やポルトガル船に抵抗ができたのだ。これらの国がコントロールしている港に逆に上陸して掠奪をしかけることもあった[18]。

この時代は海賊の世紀であった。スペインとポルトガルの厚かましいほどの強欲さと嫉妬。残虐な性格。これがこの時代の背景なのだ。海賊の時代はエリザベス一世、ジェームズ一世、チャールズ一世の在位に重なっている。自由な交易をスペインとポルトガルが認め始めたのはウィリアム三世の時代に入ってからで、レイスウェイク条約（一六九七年）以降のことである。この頃になると、この二カ国以外の国もアジア太平洋地域でそれなりの力をつけてきたのだ。いずれにせよ、この時期のイギリス人船乗りは南北アメリカにあるスペインの支配地域や太平洋の海が危険であることは十分に認識していた。

「イエズス会士やポルトガル人は我々を海賊行為の罪で磔《はりつけ》にするよう主張していた。そのせいで日本人も我々を警戒の目で見るようになっていた。仲間の中からも二人の裏切り者が出た。一人は母親がミドルバーグ（オランダ南部の町）に住んでいたギルバート・デ・カニング。ポルトガル王に忠誠を誓うことを約束し、我々の積荷を掴こうとたくらんだ。もう一人は、ジョン・アベルソン・ヴァン・オワテルという男だった。こいつらが積荷を我々から取り上げる方法を考え、航海の途次にあった出来事を敵にしゃべっていたのだ」

ポルトガル人たちは、この国に築いた独占貿易の既得権は絶対に渡さないと懸命だった。信仰の異なる者に対する激しい憎悪。だからオランダ人もイギリス人も毛嫌いされていた。我々イギリス人は不可侵のテリトリーに迷い込んだ異教徒の群れだった。アダムスたちが磔にされたら、どれほど彼らを満足させたことか。日本人のキリスト教徒にとっても、我々は警戒すべき異教徒で、神を冒瀆する堕落者と思われていた。

大坂の皇帝

ところが我々にとって幸運だったのは、我々の件が大坂にいる皇帝[19](emperor と記述されているが、徳川家康のこと）に報告されると、大坂に連れて来るようにとの命令が下ったのだ。二人が大坂に向かうことになった。そのうちの一人がアダムスだった。

「出発前に仲間に別れの挨拶をした。船長以下みな衰弱し、病んでいた。船長の手をしっかり握った。この手が、私を危機から何度救ってくれただろうか。豊後の王様の船に乗せられ、ここから八十リーグ（およそ四百三十キロメートル）離れた大坂に向かった。一六〇〇年五月十二日、皇帝の住む港に着いた。連れて行かれた宮廷は、金箔がふんだんに使われた豪華な屋敷[20]だった。皇帝の前に出ると彼は、私をじっくり観察した。その目は私にはなぜか好意に満ちたものに感じられた。彼はジェスチャーを交えて会話を試みてきた。中には理解できる仕草もあった。そうこうするうちに、ポルトガル語を話す通訳が現われた。皇帝は私の出身地と、この遠く離れた日本に現われた理由を尋ねた。国の名前を挙げ、東インド諸島が目的地だったことを説明し、商売を通じてどこの国とも仲よくしたいと答えた。この国で産出しない品々をたくさん運んでくることができること、逆にこの国だけにしか手に入らない物産を買い付けたいことを説明した」

アダムスが政治や経済やらの小難しいことには馴染みのない、ただの航海士であったことが幸いしたのだろう。自分たちの置かれている立場をうまく説明している。

「皇帝は次に、我々の国では戦争があるかと聞いてきた。ポルトガルとスペインとはいつも戦っていますが、それ以外の国とは仲よくやっています、と答えた。続けて何を信仰しているか、との質問が続いたが、天地を創造した神にいつも祈っていると話した。皇帝は矢継ぎ早にいろいろな質問をぶつけてきた。この国に辿り着いた経路も詳しく聞いてきたので、持っていた世界地図を見せながら、マゼラン海峡を抜けてやって来たことを丁寧に説明した。皇帝はこの説明に納得せず、私が嘘をついていると感じたらしい。

その後も質問は夜が更けるまで続いた。船にはどんな商品を積んでいるのか、とも尋ねられたので持参したサンプルを見せた。皇帝が尋問を終え部屋を出ようとするとき、我々もポルトガル人のように、この国と貿易が可能かと問いかけた。皇帝の答えは聞き取ることができなかった。

この質問攻めの後に牢に入れられたのだが、二日後にはまた引き出されて再び質問攻めにあった。ヨーロッパの国々の政情、戦争と平和の成り行き、ヨーロッパの動物の種類。それこそ世の中のありとあらゆることについて質問を受けたのだった。皇帝は私の説明に満足した様子だったが、その日も結局牢に戻された。ただその夜に戻された牢は少しだけ過ごしやすかった」

アダムスの対応はナイーブで、船乗りらしい率直さが微笑ましい。対照的なのは皇帝の驚くべき好奇心だ。アダムスも彼の質問に素早く、そして隠しだてなく答えている。英国が誇る海の外交は、昔からこうした素晴らしいものだった。

「結局、三十九日間牢に入っていたことになる。リーフデ号（エラスムス号）はどうなったのか、船長はどうなったのか。状況は一切知らされなかった。この間にも、イエズス会士やポルトガル人たちは、私たちは海賊で皇帝に厄災をもたらし、全ての国の敵である、と言い張っていた。もし我々が処罰されなければ、この国にやって来て交易しようとする者がいなくなるだろうとまで言うのだ。何とか処刑させようと必死だった」

ポルトガル人は後から来たものには情け容赦なかった。もちろんオランダ人も立場が逆転したときには同じようなものだった。必要に応じてキリストの信仰を否定することも厭わなかった。

「皇帝は、日本に何の害も与えていない者を処刑することは正義に反する、ポルトガルとオランダが戦争しているからといって、このオランダ人たちを殺すわけにはいかない、と言ってくれた。ポルトガル人は、ひどく不満げだった」

「私が牢に入っている間、リーフデ号は大坂の港近くに曳航されて来ていた。牢に入って四十一日目、皇帝から再び呼び出された。書き留められないくらいたくさんの質問が浴びせられた。最後に皇帝は、仲間に会いたいかと聞いてきた。もちろんだと答えると、仲間のところに戻ることを許してくれた。

「港に係留されているリーフデ号を目指して小船を漕いだ。船上では船長も仲間もいて、元気に私を迎えてくれた。私がとっくに処刑されたと聞いていたらしく、みな涙を流してくれた。全てが神の加護なのだ」

「船にあったものは何もかも持ち去られていた。特に、航海に必要な観測器具を喜んで持っていったらしい。ところが、皇帝は持ち去られたものを元に戻すよう命令してくれた。その上、五万レアル（八レアルが一メキシコドルに相当。現在価値で二千万円程度）に相当するお金を食糧や必需品を買うために支給してくれたのだった。しばらくして将軍の住む関東（Quanto）という島に向かうことを命じられた。江戸（Jeddo）という町に近いらしい。我々は船で移動したいと懇願したのだが、皇帝は許可しなかった。乗組員たちは船長に反抗し始めていて、日本人から支給された全てをよこせと要求していたから、もし皇帝が船での移動を許可していたら、船長も私も殺されていたかもしれない」

西洋式帆船の建造

これからおよそ二年間、リーフデ号に戻ることはきっぱりと断られた。彼らはこの国で残りの人生を楽しく穏やかに過ごすことだけを考えろというのだった。皆それぞれが勝手に住みやすいところを探して散っていった。皇帝からは一日に二ポンド（およそ九百グラム）の米と年間十二枚のデュカ金貨（一枚のデュカ金貨は現在価値で三万円から五万円程度）が与えられた。物価の安いこの国では悪くない額だった。ほとんどの連中は荒っぽくて無教養で役立たずばかりだったが、アダムスは違っていた。彼自身が新しいことにチャレンジするタイプの人間であったし能力もあったから、皇帝が彼を認め始めたのだ。そうして彼に相談するようになっていった。これまでの外国人としては考えられないことだった。

「四、五年も経ったある日、皇帝は私に西洋式帆船の建造を命じた。船大工もいないし、造船の知識も持ち合わせていないと答えたのだが、とにかくやってみろと言う。失敗してもかまわないと言うのだ」

「およそ八十トンの船を何とか完成させた。[21]皇帝は十分に気に入ってくれたようだ。皇帝は私をいっそう可愛がるようになって、お呼びがしきりとかかるようになった。プレゼントをいただくこともしばしばだった」

アダムスが実際に携わったのは製図だけで、あとは日本人の船大工やら鍛冶屋が活躍してくれた。みんな船の構造をよく理解していたらしく、アダムスは指揮をするだけで十分だった[22]。

この仕事が終わると、皇帝はアダムスをさらに重用した。何にでも興味を示す皇帝のよきアドバイザーといった立場だった。

「たくさんのことを皇帝に伝授したが、中でも皇帝が喜んだのは幾何と代数だった。これにはイエズス会の連中もポルトガル人も驚いたようだ。彼らの商売に利用しようと、私に接近してきた。私は彼らのために皇帝への便宜をはかってあげた。かつて私に向けられた彼らの悪意を考えると、少しお人よしすぎたかもしれない」

故郷への手紙

アダムスはイギリスに妻と子供を残していた。五年目も終わる頃、帰国したいと皇帝に訴えた。しかし、アダムスは皇帝にとって手放せない人間になっていた。それに比べ、船長のクワケルナックはさほど役に立っていなかったから、彼の帰国は許されることになった。もう少しうまくやっていれば、残ることになっただろう。日本の船でパタニに向かい、[23]そこで一年間、オランダ船が入港するのを待った。ところがオランダ船は一向に現われないのでジョホールに移った。幸運なことに、そこには九隻からなるオランダ船団が港に入っていた。司令官はマテリーフだった。クワケルナックはこの艦隊で船長に採用された。

この時代は力がものを言う時代だった。オランダ艦隊はマラッカ諸島に向かい、ポルトガル艦隊と交戦した。オランダ艦隊はこの海戦に勝利したのだが、クワケルナック船長は戦死した。アダムスがこうした顚末を知るのはまだ先のことだった。アダムスはクワケルナックがどうにか母国に帰って、家族や友人に自分の置かれた状況を伝えてくれることを期待していたのだ。

アダムスの日本での驚くような体験は、彼自身が妻や友人に宛てた手紙で知ることができる。[24]妻への手紙は不完全で日付がなく、友人への手紙は一六一一年十月二十二日付となっている。こうした手紙でアダムスがヨーロッパを出発したのが一五九八年六月だったことがわかるのだ。

この手紙をしたためた時期には、アダムスはクワケルナック船長の戦死を知っていたから、自分が日本で生きていることを故国に伝えることはできないだろうと絶望していた。友に宛てた手紙にはこうある。

「故国にいる者は私が生きているのか死んでいるのか、何の手がかりもないだろう。妻には何とか私が日本で生きていることを伝えたいものだ。未亡人として生きる妻、父無し子として生きる子供たち。そのことを思うと悲しみでいっぱいだ」

これに続くアダムスの言葉には望郷の思いが溢れている。

「ラトクリフとライムハウスの町には僕のことを知っている者がいるはずだ。ニコラス・ディギンズ、トーマス・ベスト、ニコラス・アイザック、ウィリアム・ジョーンズ。それからビーケットさん。もしこの手紙がこのうちの一人にでも届くことがあったら、私が罪深き巡礼者としてまだ生きていて、神の加護を願っていることをわかってくれるだろう」

オランダ貿易

アダムスが最初に建造した帆船は、日本人の船乗りを乗せて沿岸を二、三度航海した。アダムスは皇帝の命令で二隻目の百二十トンの帆船を建造した。この船は都（大坂）と江戸を航海した。この二つの都市の距離はちょうどロンドンとイギリス西南端にあるランドエンズとほぼ同じくらいである。江戸と大坂を結ぶ航路では遭難が多発していた。一六〇九年、大型のスペイン帆船セントフランシスコ号が夜半この沿岸で座礁した。百六十人が溺れてしまったが、三百四十人以上が救助された。[25] このニュースペイン（メキシコ）に向かう船にはマニラ総督に匹敵する重要人物[26]（スペイン領フィリピン、マニラ臨時総督ドン・ロドリゴのこと）がいた。助けられた乗組員はみな親切な扱いを受け、彼らをアカプルコに帰すのにアダムスの百二十トンの船が使われた。アダムスは帰国するチャンスだったが、この船に乗り込むことは許されなかった。

一六一〇年にアカプルコに向かったこの船は無事戻ることができた。[27] その翌年には救助のお礼の品々を満載した船がニュースペインからやって来た。その船には、両国の継続的な交流を求める特使も乗っていた。この事件についてアダムスは一六一一年に書いた手紙の中で触れている。この頃には彼の建造した百二十トンの船はフィリピンで使われていたことがわかっている。この事件の頃にはアダムスは地方領主のような扱いを受けていた。妻や子供たちと暮らせたら、あるいは家族と手紙のやりとりだけでもできたら、アダムスは相当に幸せだったに違いない。

「私の仕事に対する将軍の評価は高く、家来が八十人から九十人も持てる身分に取り立ててくれた。大勢の召使や奴隷を従えたようなもので、いわば英国の地方領主のようなものだ。こんな扱いを受けた外国人はこれまでに一人もいないらしい。確かに多くの苦難はあったが、神の加護があったのだ。帰国できるかどうか私にはわからない。ただオランダとの交易が始まれば、その願いが叶う可能性はあった。一六〇九年、二隻のオランダ船が日本にやって来た。[28]この二隻の主な任務は、ここにマニラから年二回やって来るポルトガルのカラック船を海上で捕獲することだった。追跡が五、六日ほど遅れ、ポルトガル船の捕獲はできなかった。彼らが皇帝の住む駿府にやって来ると大歓迎された。年に二、三度の交易船を日本に送ることに合意すると、彼らは皇帝の発行した朱印状を携えて去っていった」

この使節の交渉にあたったのはもっぱらアダムスだった。オランダはアダムスに大きな借りを作ったと言えそうだ。

「一六一一年、オランダ船が一隻日本にやって来た（バンテン出帆のブラック号が平戸入港）。積荷は絹織物、毛織物、鉛、象牙、ダマスク織、黒タフタ織、生糸、胡椒などだった。オランダ商人は約束に反して、前年の一六一〇年に来航できなかった言い訳をした。それでも大いに歓迎された」

アダムスはこうしたオランダ人との交流で、本国のイギリスが東インド諸島で活発な交易活動に入っていることを知ることになった。特にマラバル沿岸（インド南西部）で商館の設置を計画しているらしい。自分の存在をイギリスからの仲間も知ったら好都合のはずだ。今おかれている状況を家族に伝えることもできるだろう。家族の近況も気になった。妻や子供たちのことを思うと涙が溢れてくるのだった。離れ離れになって既に十三年。勇敢で、神を深く信じたよき英国人の代名詞のような男ロバート・ノックス（英東インド会社所属船の船長）が、セイロンの原住民に勾留されていた長い時間に匹敵するのだ[29]。セイロンの原住民は確かにこの国の人々より野蛮で残忍だったが、ノックスが彼らに捕まったとき、彼はまだ若かったし、妻も子供もいなかった。

「どんな方法でもいいから家族と連絡が取りたいと願い、手紙を書いた。誰の手を経てもいい。何とか家族にこの手紙が届くように神に祈った。生きている間に何としても会いたい」

アダムスの願いは叶わなかった。皇帝に最後まで仕え、ここに引用した手紙が家族に届くことを願いながら平戸の港でその生涯を終えている。彼が亡くなったのは一六一九年か一六二〇年のことだ（一六二〇年、平戸にて没）。この頃にはオランダの日本との交易は活発になっていた。日本への影響力も出始めていた。アダムスの貢献に対するオランダ人の感謝の気持ちは当然にあるべきだろうと思うのだが、彼らがアダムスの墓を建てたとか記念碑を建立したという話は聞かない。イギリスに残った家族のことを調べたという話も聞かない。多分どちらもオランダ人はしていないだろう。

日本のオランダとの交易の経緯にはロマンに満ちたこうした事件があったのだ。大航海時代にあって、確かにサミュエル・パーチャス（イギリスの聖職者。探検旅行記集成『ハクルート遺稿或いはパーチャスの遍歴』を編纂。一五七五？—一六二六年）の旅行記も面白いのだが、アダムスの書き残したこうした出来事にかないはしない。この時代に航海に従事した英国人は数々の未開の地の発見や、そこでの起業に多大な貢献をしてきた。商業の発展と文明の伝播の担い手だったと言える。もし手紙が故国に間違いなく届くような環境であったなら、アダムスはもっと詳細にこの国の出来事を書き残していたはずだ。そうすればロバート・ノックスが語るセイロン島の人々の話よりもっと面白い物語を聞くことができただろう。アダムスが手紙で伝えるこの島のことはあまり多くないのだが、ほとんどが好意的な記述となっている。

「この国は素晴らしい国である。北は北緯四十八度、南は三十五度。北東から南西に広がる国土は二百二十リーグ（およそ一千百キロ）の長さを持っている。東西の広がりは経度で十三度。この緯度での経度一度の差は二十リーグである。日本人は礼儀正しく好感が持てるのだが、戦《いくさ》になると勇敢である。仁義が重んじられ、それに違反する者は厳しく処分されている。礼節によって統治されているといってもいいくらいだ。この国よりも礼節が重視されている国は他になかろう。神を敬うことには熱心である反面、多様な考えを持つことには寛容である。イエズス会とフランシスコ会の僧侶がいて、多くの日本人の改宗に成功し、教会も各地にできている」

カソリック宣教師の傲慢

最初のオランダ商館は、アダムスが生涯を終えることになった平戸に開設されている。商館はこぢんまりとしたものだったが、ポルトガル人は必死になって設置を阻もうとしたり、破壊させようと画策した。しかし結局その企ては失敗に終わっている。オランダ人とポルトガル人の対立と憎しみは暴力に満ち、決して和解できるような性質のものではなかった。その憎しみは突発的な感情といったものではなく、心の奥底にまで根を張った、果てることのない性質のものだった。ポルトガル人がオランダ人を「いやしむべきルター派、分離主義者、呪うべき異教徒」と罵れば、オランダ人は「奴らは一片の木っ端や骨でできた偶像をありがたがるカソリック。偶像を崇《あが》める馬鹿な嘘つき集団だ」とやり返す。この激しい敵愾心はたくさんの気の滅入るような事件を引き起こしたから、一つところに両者が共存することはまず無理と考えられた。

ポルトガル人は、日本で起きたキリスト教徒への迫害はオランダ人のせいだと主張するが、それは正しくない。キリスト教への締めつけはアダムスが日本に来る前からのことで、オランダの存在が日本に知られる前にそれは始まっていたのだ。[30] 布教への規制も、もとはといえば、東アジアで活動する複数の修道会が、互いに憎しみあい、いがみあっていたことが原因だった。布教の活動を、最初にこの国にやって来て大きな成功を収めた先駆者に任せておけば、少なくとも迫害を引き起こすようなやり方にはならなかっただろうし、より多くの日本人がカソリックに改宗したことは間違いないだろう。

抜けめなく、慎重にことを進めてきたイエズス会だったが、他派の修道会がこの国に押し寄せてきた。フランシスコ修道会、ドミニコ修道会、アウグスチノ修道会。ゴア、マラッカ、マカオをはじめとした各地のポルトガル植民地からたくさんの宣教師がやって来た。[31] 彼らはこの国の為政者とうまくやっていこうなどとは考えず、身内だけの勝手な法体系をつくって運用した。フランシスコ会はドミニコ会と対立した。また、こうした会派の布教のやり方にはロヨラが見せた抑制的な態度が全くなかった。それぞれの会派が、日本人を煽動して他派を攻撃させることもした。真摯にキリストの教えを信じるようになった日本人は、こうした内輪揉めを何とかしようとするのだった。

日本人には性的に自制心がないという性癖があった。地方領主や有力者はたくさんの妾を持っていた。彼らには、この悪徳を矯正しようとした宣教師たちへの反感があった。教会の教えといえども、彼らのやり方を否定してはいけないのだ。この性に対する考え方の違いが、この国での布教活動を難しいものにしたという考え方があるようだ。一説には領主の一人がキリスト教に改宗した婦人に恋したらしいが、婚姻外の色恋沙汰に厳格なキリストの教えを聞いて、ひどく憤ったらしい。

皇帝は牧師や宣教師がこの国に来ることを禁じてしまった。ポルトガル船の船長も商人もキリスト教関係者を連れてくることが一切できなくなったのだ。にもかかわらず密航は続いた。特にフランシスコ会は積極的だった。彼らにはスペインの後押しがあった。スペイン領フィリピンを根拠に、マカオにも進出しおおっぴらに宣教活動を続け、教会を設置していた。清《しん》皇帝の命令を無視した活動だった。布教活動には慎重な態度で臨むべきだというイエズス会のアドバイスは、哀願と言ってもいいくらいに切実な願いだったのだが、フランシスコ会は一顧だにしなかった。殉教の精神を重視し、積極的な布教活動を性急に進めていったのだ。イエズス会は、フランシスコ会のやり方はキリスト教の布教に支障をきたすと危惧していた。イエズス会の憂慮が現実になったのは、一五九七年のことだった。アダムスの来航の三年前である。

こうした強引な布教活動とこの国のやり方との対立。オランダ人がのちに書き残しているように、二つの文化の確執は、自尊心、物欲、宗教的規範に対する感受性の相違でいっそう悪化している。日本人キリスト教徒も、宣教師たちの布教への意気込みに感心しながらも、彼らが見せる金銭や土地への執着には呆れている。宣教師はあまりの自尊心のためか、この国では最上位にいる武士たちにさえ横柄な態度を見せた。この頃の布教の成功に、こうした傲慢な態度がむしろ役立っていると考える者までいた。幹部の中には歩くことさえせず、かつての十二使徒のような振る舞いを見せる者も出てきた。あたかもローマ教皇のように、あるいは枢機卿のように、贅沢な椅子に座り、それを担がせて移動するのだ。この国の支配者と同等だと考えるならいざ知らず、彼らより上位にいると見当違いをする者も現われた。

一五九六年に起きた事件がある。ポルトガル人司祭が城に向かう高位の侍に出くわしたときのことだ。その高慢な司祭は担がれていた椅子から降りもせず、侍に何の敬意も払わなかったのだ。あたかも彼が存在しないかのように振る舞い、顔を背け、担ぎ手たちにそのまま進むことを命じたのだ。この頃には、かつて宣教師に向けられた畏敬の念はほとんど失われていた。こうした振る舞いが流血事件に発展するのは火を見るよりも明らかだった。彼らの存在がこの国にとって害悪となると思われ始めたのは当然だった。威張り散らす高慢ちきな態度がポルトガル人たちへの憎しみにつながり、結局そのことで命を失う者が出てきたのだった。鼻持ちならない虚栄心と強すぎる自尊心。それに加えての無礼な振る舞い。皇帝がそれに気づくのは素早かった。宣教師の中には、金や女にうつつを抜かす者も確かにいただろうが、それは一部の者に限られていた。

このような悪行は、見知らぬ土地で厳しい布教活動に置かれていることが原因というよりも、むしろこうした教団が長きにわたって富を蓄えていたことに起因すると見たほうがよさそうだ。日本での宣教師の蛮行は、彼らを憎むオランダ人によって大袈裟に語られたようだ。彼らは宣教師への迫害を望んでいたし、その悲劇にそれなりの理由があると納得していたとしても不思議ではない。

一五九七年には激しい迫害があった。二十六人のキリスト教徒が磔刑《たっけい》となったのだ[32]（秀吉による「二十六聖人殉教事件」）。処刑された中には一人か二人のイエズス会士、数人のフランシスコ会士がいたが、多くは日本人教徒だった。宣教師たちはあまりに過激にこの国の伝統的な偶像崇拝の風習を攻撃した。この宗教を信じた日本人たちも、熱狂的にこの教えを広めようとした。キリストの教えを信じなければ永遠に地獄で苦しむと脅かすだけではなく、仏教の僧侶を侮辱し、仏像を壊し、寺を破壊することまでした。これがキリスト教徒への迫害に火をつけたといってもよいだろう。皇帝や諸侯が、こうした振る舞いに、彼らがこの国に革命を起こそうとしているのではないかと疑ったのも当然だった。

キリスト教徒への迫害は一六一二年にも起こっている。アダムスが平戸にいた頃で、オランダとの交易が始まるか始まらないかの時代だ。迫害は一六一四年にもあった。改宗した日本人教徒が残酷に処刑されていった。宣教師たちは散り散りになり、この国を去って二度と戻らない者も多かった。しかしかなりの数の宣教師が地下に潜行し、密かに布教の活動を続けたのもまた事実である。建立された十字架はなぎ倒され踏みにじられた。教会は破壊され、付属の神学校（セミナリオと呼ばれた）は閉鎖された。キリスト教徒は、日本の伝統と政治のあり方を否定する破壊分子だとされたのだった。

ポルトガルの衰退

そうは言っても、ポルトガルの商人までが迫害を受けることはほとんどなかった。彼らはたくさんの外国の品々をこの国にもたらしていたし、この当時はオランダとの交易は微々たるもので、ポルトガルとの貿易に取って代われるものではなかった。それでも、ポルトガルの船に潜んで密入国する宣教師を何とかしなくてはならなかった。これに対処するため長崎港にある出島にポルトガル人の出入りを限定させた。他の港を利用することを一切禁じたのだ。一六二二年、出島からそれほど遠くない丘でキリスト教徒に対する壮絶な仕置きがあった。日本人の信徒だけでなくイエズス会のスピノラ神父やドミニコ会、フランシスコ会の宣教師が捕らえられた。宣教師はみな国外退去を命じられていたにもかかわらず、密かに布教を続けていたのだ。このとき行なわれたすさまじい拷問の様子は、オランダ人たちがイラストを残して伝えている。日本人信徒が見せた深い信仰の姿は、ポルトガル人のようなカソリック教徒だけではなく、カルビン派やルター派の新教徒らによっても記録されている[33]（「元和大殉教」と呼ばれる事件）。

この頃になると、ポルトガルは、東洋での軍事力が衰えを見せ、国の威信も低下していた。あの偉大なアフォンソ・デ・アルブケルケ[34]（ポルトガルの探検家。一四五三―一五一五年）から始まった世界に広がるポルトガル植民地帝国。これがばらばらになりかけていた。オランダはセイロンをはじめとしたポルトガルの植民地を次々に奪い始めていた。こうして、およそ百年かけて築いてきたポルトガル繁栄の源が消えていったのだ。何とかオランダ人を貶《おとし》めて日本との交易から排除したいとポルトガル人が考えるのは当然だった。「オランダ人は君主たるスペイン国王に反逆する不逞分子[35]である」。皇帝や諸侯にこう訴えたのだ。専制支配の国ではこれは相当に有効な理屈だった。さらにオランダ人は海賊行為を働くとんでもない奴らだとも訴えた。豊後に現われたアダムスらを攻撃するのに使った方法をここでも繰り返したのだ。商売敵のオランダ人。彼らへの嫉妬や憎悪が激しい中傷の言葉を生んだ。この頃のローマ教皇を信じる者たちが記す書物には、イギリス人やオランダ人はいつも「海賊」として描写されていた。こうした批難には根拠がないと反論したが、実際には相当にひどい海賊行為があったのは事実だ。ケンペルは、ポルトガル人の中傷に反駁したオランダ人を弁護しているのだが説得力はなかった。そのことは彼自身も認めている。

東洋の植民地からリスボンに向かうポルトガル船は、喜望峰の辺りでオランダの私掠船に襲われるのが常だった。襲われたポルトガル船から一通の書簡が見つかったことがある。日本人によって書かれたものだ。それはポルトガル王宛で、その文章はどうも、モロ船長の作文のようだった。この男は熱狂的なカソリック信者で、イエズス会と親密な関係にあった。日本では彼らのエージェントのような役割を果たしていた。見つかった書簡にイエズス会が関わっていたのか、それとも他の会派が関与していたのかは、はっきりとしない。しかし彼らが日本人信者と結託して、日本の国内治安の混乱を画策していたのは間違いないだろう。日本人信者の数は十分に増えていたし（一六一〇年代の信者数はおよそ六十五万人、宣教師は百五十人程度と推定される）、布教の施設を増やすことができれば信者を増やすことはそう難しくないと思われていた。ポルトガルからの支援があれば、そうした信者を使ってこの国の政権を転覆させ、キリスト教国家を作り上げることさえ夢ではないと思う者もいたのだ。純粋な宗教者であったロヨラの教えを守ってきた者の中には、目的達成のためには手段を選ばないやり方に眉をひそめる者もいた。

ポルトガル王に宛てた手紙はオランダ人にとっては宝だった。これを日本の為政者に見せれば、ポルトガルの日本での利権に止めを刺すことができると目論んだ。この書簡は平戸藩主に提出され、それは直ちに長崎奉行に届けられた。モロ船長も、これに関わった日本人信者もいっせいに捕らえられた。モロは関与を強く否定したが、自身の筆跡と押印が証拠となった。ポルトガル王への信書には、兵士と兵器の供給を要請し、その支援を背景に、日本の信者とポルトガル人が将軍を放逐するという計画が記されていた。その上、この計画に加担する大名の具体的な名前まで明らかになったのだ。この計画が首尾よく成功すれば、新しい国はローマ教皇により認証される手はずになっていた。モロはマカオのポルトガル総督にも同様の信書を送っていた。その信書を運ぶ船が今度は日本の船によって拿捕され長崎に届けられた。日本転覆計画は間違いなくモロによって計画されていたことが明らかになった。モロは生きたまま火あぶりの刑に処せられた。一六三七年、将軍はポルトガル人追放を命じた。

ポルトガル人の放逐と島原の反乱

追放と同時に日本人の海外交易と渡航も禁止された。この禁を犯す者は財産を没収され、死罪となった。諸侯も将兵たちも外国人から物を買うことを禁じられた。外国人からの書簡を持ち込んだり、追放された日本人が帰国しようとすれば、その家族も含めて死罪とされた。そういった連中を助ける行為も死罪に相当した。キリスト教を広めようとする者も、キリストの名を唱える者も皆捕らえられ、牢屋に入れられることになった。神父たちを見つけ出した者には褒賞が与えられた。もちろん日本人信者を見つけた者にも褒美が出たが、その額は少なかった。

この国から急いで退去する者もいたが、出島に設けられた窮屈な商館や牢に入って、この政策が変わるのを待とうとする者もいた。少ない額の商売はまだ可能だったからだ。しかし彼らを一掃するという皇帝の意志は固かった。オランダがポルトガルに代わって、必要な交易品を供給できることを確認すると、ポルトガル人は帝国の敵であるとあらためて宣言した。ポルトガル人がもたらしたシェリー酒は皇帝のお気に入りだったようだが、その輸入さえも禁じている。

こうしてポルトガルは儲けの多い日本との商売から締め出された。一六三九年が終わる頃にはポルトガル人は一人もいなくなってしまった。これはひとえにオランダ人の策謀だとポルトガル人が怒ったのも決して根拠のないことではなかった。

ポルトガル人とオランダ人は商売だけでなく、あらゆる分野で敵対していた。状況[36]次第ではオランダ人とポルトガル人の日本での立場は逆転していてもおかしくなかった。二つの国のどうしようもない敵意と憎悪。日本人の信者がこの対立の犠牲になっていった。

信者たちは神父や宣教師の消えたあとも信仰を捨てなかった。拷問や死をも覚悟した強い信仰だった。しかし厳しい抑圧に耐えられず、遂に反乱が始まった。島原で皇帝の兵に立ち向かったのだ。幕府はオランダ人に幕府軍への協力を命じた。[37]こうした事実は同時代のオランダ人たちが記録しているし、それ以降も継続的に一八三三年まで何度も報告されている。オランダの役割は消極的であったと記録されているものも多い。一八三三年のM・フィッシャーの書物によれば、オランダは反乱軍の残兵の鎮圧に駆り出されたとのことだ。オランダは大砲と火薬を差し出した。使用法を訓練したのちに兵隊と兵器を戦場に運んだだけだと記しているものもある。しかしドイツ人のケンペルによれば、オランダは明らかにこの反乱鎮圧の一方の当事者として能動的に参加している。キリスト教信者たちは古い城（廃城となっていた原城）に立て籠り、幕府軍だけではこれを落とすことができないでいた。

「反乱に手を焼く幕府軍は、オランダ人を懐柔し協力を要請した。平戸のオランダ商館長クーケバッケルはこの要請を受けると直ちに準備を開始した。しかし戦に参加するのは自ら乗船している一隻だけにしておいた。彼は戦闘協力の要請が来ることを予め察知していて、平戸にいた他の船を前日に出帆させていた（このとき急ぎバタヴィアに向かったのは商館長代理のフランソワ・カロン。一六〇〇—七三年）。島原に向かったクーケバッケルはわずか二週間で現地に到着し、反乱軍の立て籠る城に四百二十六発の大砲を撃ち込んでいる。これらの砲撃は艦砲射撃だけではなく、陸揚げした大砲から発射されたものもあった。オランダの支援は幕府を十分に満足させるものだった。この砲撃は反乱軍を降伏させるまでに至らなかったとしても、相当な戦死者を出し、彼らの勢いを著しく削《そ》いだのだ。幕府からさらに六門の大砲の陸揚げを要請された。クーケバッケルはその要求に応じたのち、平戸に帰帆した」

近年、アメリカの歴史家はこのオランダの行為を批難している。島原の城はオランダ人の大砲の支援がなければ落ちることはなかっただろう。勇敢な信徒たちは彼らによって虐殺されたのだ。島原の反乱軍が、彼らの母国で新教徒の仲間を迫害したアルヴァ公爵（フェルナンド・アルヴァレス・デ・トレド。一五〇七—八二年。スペインの将軍。属領だったネーデルランドの新教徒を迫害）、レクセンス（一五二八—七六年。アルヴァの後任）、ファン・デ・アウストリア（一五四七—七八年。スペイン王フィリップ二世の異母兄。一五七七年にネーデルランド総督、新教徒を弾圧）、あるいはファルネーゼ（アレッサンドロ・ファルネーゼ。一五四五—九二年。ファン・デ・アウストリアの後任）のような連中だったなら、少しは弁解の余地があるかもしれない。しかしクーケバッケルにとってはオランダの商業権益が何より大事だったのだ。

反乱軍に対する包囲は長期間にわたった。ザビエルの来日以来キリストの教えに帰依した信者たちの戦意は高かったが、次第に食料不足が深刻になっていった。そこに悪天候が追い討ちをかけた。それでも信者らは一人として信仰を捨てる者がなかった。遂に虐殺が始まった。男も女も子供たちも容赦なく殺され、山のように死体が積み上げられた。この戦いで攻守双方に四万の死者が出たと推定されている。カソリック側の報告では、日本人信者の犠牲者だけで八万人を大きく超えている。ローマ皇帝ディオクレティアヌス[38]が行なったキリスト教徒迫害に匹敵する虐殺が繰り返されたというのだ。カソリック教徒の語る話は誇張され後世まで伝えられた。こうした厳しい処置が、かえってこの国でのカソリック信仰を根深いものにしたとも言える。殺された信者が埋められた塚には立て札が掲げられ、幕府の意思をきっぱりと示していた。

「この国に日が昇る限り、キリスト教徒は許さない。このことをスペイン王にも、キリスト教の言う神にもはっきり宣言する。この命令に背く者は斬首をもって処刑される」

オランダ商館

オランダ人は、キリスト教弾圧の手先として協力したにもかかわらず、期待したほどの見返りを得たとは言いがたい。この国でかつてポルトガル人たちが享受していた畏敬の念を受けることもなく、行動の自由も与えられなかった。儲けのことしか考えない悪徳商売人と見なされたと言ってよいかもしれない。

「皇帝のキリスト教一掃に消極的ながらも手を貸したのは我々だった。この国で商売を続けるには致し方のないことだった。幕府は全ての外国人の追放さえ念頭にあったのだ。我々の行動はやむを得なかったとはいえ、幕府の中にはそれを苦々しく見ていた者もいた。ポルトガル人が日本人にしっかり説明していたように、オランダ人もポルトガル人も、その信ずるものの本質はほとんど同じだった。それを日本人はわかっていたから、キリスト教信者の反乱鎮圧に喜んで協力したオランダ人が警戒されたのは当然だった。オランダ人が異教徒の国日本に忠誠を示すことなどあるはずがないのだ。幕府の要請に唯々諾々と従ったことで、日本人のオランダ人に対する警戒感を高めるという皮肉な結果になってしまった。我々は忌み嫌われ、そして軽蔑される対象に成り下がってしまったのだ。

一六四一年にはポルトガル人がこの国から完全に追放され、キリスト教信者の取り締まりは厳しくなっていった。これに呼応するかのようにオランダの平戸商館は閉鎖され、快適な平戸から小さな出島の商館に移ることを命じられた。[39]厳重な監視下におかれた出島は、商売をする場所というよりも、むしろ監獄と表現したほうがふさわしい場所だった。しかしオランダ人は、商売への執着、莫大な利益を生む日本の貴金属を前にして、永遠の虜囚生活に甘んじたのだ。日曜日の礼拝、祝祭を遠慮し、祈りを捧げることも、賛美歌を歌うことも自粛した。十字架も取り払い、キリストの名を口にすることさえも避けた。日本人がどんなに不躾な態度を見せても隠忍自重を続けたのだ」

オランダ人が押し込められた出島は長さ六百フィート（百八十メートル）、幅二百四十フィート（七十三メートル）の人工の小さな扇形の島だった。かかっている石橋が唯一長崎の町と島とを繋いでいた。そこには番所が設けられ見張りが常駐していたから、許可なしで出島に出入りすることはできなかった。出島の北側には水門が二カ所あったが、ここが開かれるのはオランダ船が入港し、荷を積み下ろしするときだけだった。[40]船が入港すると奉行所から派遣された役人が武装した衛兵を連れてやって来た。島の海側には一定間隔で十三本の高い杭が打たれていた。その杭には板でできたお触書が打ち付けられていて、杭で示してある区域の中に入ること、オランダ商館に近づくことを固く禁じていた。違反者は厳罰に処されることも明記されていた。

出島全体が板塀で囲まれ、塀の上部には細い屋根が付いていた。そこには鉄の長釘が二列に打ってあり、完全なる防護柵となっていた。島内に並ぶ商館は軒の低い安っぽい造りで、木と竹が使われていた。石材の使用は禁止されていた。長崎奉行所の役人はいつでも島内に入ることができた。ときおり島内では密輸で捕まった罪人の処刑が執行された。密輸は死刑と決まっていた。オランダ人は常に監視されていた。役人だけでなく密偵やら見張りの組織があって、ときには心づけが必要だった。猜疑心から生まれた監視システムの傑作だった。監視を命ぜられた者は誰をも信用せず業務に忠実だった。オランダ人は禁欲生活を強要されていた。入港するオランダ船に女が乗ってくることは許されていなかった。日本人の使用人は日暮れから夜明けまで、この島に残ることはできなかった。使用人は頻繁に交代させられていた。オランダ人の習慣に馴染み、主人への親しみがわいてしまうことを未然に防ぐ処置だった。

オランダ船が港に入ると、まず大砲が外され、その他の武器や弾薬と併せて船から取り払われる。そうしておいて役人が乗り込んで船内を隅から隅まで調べてまわり、全ての積荷のリストを作成する。これが終わってようやく乗組員は下船を許される。長い船旅のあとでは、たとえ監獄島であっても出島は心弾む場所だった。そこの空気に触れてやっと船上生活の疲れを癒すことができた。しかし、そこでのオランダ人は飛べないアヒルのように二、三カ月の間、この小島に閉じ込められて暮らすのだ。上陸した瞬間から船員に対する監視が始まる。この頃の長崎にはおよそ六万の人が暮らしていた。この町に繰り出そうとして橋を密かに渡ろうとすれば大変なことになった。日本人の気質は人懐っこくて、外国人に敵意など持っておらず、奉行所の規制が厳重なことを残念に思っていたようだ。それでも決まりを破って法に触れるようなことはできなかった。

出島の生活

オランダ人のところで働こうとしたり、彼らと商売をしようとする者は、キリスト教をはっきり否定し、この宗教を忌み嫌っていると誓うことが求められた。確認は、年に二度も三度も行なわれ、少なくとも一度は踏み絵の儀式が要求された。ヴォルテール（一六九四―一七七八年。フランスの啓蒙思想家、作家）はオランダ人がこういった仕打ちを受けたことを嘲笑《あざわら》ったが、それは少し真実とは違うところがある。ルター派や長老派のプロテスタントの、十字架や十字架のキリスト像や聖人の肖像画に対する崇拝の念は、イギリスの清教徒と同じくらいに希薄だった。彼らは、こうした偶像崇拝の対象が、不敬な手段で破壊されるのをむしろ喜んでいた節がある。オランダ人に追い詰められたポルトガル人たちは役人に向かって、どちらの信仰も同じものだと懸命に訴えた。それに対してオランダ人は、両者の間には大きな違いがあって、ポルトガル人には敵意を持っているし、教皇も、イエズス会も、フランシスコ会も、ドミニコ会も、それに奉仕する全ての宣教師と神父も忌み嫌っていると反論した。

オランダ人にはヴォルテールが考えたような踏絵への罪悪感はなかったに違いない。中には踏絵に快感を覚えた者さえいたようだ。長崎でのキリスト教徒迫害が激しさを増した頃、「お前はキリスト教徒か」と聞かれたオランダ人は「違う。おれはオランダ人だ」と口を揃えて答えたそうだ。こうした環境に長く暮らせば信仰心はほとんど消えてしまう。ケンペルによれば、オランダ人の生活や行動に、キリスト教の教義を匂わすものは一切なかったようだ。日本人を改宗させようとしているなどと奉行所が疑うのはおよそ馬鹿げていた。それでも信心深い連中は、こうした生活の中でさえ信仰心を失うことはなかったようだから、全てのオランダ人が血も涙もない、唾棄すべき連中だと、決めつけるのはやめておいたほうがよさそうだ。

ケンペルは出島での虜囚生活を自虐的に記している。ここでは常に監視され、囚人同様の生活を強いられた。確かにごく短時間、島の外に出ることを許されることはあった。しかしそれは決してオランダ人への優しさとか友情とかによるものではなかった。高位の役人へ諂《へつら》いを要求されるとき。幕府が儲かりそうな企画があるようなとき。そういう場面でしか島の外に出ることは許されなかった。

出島から船が帰帆していくと、次に待っているのは江戸参府だった。商館長や商館員がお供をぞろぞろ従えて、将軍の下へ献上品を抱えて挨拶に行く、年に一度の行事だ。[41]この旅でも、護送される囚人のほうがもっと自由があっただろうと思われるほどの不自由さを強いられた。宿舎に着いても勝手に宿の者に声をかけることは禁じられていた。宿に着くとすぐに二階か奥の間に通される。そこから見える景色は、塀に囲まれた小さな庭園だけだった。お供の構成も厳しく定められていた。通訳、料理人、召使、荷物運び、馬丁、長崎奉行所の役人。これに加え警護の兵士。[42]中には役に立たない者もいたが、こうしたお供の費用は全てオランダ商館の負担だった。長崎奉行所には江戸参府の行き帰りに必ず表敬訪問を強いられた。奉行所の厚意を感謝し、変わらぬ加護をお願いするのだ。奉行所までは短い距離だが、それでも常にたくさんの侍が列をなしてガードしていたし、必要なら直ちに馬を出せる準備もしていた。奉行にお目通りできるまで、数時間待たされることもしばしばだった。おめでたい日の訪問には奉行へのプレゼントが必要だった。

江戸参府

時代が下ってくると、こうした規制も緩やかになっていった。一八二二年の江戸参府では、多くの人々との交流が比較的自由にできた（商館長はヤン・コック・ブロンホフ〈一七七九―一八五三年〉。一八一六年、初めて妻子を伴って来日し、許可された）。街道では女たちが物珍しげに近寄ってきては水やお茶を出してくれた。江戸では決まった宿舎[43]（「長崎屋」と呼ばれる）に宿泊しなければならなかったが、そこにはいろいろな人がやって来た。男女を問わず、朝から晩までひっきりなしの訪問者だった。中には医者や学者も混じっていた。みな雄弁で、ありとあらゆる質問をぶつけてきたし、こちらの質問にもしっかりと答えてくれた。こうした交流は確かに監視されていたものの、十分に自由なものだった。法律では売春は厳禁で、遊女の立ち入りはできないはずだったが、かなりの数の女が宿泊所へ入り込んでいて、ときには一人の男を六人の女が誘惑することさえあった。日本の女性はオランダ人たちをおおいに魅了したらしい。当時の江戸の様子は、こうした女の魅力に取りつかれた商館長の記録で知ることができる。

オランダ人は、訪れる女たちにリキュールや菓子をふるまってもてなした。中には実にチャーミングな女がいたらしい。ここでは多くの贈り物のやりとりがあった。薩摩公の使者は十二羽の美しい小鳥、十五種の珍しい植物、二匹の愛玩犬、つがいのウサギを持って現われた[44]。贈り物はきれいな籠や漆器に納められ絹で包まれていた。中身より価値のあるものが多かった。こうした交流はオランダ人の心に好印象を残した。ただ江戸参府は年に一度から四年ごとの行事に変わっていた。

ケンペルの在任中（一六九〇―九二年）には、出島に暮らす者に年に一、二度外出が許されていた。近郊を散歩したり寺院を訪れることができた。中でも商館医の外出は大目に見られていた。薬草を探しに行くという口実が簡単につけられたからだ。出島の囚人生活からの息抜きはわずか数時間なのだが、外出中は厳しく監視されていた。その上、金もかかった。寺に出かければ、そこでの食事代やら坊主たちへの心づけ。こうした外出のたびに財布が軽くなった。

出島には、年に二隻の入港までしか認められなかったが、オランダ人たちにとっては十分利益があったから、この特権はどうしても守りたかった。そのためには数え切れないほどの自尊心を傷つけられる扱いを甘受した。それほど旨味のある商売だったのだ。

イギリス船の来航

十七世紀初頭は、ちょうど英東インド会社がインドでの商売を拡大していた時代だった。イギリスはこの頃、日本でも商売できるきっかけがあった。まだ大規模なキリスト教への迫害やポルトガル人追放が始まっていない頃だった。オランダがこの国と商売できるきっかけを作ったウィリアム・アダムスが、イギリス商館の設立に尽力してくれたのだ。アダムスはバタヴィアに向かうオランダ船に故郷への手紙を託していた。宛名は東インド会社御中となっていて無事ロンドンに届けられている。会社はこれに大いに刺激され、ジョン・セーリス（一五八〇―一六四三年。イギリス国王使節）

の指揮するクローブ号を日本に派遣している。皇帝への謁見を目指し、ジェームズ一世（一五六六―一六二五年。イングランド王）の親書を携え献上品もたっぷりと積んでいた。トーマス・スミス卿[45]（一五五八―一六二五年。東インド会社初代総裁となった大商人）がロンドンで設立されたばかりの東インド会社を仕切っていたが、このクローブ号派遣プロジェクトにも関わっている。

クローブ号が平戸に入港したのは一六一三年六月十一日のことだった。この町の王様（平戸藩初代藩主・松浦鎮信《まつらしげのぶ》。一五四九―一六一四年）が孫を連れて船に乗り込んでセーリスの一行を歓迎している。セーリスは楽師ににぎやかな演奏を指示し、祝宴を開いて歓迎している。王様はひどく満足した様子だった。セーリスはアダムスと何とかコンタクトをとろうと思案していた。地元では彼はアウゲ（Auge）と呼ばれていたらしい。

王様が下船すると、次に大勢の高官が護衛の兵士を連れて乗船してきた。それぞれが手に手に贈り物を持って現われたのだ。鶏やら野鳥、見たこともないような見事に肥えた猪、果物や魚。日本人の誰もがクローブ号の威容に驚嘆し、いつまでも見飽きることがなかった。

そのうちに王様が再びやって来た。今度は四人の女を連れてきた。彼のお気に入りらしかった。女たちはシルクのガウンをまとい、幾重かに巻かれたスカートがぱたぱた音をたてていた。短い編み上げのリボンの付いた履物を履いていたが、足は露わに見せていた。長い黒髪は頭の上の方で魅力的な結び方で留めていた。男は頭頂部をきれいに剃っていたが、女性はそんなことはしていなかった。彼女たちは顔も手足も均整がとれていて、白くきれいな肌をしていた。背は低かったがふくよかで、動きに品があった。接する相手の服装に合わせて振る舞うマナーがわかっているようだった。彼女みな恥ずかしがりやだったので、王様はもっと陽気に振る舞うようにと言った。彼女たちは海女の歌を歌った。奏でる楽器の中にはリュートに似たものもあった。船長は、指揮官であり外交官でもある自分の立場に気をよくして、彼女たちを歓待した。イギリス製のお土産を配った。王様は大喜びで、数日するとまたたくさんの女を連れてやって来て、はしゃいでいった。この様子をセーリスはこう述べている。

「女たちは島から島を渡り歩いている道化師のような連中らしかった。イギリスにも町から町を移動して歩く役者がいるようなものだ。彼女たちは、お芝居のたびに衣装を変えて、見る者を喜ばせた。出し物はほとんどが、戦い、恋物語、復讐といったテーマのようだった」

七月に入ると、近くの島の王様か家老という身分の人物が、イギリス船はすごいという評判を聞きつけて平戸にやって来た。彼も平戸の王と同じように歓迎され、贈り物をたくさんもらって帰っていった。帰り際に、こうした船が彼の島にもやって来てくれれば実にありがたいことで、大いに歓迎すると言い残していった。島原の反乱の以前には、こんな風に自由な交流が可能だったのだ。八月に入ると、アダムスがセーリス以下十一人の一行を江戸に案内することになった[46]。ほとんどの行程を皇帝が用意した船で移動した。途中訪れた町はどこも、当時のロンドンのようにたくさんの人が溢れていた。

「どの町も文化的に進んでいて、みな親切だった。ちょっと郊外に出ると子供や閑《ひま》そうな連中が集まってきて我々の後ろをついてきた。口々に、これこれ、われ、などと叫んでいたが、どうも我々の一行が朝鮮から来たと誤解しているようで、嘘つき朝鮮人、と言っているらしかった。あまりにも大声でしゃべるので、会話ができないほどだった。中には石を投げる者もいた。どの町でも同じような状態で、誰もこうした行動をたしなめようとはしなかった。この国にやって来る者へのアドバイスだが、こうした混乱と喧騒は無視するに限る。そうすれば、ただの耳障りな騒音だと感じるだけですむ」

セーリス一行はどこにいっても歓迎を受けた。たいがい美しい女性の接待があった。目的地に近づく頃になると、六人の男が担ぐ籠で移動した。豪華な馬具で飾られた馬も用意されていたから、気分次第でそれに乗ることもできた。皇帝の前でもセーリスはイギリスを代表する人物としての威厳を保った。蟹のようにはいつくばる作法は強制されなかった。侮辱的で、強国イギリスの尊厳を傷つけるような儀礼をとることはなかったのだ。アダムスの見事な交渉術のおかげで、イギリスが皇帝から与えられた通商特権はポルトガルもオランダも羨むようなものだった。イギリスへの特別な計らいに反対する者はいなかったようで、これを実行に移すことを遅らせようとするような嫌がらせもなかった。

「皇帝はイギリス臣民である英東インド会社総督トーマス・スミス卿に日本の全ての港で交易する許可を与える。他の国で行なわれているやり方で商売をし、滞在も出港も自由である」

「イギリス製品は無関税である」

「必要なら日本のどこにでも商館を建てることができ、不要になれば売却もできる」

「この国で死亡したイギリス人の財産は船長あるいは商館員によって管理される」

「イギリス人の犯罪には日本の法が適用されない」

このほかにも条件はまだあるのだが、いずれもイギリスにとってきわめて有利で友好的な内容だった。[47]

平戸商館

一六一六年（徳川家康没年）にはこうした条件は若干制約された。[48]日本の港に到着した船は全て平戸に回航することを命じられ、交易はこの港に限られることになった。それでも悪天候などで緊急避難が必要な場合には、港湾使用税のようなものは支払わなくとも、どの港に入ることも許された。そうした船は自由に必要な品を購入することも許されていた。それ以外の特権は変わらず維持されていた。セーリスは帰国したがコックス船長が平戸に残り、何度か江戸を訪問した。[49]

日本に持ち込む商品の選択がイギリスでいい加減にされたらしい。日本での需要がほとんど見込めないものばかりで、平戸商館の商売は結局利益を出せないでいた。その他にも理由はあったにせよ、イギリスは日本との交易実験をあまりに早い段階であきらめてしまっている。

近年の歴史家はイギリスの商売が失敗に終わったことをひどく悔やんでいる。一六二三年には四万ポンドを超える費用を注ぎ込んだが、結局日本からの撤退を決めてしまった。しかし、商業的には不成功に終わったものの、イギリス人はこの国に好印象を残していた。その理由はいくつかあろうが、イギリスがこの国との商売をあきらめた時期は、キリスト教への厳しい弾圧やキリスト教徒の反乱が起こるずいぶんと前だったことが幸いしていた。それにしても、あの島原の一件でのオランダ人の行動で、我が国の栄誉まで穢《けが》れてしまったのは残念なことだった。

一六七三年、あらためてこの国との交易の可能性を探りに来たイギリス船があった。[50] この船に最初に浴びせられた質問は、そう遠くない昔にイギリス王がポルトガル王の娘と結婚しているのではないか、というものであった。チャールズ二世は確かにキャサリン王女と十二年前に結婚していた。この事実をオランダ人は日本に知らせていたのだ。日本が最も嫌う国ポルトガルとイギリスとの関係を知っていた日本側は、イギリスとの交易再開をきっぱりと拒否した。

「日本の最大の敵ポルトガルの王女と結婚した王の国から来た船との貿易は一切認めない。順風になり次第長崎から退去すべし」

これが回答だった。積荷を売り捌くことも認めてもらえなかった。ただ対応は丁寧で親切であった。この事件以来ほぼ一世紀以上にわたって、イギリス人がこの国を訪れることはなかった。クック船長（ジェームズ・クック。イギリスの探検家。一七二八―七九年）の最後の探検もこの国の西の海を横切ったに過ぎなかった。[51]

イギリスへの警戒心

一七九一年になって、アメリカ北西部沿岸で毛皮貿易に関わっていたアルゴノート号が日本の西の港で交易を試みた（九州沿岸および対馬で毛皮販売を試みる）。ところがたくさんの小船に囲まれ、上陸することさえできずさっさと退去するよう命じられた。ただ薪水の供給だけは受けることができたのは幸いだった。次にこの国を訪れたイギリス船はブロートン艦長（ウィリアム・ロバート・ブロートン。英海軍探検家。一七六二―一八二一年）のプロビデンス号だった。この船はイギリス海軍の調査船だった。日本島の北にある蝦夷《えぞ》の沿岸の測量が目的だった。蝦夷では、中央政府に反抗的な原住民が歓待してくれた。この船には政治的、商業的目的はなかったから貿易交渉は全く行なっていない[52]。一八〇三年にカルカッタ（現コルカタ）から商船フレデリック号が日本に向かったが、これは全く相手にされず退去を命じられている。

世界各地に広がるイギリスの植民地の拡大とインド併合の事実は日本人にはよく知られていたようで、孤立感が芽生えていたようだ。日本人はイギリスの発展の経緯、特にクライブ卿（ロバート・クライブ。一七二五―七四年。フランスの勢力をインドから駆逐、英東インド会社の発展の基礎を築く）がもたらした東インド会社の興隆の様子はよく知っていた。こうした情報はみなオランダ人から得ていたのだ。

オランダ人がインドでのオランダの衰退を忸怩《じくじ》たる思いで見ていたのは間違いない。オランダはかつてインドの覇権獲得を狙っていた。しかしクライブ卿によってカルカッタの北にあった占領地チンスーラ（Chinsurah）が破壊されると（一七五九年、ベンガル地方チンスーラで英東インド会社と蘭東インド会社の軍隊が衝突）、その野望も粉々に打ち砕かれてしまった。その後イギリスがウォーレン・ヘイスティング（初代ベンガル総督。一七三二―一八一八年）の指揮でこの地方を制圧していくと、オランダの勢力は一気に衰退に向かった。オランダ人はイギリスに対する恨みつらみを日本人にこぼしていたようだった。そのため日本人の間にイギリスへの警戒心を生んでいた。イギリスが交易の機会を与えられなかったのは、こうしたオランダ人の悪口に起因していた。彼らはこうしてこの国との貿易独占の特権を維持したのだ。

フランスはインドやシャム（タイ）で勢力を伸ばしていたのだが、なぜか日本へはあまり興味を示していない。ただ、かの名高いコルベール（ルイ十四世下の財政担当者。フランスの植民地拡大に尽力）が乱れたフランス財政立て直しを担当した際に、日本に豊富にあると聞いている金と銀を狙って日本遠征計画を練ったことがある。しかし理由はよくわからないが、この計画は実現していない。

ロシア使節

ロシアも十八世紀末に日本との交易を望んでいた。日本とロシアは千島列島を二分していたから隣同士である。およそ七十二年前、ロシア領のアリューシャン諸島の小さな島に日本の船が難破している（一七八二年、大黒屋光太夫の乗った白子〈鈴鹿市〉の廻船が江戸に向かう途中で遭難。アリューシャン諸島のアムチトカ島に漂着）。救助された乗組員はイルクーツクに移送され、そこで十年を過ごした。キャサリン女帝（エカチェリーナ二世）の指示で、彼らは丁寧な扱いを受け、ロシア語を学んでいる。女帝は彼らを故国に送り返すことによって日本との国交を結べると考えた。命令を受けたシベリア総督は、日本人を連れ、親書と献上の品を携えた使節を日本に送り出した。総督の命を受けたのはラクスマン（アダム・キリロビッチ・ラクスマン。北部沿海州ギジカ守備隊長。一七六六―一八〇六?年）だった。彼がカタリナ号でオホーツクを出帆したのは一七九二年秋のことだった。ラクスマンは松前島（蝦夷島）の北にある港で冬を越している。翌年の夏には同じ島の南部にある箱館に向かった。[53] 日本人の対応は非常に丁寧だったが、彼が得ることができたのは次のような書面だけだった。

一、国法は長崎以外の地に上陸したものは永牢の罰を規定しているが、ロシア人が法を知らなかったこと、及び日本人漂流民を助けたことを考慮し、当該規定の法の適用を免除する。ただし直ちに帰国し二度と長崎以外の地に戻ることのないこと。

二、日本はロシアが日本臣民を救助したことは感謝する。ただし連れ帰った漂流民は日本に返すか、あるいは連れ戻すか、どちらでも構わない。彼らがどこに辿り着こうともそこで生命が守られた以上、彼らはその地に帰属すると考える。

ラクスマンは丁重に扱われている。処罰などはなかったし、航海に必要な物は何かも用意され、その上贈り物まで渡されている。この使節が不首尾に終わってからキャサリン女帝は新たに使節を出すことはなかったが、ロシアの日本への関心は絶えていない。その後も漂流民が見つかると、彼らを利用して部下たちに日本語を学ばせている。彼女の息子ポールは気がふれた皇帝だったので（在位一七九六―一八〇一年。猜疑心が強く、近衛将校によって暗殺）、日本と接触する試みはなされなかったが、孫のアレキサンダーの時代になると、再度日本への使節が計画された。一八〇三年、レザノフが皇帝の親書とたくさんの献上品を持って日本に向かったのだ。

しかしレザノフは、デリケートな交渉術が必要なこのミッションにはふさわしくない人物だった。振る舞いに威厳がなかったようで、日本の役人にやり込められている。レザノフは長崎で小さな竹の籠か、あるいは檻に押し込められた上に、最後には日本はロシアとの通商は全く考えていないとする書面を持たされ、二度と来るなと追い返された。[54] レザノフは籠の中ではおとなしくしていたようだが、復讐心をたぎらせていた。カムチャツカに戻ると、部下のフォボストフとダヴィドフに仕返しを命じている。それぞれにロシアアメリカ会社（ロシア政府から極東およびアラスカ地域での独占貿易を認められた勅許貿易会社。レザノフは株主）所有の武装帆船を指揮させて、日本の領土に向かわせたのだ。二人はレザノフが長崎で受けた屈辱への思いを素早く感じ取って行動を開始した。ところが彼らの向かった先は屈辱の現場となった長崎ではなく日本領土であった千島列島の南部の島だった。身に覚えのない復讐に島民は何の備えもできていなかった。襲われた村では何人かが殺され、また連れ去られた者もいた。[55] レザノフはサンクトペテルブルクへの帰途亡くなっていて、この事件への正式な調査をロシアはしていないようだ。しかし島民たちは長い間苦い経験としてこの事件を忘れることはなかった。

ゴローニン事件

一八一一年五月、ゴローニンが帆走軍艦ディアナ号で千島列島の調査に向かった。日本との友好的な関係を築くべしとの指令が出ていた可能性もある。六月十七日にはこの列島の十三番目から十八番目の島の調査を終え、次の島択捉《えとろふ》島の北端に上陸した。ここには千島列島に住む原住民が住んでいると考えたのだが、意外にも日本人の領主が数人の兵士を伴って現われた。彼はロシア人は八年前と同じような事件を起こそうとしているのか、と詰問してきた。ゴローニンは事を荒らげないのが良策と考え、急ぎこの島から離れている。

彼が次に向かったのが国後《くなしり》島だった。列島の二十番目の島で、松前島とは狭い海峡で隔てられていた。この島の湾に入ろうとするディアナ号に突然二カ所の砲台から発砲があった。青と赤のストライプの入った旗が掲げられ、兵隊たちが浜辺に集まっていた。ゴローニンは、上陸の目的は薪水の補給だけで他意がないことを何とか伝えようと試みている。思いがようやく伝わり、ゴローニンは上陸することができたのだが、これは日本側の罠だった。

ゴローニンは一人の士官、水先案内人、四人の護衛、一人の通訳だけで交渉に臨んだ。上陸した一行は丁重にもてなされ、食事をふるまわれた。お茶も酒もたっぷりあった。酒は米からつくる日本のアルコール飲料だ。パーティーを終え船に戻ろうとすると、突然全員が太いロープで縛られ、大きな柱にくくりつけられた。ポケットの中身は没収された。日本人はこの作業を終えると胡坐《あぐら》をかいて悠然と煙草をくゆらしていた。小一時間もしただろうか、柱からはずされ、足に巻かれたロープだけはほどいてくれた。番所の建物から急かされながら森を抜ける道を歩かされた。一人ひとりにガードが付き、数珠状に繋いだロープをしっかり握り、逃亡を防いでいた。

森を抜け小高い丘に辿り着くと、砲声が聞こえた。ディアナ号が帆を上げ、この島から引き揚げるのが見えた。水先案内人が「ああ、これで二度とディアナ号を見ることはできないのか」と悲しげにつぶやいた。ガードは水先案内人を急き立てると、囚人を繋いでいるロープがのびきって、ゴローニンの首を窒息させるほど絞めてしまった。日が暮れる頃ようやく小さな集落に到着した。空き家に放り込まれると、まもなく魚と炊いた米を出してくれた。日本人はいつもこうした食事をとるらしい。

食事が終わると床に座り足を伸ばすことはできたが、ロシア人たちを縛り付けたロープは壁に備わっている鉄製のフックに括りつけられた。日本人は床に座り込むとまた煙草を吸いお茶をすすった。どうもこれは日本人の習慣らしい。翌日、日が昇るとゴローニンは羊や死んだ豚を運ぶような戸板に縛り付けられた。ゴローニンを乗せた戸板を二人の屈強な男が肩に担いで運び出した。どこに連れていかれるのか見当もつかなかった。ゴローニンは部下たちに最後の別れを告げた。彼が運ばれたのは小さな船だった。しばらくすると、さっき別れた仲間もゴローニンと同じようにして連行されてきた。小船は狭い海峡を越え、松前島に向かった。そこで数隻の小船に移され、海岸線に沿って一昼夜にわたって航海した。沿岸には人が住んでいる様子だった。

ガードの兵士はロシア人を縛り上げているロープを決して緩めてくれなかったが、こまごまと気を配ってくれた。食事はいつも魚と米だったが、ロシア人の周りをうるさく飛び回るブヨやハエを追い払ってくれたりもした。寄港した村では、古老が憐みの表情を見せながら酒をふるまってくれることもあった。ロシア人一行はどこに連れて行かれても一般人からは親切にされたようだ。ゴローニンは解放されてから手記[56]を出版している。それからすると、それほどの切れ者ではなさそうだが、性格はよさそうな男だ。手記には彼の味わった苦々しい体験だけでなく、日本人から受けた数々の思いやりのある処遇が綴られている。彼の日本人についての証言は、納得のいくものであり、日本人理解には非常に重要な資料になりそうだ。

ロシア人が乗せられた小船の大きさは、長さ三十フィート（九メートル）、幅八フィート（二・四メートル）だった。日本人はあるところでこの船を引きずり上げて小高い丘を越え、ちょっとした堀のような運河に移動させた。舟は運河を進んだ。さらにその先にあった大きな美しい湖を越えた。こうして水上と陸の旅を続けたのだが、その間もロシア人たちはしっかりとロープに繋がれていた。それを二百人ほどの男たちが警備していた。旅も九日目になると腕の自由を奪っていたロープが少し緩み始め、手をわずかながら動かすことができた。それまで手が全く不自由だったのだが、食事は日本人たちが赤子に与えるように口に運んでくれていた。箸を使って口にご飯と魚を押し込んでくれた。

この頃になると、こうした処置が自殺防止であったことをようやく理解した。日本や支那では囚人の移送を命じられた場合、役人は何としても無事にその任務を果たさなければならなかった。自殺防止のため、囚人の自由を奪うことは当然と考えられていた。日本人の扱いはむしろたいへん丁寧だったと言えそうだ。一人でもこの囚人が死ぬようなことがあっては困るのだ。何事もなく彼らを送り届けることは、彼らが病気になることもあり簡単ではない。だから役人たちの親切な扱いは仕事のため、と割り切って考えることもできなくはない。毎晩その日の移動が終わると、彼らはロシア人の足をお湯で洗ってくれた。道程で小川に出くわすと担がれて渡れたので、冷たい水に足を濡らすこともなかった。野いちごやラズベリーが見つかることがあったが、ロシア人が腹を下すことを怖れて決して食べさせなかった。煙草を吸わせてくれることもあったが、パイプは役人が手にしたままだった。飲み込んで自殺を図ることを警戒していたのだ。

こうした旅がおよそ一月続いて、ようやく箱館に到着した。ロシア人はこの町を仰々しく行進させられた。道の両側には男も女も子供たちも群がり出て、物珍しげにこの一行を観察した。彼らの行動には秩序があるようで、大混乱が起きることはなかった。ゴローニンは日本の民衆を冷静に観察している。

「私は日本人の顔を注意深く観察したのだが、誰一人としてロシア人に対して嘲りや憎しみの表情を見せている者はいなかった。私たちを見下すような、あるいは嘲るような行為は全くなかったのだ」

ロシア人が連行されたのは木造の建物で、その周囲は竹の柵で囲まれていた。内部には細長い回廊があり、その両側に木製の檻が設置されていた。ロシア人はこの小さな檻に一人ひとり押し込まれた。内部は六フィート（一・八メートル）四方で、高さはおよそ八フィート（二・四メートル）の空間だった。明かりと外気を取るための二つの小窓には鉄格子がはめられていた。部屋に備わっていたのは小さな腰掛と数枚のござ。これが全てだった。一晩中、看守が見回りに来た。建物の外の見張りはわざと物音をたて、外部も厳重に警戒されていることを囚人たちに教えていた。朝になると体を洗う水が運ばれ、医者もやって来て囚人の健康状態を診た。

箱館の尋問

三日目、ロシア人は腰縄をつけられ、屈強な兵士に囲まれて箱館総督（Governor）の建物に連行された。いつものようにお茶と煙草をふるまわれると、尋問が始まった。ロシア人の答えは慎重に記録されていった。尋問の最後に総督から質問があった。

「ロシアの民の信仰に何か変化があったのか」

一七九三年にラクスマン[57]もこの町を訪問しているのだが、彼は長い髪を後ろに束ね、その濃い髪に髪粉をかけておしゃれをしていたらしい。それに比べ、今度のロシア人は、髪は短く髪粉は一切つけていなかった。この違いに総督が気づいたのだ。ゴローニンは「我が国では宗教と髪型には何の関連もありません」と答えた。日本では行動の全てが信仰と関わっているようだった。

やがてロシア人たちにはきつい質問があった。なぜ、上陸地で断りもなく薪や食料を盗み、その代金となるものを置いていかなかったのか、ロシアには法が存在しないのか、というのだ。これにゴローニンはこう答えている。「命が危ないときに必要最小限の食料や必需品を失敬しても、その価値と同等の価値の物を置いておけば罪を犯したことにはならない」。総督はこれを聞いてきっぱりとその考えを否定した。「我が国ではそうではない。持ち主の承諾がない限り、米一粒たりともとってはいけない。飢えて死ぬことを覚悟しなくてはならない。盗みは決して許されない」

五十日ほどたつと、ロシア人たちは再び縄に繫がれ、この島の首府である松前に移送された。そこでも同じような牢に入れられ、奉行（Bugyo）による尋問があった。かなり細かいところまで取り調べられた。しかしそれはロシア人のおかれた境遇への同情を感じさせるものだった。食事も箱館と同じように出され、寒くなると冬着が貸与された。医者の診察も日に二度になった。具合が悪いようだと、他の医者が呼ばれて念入りに診察した。

ロシア人は自分たちには思いもよらない些細な事件が、ロシア政府への疑いと警戒を日本人の間に生んでいたことに気づいた。レザノフ、フォボストフなどのロシア人の起こした事件に加え、イギリス海軍ブロートン艦長の千島列島調査や英国船の長崎侵入事件（フェートン号事件のこと。一八〇八年、長崎に現われた英海軍フリゲート艦フエートン号がオランダ商館員を人質にした事件。後述）を、ロシアとイギリスによる支那、日本の分割計画の証拠だと考えていた。オランダ人たちがそのように日本人に吹き込んでいたらしい。

一八一二年三月、囚人たちはガードに伴われて町内を歩くことを許された。四月になると牢から民家に移された。建物は強固な柵で囲われていた。彼らはそれでも何とか抜け出そうと知恵を絞った。ここを出たら直ちに海岸に向かい、小船を奪ってそこから一番近い大陸の港へ漕ぎ出そうというのだ。この月のある夜、柵の下を掘って順番にはいずり出ることに成功した。何とか海に出ようと北に向かった。まだ野山には雪が残っていた。昼間は隠れ、夜になるのを待って茂みや岩陰を縫って進んだ。断崖に落ちないように命がけのこともあった。ようやく海岸の村に辿り着くと二艘の小船が浜に揚げられているのが見えた。しかしあまりの疲労と空腹でこの船を押す力さえ残っていなかった。この浜辺の少し先に一艘の小船が浮かべられているのを認めた。その近くにはちょっとした小屋があった。

腹をすかせたロシア人の一人が食べ物はないか探ってみたのだが、あやまって中で寝ていた日本人の頭を摑んでしまった。男は大声をあげた。捕まることを恐れたロシア人はいっせいに丘に向かって逃げ出した。翌朝、疲れ切って腹をすかせたロシア人が目を覚ますと、日本の兵士に包囲されていた。彼らは何も言わずにロシア人を縛り上げると、近くの家に連行し、そこで食べ物を出してくれた。米と漬物、それに酒も出してくれたのだった。ロシア人は追跡されていたのだ。彼らはロシア人を性急に捕らえようとはしなかった。強引に逮捕することで自殺者が出るのを心配したからだ。ロシア人は松前に戻され城の中にある牢に逆戻りした。奉行は思いのほか怒ってはいなかった。奉行は脱出計画のずさんさを嗤《わら》っただけだった。しかしゴローニンには「もし君たちの脱出が成功したら、私たちはその責任を問われるのだ。もし何らかの理由で有罪なら命を差し出すことになる」と説明してくれた。

しばらくすると城外の牢に移された。牢に押し込められた生活が二年をだいぶ過ぎた頃、彼らの帰国が決まった。

ゴローニン奪還計画

ディアナ号の士官たちはゴローニン一行がトラブルに巻き込まれたのを見てとると、急いで岸に近づき砲撃を加えようと試みた。しかし十分な水深がなく岸への接近はかなわなかった。三日間、国後島周辺を巡り、成り行きを見守ったが、何の進展もなかった。キャプテンの身に何があったのか。どうしても確かめなくてはならなかった。そこでボートで上陸し、キャプテン一行が罠にはまった集落に向かった。キャプテンたちが身に着けていた衣服の一部が見つかった。

急ぎオホーツクに戻ったリコルド副艦長は事件を政府に報告しようとサンクトペテルブルクに出立した。イルクーツクに入ったリコルドだったが、この事件をシベリア総督は既に知っており、首都に使者を出していた。この頃サンクトペテルブルクはそれどころではないほどの混乱を極めていた。ナポレオンの攻撃に対する防衛準備の真っ只中だったのだ。それでも、急ぎディアナ号を日本に差し向け人質を奪還するよう命じられた。艦長となったリコルドは七人の日本人漂流民を捕虜交換要員として連れて行くことにした。このうちの六人はカムチャツカ沿岸で遭難して助けられた日本人だった。ほどなくして日本の沿岸に到着するのだが、岸辺に見える日本人たちは彼らとの接触をかたくなに拒んでいた。国後島では砲撃まで加えられた。

しかたなくリコルド艦長は、近くを航行する日本の船を拿捕する作戦に切り替えた。小型の帆船が見つかった。ところが乗組員はみな海に飛び込んで泳いで脱出してしまったから、何一つ情報が得られなかった。翌朝、今度はかなり大きな日本船の拿捕に成功した（拿捕されたのは高田屋嘉兵衛の観世丸。嘉兵衛は淡路出身。蝦夷と国後島・択捉島の交易に活躍）。近くの島に碇を下ろすためにこの船を引航したのだが、またしても乗組員は海に飛び込んで脱出をはかった。すぐに降ろされたディアナ号のボートが何人かを救い上げた。中には岸まで泳いで逃げ切った者もいたが、溺れて死んだ乗組員は九人にのぼった。救出された者の中には船長、その妻などがいた。幸いなことに船長は話がわかる船主でもあった。

商売人として能力があり、このあたりでは影響力のありそうな人物だった。船長とその妻は彼らにふりかかった災難に毅然として対処した。船乗りたちも四人を残して拿捕した船に戻し解放した。日本人船長は、ゴローニン一行はみな生きていて松前に収監されている、と教えてくれた。この頃になると冬はもう間近で、この辺りには寄港し越冬する場のないディアナ号はいったん引き返さざるを得なかった。捕虜を連れたディアナ号がカムチャツカの港に戻ったのは十月十二日のことだった。ここでは厳しい冬の寒さで二人が死んだが、日本人の捕虜は概して大切に扱われたから、彼らが抱いていたロシア人に対する偏見は次第に消えていった。特に船長は不平一つ言わず熱心にロシア語を学んでいた。

穏やかな季節が戻るとディアナ号は再び航海に出た。六月に国後島の入り江に入った。しかしそこでは人っ子一人見かけることはなかった。島の沿岸に人が全くいないのだった。リコルドは日本人船長を利用できないかと考えた。船長を島に上陸させて島民と接触させるのだ。この船長が信用できるかどうかは賭けであった。ロシア人たちは結局この男に運命を託したのだが、実に彼はうまくやってくれた。上陸すると島の役人と交渉を始めた。フォボストフとダヴィドフの暴虐の振る舞いにはロシア政府は一切関与していないことを説明してくれた。ロシア人に対する船長の好意的な説明も功を奏したかもしれない。ゴローニンの一行は無事で、イルクーツクのロシア人総督からフォボストフとダヴィドフの事件にロシア政府の非関与を示す書面が出されたら、彼らが解放される可能性があることがわかった。この船長は日本人の役人らとのコネクションがもともとあったようだ。彼は実に真剣にこの交渉役を務めてくれた。

八月十六日、ゴローニン一行が解放された。箱館に入ることを許されたディアナ号が彼らを待っていた。日本での虜囚生活はそう簡単に忘れることはできないだろう。

フェートン号事件

一方、イギリスの日本との交渉は悲惨なものだった。一八〇八年十月、オランダ国旗を掲げた一隻のヨーロッパ船が長崎港に入ってきた。オランダの交易船が入港する季節だったこともあり、オランダ商館長ドーフは商館員二名を船に向かわせた。ところがこの二人が船内で捕虜になってしまったのだ。日本側はまさに戦争が始まろうかというような緊張状態に陥った。長崎奉行はこうした状況に備えて港周辺に備えていたはずの兵士がほとんどいないのを知って愕然とした。司令となるべき人物はどこにもおらず、この緊急事態に集めることのできた兵隊は、わずか六十人から七十人だけという有様だった。奉行は恐怖で身震いした。こうした不始末は切腹により責任を取らざるを得ないことがわかっていたのだ。正午頃、捕虜の一人が書いた手紙が届けられた。それによると、ここに現われたのはベンガルからやって来た船で、船長の名はペリュー。薪水などを要求している、というのだ。

　オランダ商館長は長崎奉行と協議しながら事を進めた。深夜になって奉行所の高官がやって来た。彼は捕虜の二人の救出を命じられているというのだ。商館長ドーフがその策略を尋ねた。

「オランダ人の二人は騙されて捕虜になってしまった。私は一人で敵船に向かい、敵意のないところを見せ、何とか船に乗り込もうと思う。そうして船長に捕虜の解放を直談判する。それがうまくいかなければ、船長を刺し殺し、自分も果てるまでだ」

　ドーフはこの計画の無謀さに驚き、何とか実行を思いとどまらせた。第一、そんなやり方では捕虜の生命も危なくなってしまう。奉行も商館長に同意したためこの計画は取りやめとなった。結局奉行所がとった方法は、手持ちの小型船で敵船を取り囲み、近郊の藩兵の補強を待つ作戦だった。この準備が夜通し進められた。しかしドーフ商館長の目にも明らかなように、二百年の泰平のせいか、その手際は実に稚拙だった。

翌日の午後になると、捕虜の一人だったゴズマンがボートで岸に返された。このボートに水や食料を積んで返してよこせというのだ。もし要求が夕刻までに満たされなければ、翌日には湾内に停泊する和船や唐船に攻撃を加える、と脅していた。

　奉行所の役人はこの要求に屈してゴズマンを船に戻すのをためらったが、ドーフは向こうの指示どおりにするのが一番の方策だと説得し、ゴズマンに要求の品を持たせて船に戻した。しばらくすると、捕虜が二人とも岸辺に返された。奉行にとっては、事はこれで終わりにすることはできなかった。規則では長崎港やこの沿岸に外国船が許可なく近づくことを禁じている。法を犯した船に対しては適当な制裁処置を取らなくてはならないのだ。相談を受けた商館長は、武装されたイギリスフリゲート艦の威力をはっきりと奉行に説明した。商館長はある提案をした。水路の最も狭いところに石を山積みした船を沈め、敵船が港から出られないようにしたらどうかというのだ。オランダ人はこの計画は明日から一昼夜かければ実行可能で、しかもイギリス人に気づかれないと考えていた。日本の港湾責任者もこの計画が実現できると考えた。敵船にはもう少し水の補給を増やすといって港に待機させていた。だから船出に都合のよい東風が吹き始めても、もう少し港に留まるだろうと楽観していた。

翌朝、日が昇る頃、大村藩主の部隊が到着した。大村藩は、三百隻の小船に藁を積み三人の漕ぎ手に敵艦に近づかせ、接近したところで藁に火を放ち、漕ぎ手は海に飛び込んで逃げてこさせるという大胆な計画を立てていた。藩主自ら先頭に立って指揮するというのだ。この計画の打ち合わせをしていると、フリゲート艦はするすると碇を上げ、たちまち帆をはった。白いキャンバスいっぱいに風を受けると、さっさと港を出て行ったのだった。

こうした騙し合いは、他の国ならちょっとした笑い話で終わるところだが、日本ではそうはいかなかった。とりわけ長崎の岸辺で策略を練っていた者にとっては深刻だった。幕府の定めがあっさりと破られてしまったのだ。責任者は死をもってその罪を贖《あがな》わなければならなかった。イギリス船が港を去ってからわずか三十分ほどで、長崎奉行はその失態の責任を負うことを決めている。そうしなければこの不名誉が親族に及んでしまうのだ。持ち場をしっかり守っていなかった者たちも責任を免れることはできないと悟っていた。こうした者はみな腹を切った。港の防衛を担当していたのは長崎奉行ではなく肥前藩だった。藩主は当時江戸にいたのだが、それでも部下の不始末の罪を問われ、百日間の閉門処分を受けている（切腹したのは長崎奉行の松平康英、肥前藩家老など。百日の閉門は第九代肥前藩主鍋島斉直《なりなお》）。

この事件を起こしたのはイギリスのフリゲート艦フェートン号であった。艦長はのちの第二代エクスマス伯（子爵）となるフリートウッド・ブロートン・レイノルズ・ペリューだった（一七八九―一八六一年。のちに提督、ナイト爵。第二代エクスマス子爵となったのは長兄のボウノル・バスタード）。ペリューは東アジア艦隊司令官デュラリー提督の指令に従って日本沿岸を遊弋《ゆうよく》し、オランダ船が長崎と交易を続けることを妨害しようとしていたのだ。オランダは当時ナポレオン支配下にあり、イギリスとは交戦状態にあった。オランダの兵士はナポレオン軍に編入され、オランダの民間船は軍需品を運び、軍船はイギリス船に対して私掠行為をはたらいていた。およそ一カ月、オランダ船の現われそうな海域を警戒したのだが一隻の船も発見できなかった。ペリュー艦長は、オランダ船は既に長崎の港に入ってしまったのではないかと疑った。港に入ったものの、狙っていたオランダ船はどこにもいなかったから、あとは薪水食料を補給させてもらうための簡単な交渉をして港を出るつもりだった。日本の役人たちに降りかかる災難を予め知っていたなら、決して日本人との交渉は試みなかっただろう。

この事件をのちにオランダ商館長ドーフが語っているのだが、その説明はイギリス人への偏見と憎しみに満ちていて、記述がフェアではない。ドーフがそう感じたのも致し方ない面もある。数年間も隔離された生活を出島で続けてきたわけで、ヨーロッパの情報はもとより東アジアの情報さえ、この海域を遊弋するイギリス船に遮られ、長崎に全く届かなかったのだ。

ラッフルズ卿の危険な試み

一八一三年夏、オランダの民間船であることを示す旗を掲げた二隻の船が長崎にやって来た。何の疑いも抱かず、ドーフ館長は部下二人を向かわせた。この船は商館長への書簡を持っていた。M・W・ヴァーデナールとM・カッサという男が乗り組んでいて、ドーフ商館長の後任に任命されたというのだ。ヴァーデナールはかつて出島で商館長として勤務していた。[58] この他に三人の助手も乗船していた。船から戻った部下はドーフにおかしなことを言った。船には顔見知りのヴァーデナールがいて、船長もヴォーアマンというオランダ人だったが、船内の雰囲気が何か変だというのだ。ヴァーデナールは商館宛の書簡はドーフ館長以外の人間には手交できないと主張し、船内で使われている言葉は英語だった。ドーフはこの船は蘭東インド会社が雇ったアメリカ船だろうと推測した。ナポレオン戦争の間、積荷と乗組員の安全を図るためにアメリカ船を傭船することはままあることだった。これを確認するためにドーフ館長自ら船に乗り込んだ。

ヴァーデナールは何か躊躇するかのように館長に書簡を渡した。ドーフは船上で開封することを拒み、出島に戻った。ヴァーデナールと彼の部下が一人ついてきた。ドーフはその書簡の内容を見て顔色を変えた。四年間にもわたって外界から遮断されていたドーフにとって、この間のイギリス海軍の動向も母国オランダの置かれた状況も、ヨーロッパ諸国の情勢も知らなかったことだらけで、何もかもが驚きだった。当然にインド洋方面の出来事など知る由もなかった。

ヴァーデナールが持参した書簡には、オランダ商館の責任者にヴァーデナールを任命するとあるのだが、発令者がジャワ総督代理ラッフルズとある。こんな男の名前は聞いたことはない。だいたいジャワは何世紀にもわたってオランダの植民地なのだ。

ところがこの書簡にはオランダはそのジャワを失ったと記されているのだ。奪ったのはイギリスで、オランダはフランスに併合された。それを受けて、ヴァーデナールとその部下のイギリス人アインズリーが日本との交易責任者に任命された、というのだ。ドーフはこの命令書に従うことを即座に拒否した。出島はジャワに従属した土地ではない。ジャワがイギリスの支配下に入ったことと日本の出島の問題は全く関係がないと主張したのだった。

日本商館をイギリスのコントロール下に置こうとしたこの大胆な試みは、スタンフォード・ラッフルズ卿[59]（トーマス・スタンフォード・ラッフルズ。一七八一―一八二六年）の考えによるものだった。彼は英東インド会社が送り出した優秀な人物の一人だった。小さな島国イギリスを世界帝国として大きな広がりをもった偉大な国にする。イギリスの支配するインドをも上回る帝国にする。それがラッフルズ卿の思いだった。それでも今回の彼のやり方は少し強引だった。あまりに日本人の性格を無視したものだからだ。それに加え、この計画が成功するにはドーフ館長の黙認と協力が不可欠だった。イギリス人船員の命運はドーフの一存にかかっていた。彼らをオランダの敵国のイギリス人だと言って、日本の役人に引き渡すこともできたのだ。フェートン号の事件は彼らの記憶に生々しく残っていた。やって来た船は軍船ではないから、日本人からの攻撃を防ぐことはとてもできなかったはずだ。

ドーフ館長は長期にわたってこの国に隔離され、イギリスへの憎しみも激しく、苦しい生活でそれがいっそう増幅されていただろうことは十分に理解できる。ところがイギリス人らにとって幸いだったのは、ヴァーデナールがオランダ人であり、商館員も彼のことを前からよく知っていたことだった。もちろん日本人たちも彼を知っており、船にもオランダ国旗が掲げられていたから、イギリス人がオランダ人を雇った船であることは日本人には露見しなかった。ドーフ館長が黙ってさえいてくれれば、日本の役人にこのことはわからないはずだ。

ドーフ館長も損得を考えた。この船が積んできた商品は十分に価値があったから、普段と変わらない手続きで荷を降ろし、日本の銅を積み込んだのだ。この取引が終わるとシャーロット号とメリー号には急いで長崎を去ってもらうことになった。日本の役人にイギリス船だと悟られる前に、急いでこの国を離れさせる必要があったのだ。ちょうどこの頃、フェートン号事件で切腹した長崎奉行の息子が江戸で審問を受けていたらしい。長崎では百日の閉門処分を受けた肥前藩が守りを固めイギリス人への復讐心をたぎらせていた。

もしドーフがラッフルズの指示を受け入れていたら、どうなっただろうと考えるとおもしろい。新商館長とイギリス人商館医アインズリーが出島に赴任し、出島がイギリスの支配下に入ったことを幕府に説明する。こんなことになれば出島商館はたちまち破壊され、商館員たちは処刑され、日本が唯一残していたヨーロッパとの窓口も閉ざされてしまったに違いない。日本に遠征を計画しているアメリカの艦隊がどんな結果になるか。成功か失敗か。軍事力を背景としない外交交渉がうまくいかないことは自明である。もしアメリカの誇示する力が十分なら、日本の小さな島の一部占拠に成功する可能性はある。占拠が長期にわたるか短期で終わるかは誰にもわからない。ただはっきりしているのは、こうしたアメリカの力による日本への脅しは確実に日本をさらに硬い殻に閉じ込め、世界の国との交易を拒ませることになるだろうということだ。

ラッフルズ卿はこの翌年にカッサをシャーロット号に乗せて長崎に送り込んできた。日本の事情を考慮した、より周到で慎重な交渉がなされたのだが、この試みも完全に失敗した。

ゴードン艦長

一八一八年六月、イギリス海軍ゴードン艦長の指揮する六十五トンのブリッグ船が江戸湾に侵入した。かなり高位にあると思われる役人を二人乗船させた。この役人に訪問の目的が通商関係の樹立であることを告げている。役人は艦長に船の舵をはずしておくこと、積載している武器は全て岸に揚げておくことを要求した。イギリス船はおよそ二十の小船に囲まれ、その外周を少し大きめの六十ほどの砲を備えた船が取り巻いていた。日本側から二人の通訳が派遣されてきた。一人はオランダ語、もう一人はロシア語らしい言葉を操っていた。どちらも英語をほんの少しは知っているようだった。彼らはこう質問した。

「この船は東インド会社に所属しているのか」

「イギリスはオランダの仲間なのか」

通訳は船に備えられている航海用機器をよく理解していた。器具の名前も使用法も知っていて、ロンドン製のものが最も出来がよいなどと語っていた。この二人はいったん岸に戻ったのち、再び乗船してきて、ゴードン艦長に交易は認められないことを懇切丁寧に、だがきっぱりとした口調で説明した。この国との交易は長崎でオランダ人と唐人だけに認められていて、これは不変の掟となっていると言うのだ。

風向きが順風になり次第、港から出るようにとの命令が出ていることも伝えてきた。艦長は彼らにちょっとした贈り物を渡そうとしたがそれも断られた。法律で禁じられているというのだ。船から取り外されていたものは、舵を手はじめに全て注意深く船上に戻され、およそ三十の小船がイギリス船を退去させるために湾から沖に曳航した。

あのフェートン号事件から十年。長崎とは全く違う港にやって来たゴードン艦長は、日本人の対応は愛想がよく、かつ丁重だったと褒めている。また彼は日本には鉱物資源が豊かだと聞いたらしい。この国との貿易が可能になり毛織物などのイギリス製品を持ち込めば、うまい商売になると考えていた。概してゴードン艦長は交渉をうまくやったと考えてよさそうだ。状況次第では相当に悲劇的な結末となる可能性もあったのだ。

近年、太平洋での捕鯨がさかんになり、この国沿岸に多くの西洋人が接近している。アメリカの捕鯨船は日本の近海で漁をしているのだ。多くのイギリス人もこのことに気づいていて、アメリカの捕鯨船は日本とすでに揉め事を起こしていると聞いていた。太平洋ではカリフォルニアと香港を結ぶ交易ルートが拡大しており、とりわけ香港からは大量の支那人が黄金郷と喧伝されるカリフォルニアを目指し、アメリカに移住していた。こうした時代の流れは確実に日本に及び、日本はヨーロッパ勢力に国を開くか、もし鎖国を続けるならこれまで以上の難しい対応が迫られることになるはずだ。こうした情勢の中でイギリス人とアメリカ人がカソリックを信仰していない事実はこの国との交渉に有利だった。鎖国の原因となったキリスト教への日本人の敵意はカソリックに向けられていたのだ。

サマラン号

アヘン戦争の状況はことごとく日本に伝わっていた。日本人は外国人を恐れると同時に外国人の扱いには十分な配慮が必要なことを理解していた。警戒しながらも畏敬の念を示す。それが大事なことだった。こうした日本人の新しいやり方は、一八四五年にサマラン号で長崎を訪れたエドワード・ベルシャー艦長とのやりとりを振り返るとよく理解できる。長崎港に入ろうとするサマラン号にたくさんの武装した小船が近づいてきた。一隻の船から役人が乗り込んできて、一通の文書を提示した。オランダ語とフランス語で記された警告文だった。湾の入り口付近に碇を下ろし、日本側の責任者が現われるのを待てというのだ。役人の対応はとても丁寧だった。

サマラン号の寄港の可能性は、かなり前からオランダ人を通じて予期されていたようだった。八重山諸島の住民からこの海域でのサマラン号の動きが報告されていたのだ。[60] さらに琉球からも彼らの行動が報告されていた。[61] サマラン号は調査が目的で他意のないことはわかっていたようだった。ベルシャー艦長は調査の一環として天体観測をこの近くの島で行ないたいと、その許しを乞うた。彼の部下は反対したのだが、幸い許可がおり、夜半、島に上陸して天体観測を行ない、緯度・経度の計算ができた。琉球の役人はこうした調査は上層部の許しがあるまでは再び行なわないようにと要請してきた。同時に、サマラン号が必要とする物資を全て書きとめてくれればそれらを調達するというのだ。

イギリス人は、代金は必ず支払うことを約束した。ここの人々はイギリス船にしばらくの間ここに留まってほしいようだった。それではもう一度天体観測の機会がほしい、そのためにさらに四日ほどここに留まりたいと伝えた。しかし再度の観測の許可は出なかった。それを許すと罰せられる可能性を心配していた。サマラン号が薪水の補給を待っている間、通訳の一人が、周りに人気《ひとけ》がないのを確認すると、イギリス船は長崎で歓迎されるのではないかと言った。後日サマラン号の士官たちは一様に、長崎でのもてなしに感激している。

「日本の紳士たちは極めて誠実に、そして礼節をもって我々を迎えてくれた。彼らの見せたマナーは実に洗練されていて都会的といってもよいくらいだ。こうした日本人の態度を見て、彼らを嘲っていた船員も考え方を改めざるを得なかった」

日本人はどうもオランダ人をあまりよく思っていないようだった。港にはちょうどオランダ船も入っていると教えてくれた。碇泊するサマラン号を見渡せる丘や集落の周りには、縦縞の入った幕が張られ、砲兵たちが集まっていた。ゴローニンの手記にあったとおりの光景だった。侍のファッションを見た水兵たちは、日本の兵隊はスカートの中に鉄砲を隠すのかと大笑いだった。大砲の筒は真鍮製で、平らな地面に置かれただけ。それを防御する胸壁などといったものは一切なかった。日本人はこれでアメリカ人を追い払ったと言っていた。

モリソン号事件

そのアメリカの船がやって来たのは一八三七年のことで、遭難した日本の船乗りを連れ帰ってきたのだった。一八三二年、日本の船（尾張の廻船宝順丸）が強風で沿岸航海のコースをはずれ太平洋を漂い始めた。長い漂流の末、コロンビア川の河口近くに打ち上げられた[62]。この漂流はアメリカ西部に住む原住民がアジアの東の果てからやって来た可能性を示している。漂流民は親切に扱われ、四年間各地を移動したものの最終的にマカオに連れてこられ、そこでアメリカ人とイギリス人の世話になっていた。一六三七年以来の鎖国の掟とその決まりがずっと守られていることをはっきり理解しない者にとっては、漂流民を送り返すという口実で日本と接触しようとするのは当然だったかもしれない。

この目的のために使われたのがアメリカ商船モリソン号だった。日本人を安心させるため、備えられていた武器は全て取り外された。結局この非武装の方針が日本の不躾な対応に繋がってしまった。この船には宣教師[63]（ピーター・パーカー〈一八〇四—一八八八年〉のこと）が乗っていた。彼は医者でもあったから、病人の面倒もみていた。モリソン号が江戸湾に着くと（一八三七年七月三十日）、何人かの役人が乗り込んできた。

彼らはまず船の装備を確認した。船の周りを小船で漕いでみて回ったりもした。全く武装されていないことを確認すると、彼らの態度は横柄になっていった。翌朝、海岸から大砲で攻撃が始まった。至近距離から放たれる砲弾。モリソン号は急いで碇を上げて退散した。このあと西に帆を上げ、九州の鹿児島近くの港（鹿児島山川港）に向かうことにした。ここでは警戒して少し沖に碇泊することにした。この計画の中心となったC・W・キングは、ニューヨーク出身の真面目な商売人であった。彼は地元の役人と何とか交渉しようと努力している。将軍宛への文書を用意していた。彼は懸命に交渉した。

「アメリカの船は世界一のスピードを誇り、日本が我が国と交易すれば世界の最新情報が手に入る。この国はかつて全ての国からの訪問を歓迎していたことを知っている。アメリカ人はこの国にはまだ訪れたことがなく、我々が初めての訪問者だ。この国に何の危害も加えていないアメリカ人に交易の機会を是非与えていただきたい」

対応にあたった役人はたいへん丁寧だったから、漂流民の送還はスムーズに行きそうだった。ところがしばらくすると海岸に陣幕が張られだした。これを見た漂流民は一気に落胆した。彼らはこれが戦《いくさ》の準備であることをすぐに見て取ったのだった。砲撃が開始されるとモリソン号は急いで碇を上げ、マカオに退却するほか手はなかった。

この事件についてベルシャー艦長に問われた日本の役人はこう答えている。

「ああいった状況で漂流民を受け入れることは決してない。かつて船一杯の漂流民を唐の国に送り返したことさえある。唐の国は同盟国のようなものだからな」

サマラン号の出発の日、長崎奉行所の高官がやって来た。船に必要な品々を持ってきてくれたのだ。代金を支払おうとすると、受け取りを断固として拒否した。

「代金の受領はできない。受け取ってしまうと法を犯すことになり首が飛ぶ可能性がある」

彼らの顔には怯えた表情さえ浮かんでいた。こうしてサマラン号は静かにこの港をあとにした。[64] エドワード・ベルシャー艦長はこの経験から、日本人との自由な交流はそれほど難しくないのではないかと述べている。日本人は礼儀正しく紳士的で都会的といってもよいくらいの振る舞いを見せたのだ。こうなると私たちは一つの大事な問いに答えなくてはならなくなる。

我々は交易のためと称してこの国を変えさせようとしているのだが、この国は珍しいくらいに平和で秩序ある平穏を保ってきているではないか。これを変えようということは、いったいどういうことなのか。この辺りのことはしっかりと考えてみなければならない。

サマラン号事件のあった一八四五年に、三人の日本人漂流民がアメリカのフリゲート艦セントルイス号で寧波《ニンポー》に運ばれている。彼らもまた太平洋を彷徨《さまよ》い、メキシコに漂着しそこで二年を過ごした日本人たちだった。清《しん》政府は日本人を快く引き受け、乍《ザー》浦《プー》（現在の浙江省平湖市近く）から長崎に向かう唐船に乗せて帰国させてくれるというのだ。ところが日本人の一人がどうしても嫌だと抵抗した。日本に戻されたら大変なことになるというのだ。彼が一六三七年の鎖国の掟を知っていたことは間違いない。難破という不幸にあっても運よく助けられた漂流民は、世界中どこでも温かく故郷に迎えられるのが通常だ。ところが、こうして故郷に戻ることができないのは悲しいことだった。

アメリカ大統領の親書

一八四六年になると、アメリカは日本に漂着した自国の漂流民をどうしても救い出さなくてはならなくなった。頑固に殻を閉ざしたこの国と交渉せざるを得なくなったのだ。ビドル提督は九十門の砲を備えたコロンバス号で日本に向かった。僚船のフリゲート艦ヴィンセンス号と共に江戸湾に入ったのは、この年の七月二十日のことだった。この二隻が湾に入ると、およそ四百の小船に瞬く間に囲まれてしまった。それには五人から二十人ほどの兵士が乗船していた。武器は携行していないようだった。ヴィンセンス号に乗り込んできた役人は、何か印のついた棒を船首と船尾に立てた。アメリカ側はこれは船を取り上げる儀式ではないかと疑い、急いでこの棒を取り払った。

日本側は特に抵抗はしなかった。このことをのちに聞いたJ・F・デーヴィス（ジョン・フランシス・デーヴィス。香港貿易監督官。一七九五―一八九〇年）は、それは支那のやり方にそっくりだと感想を述べている。

「彼らはいつも相手がどの辺で反撃してくるかを探ってくる。だからまずコロンバス号とヴィンセンス号の間の連絡を遮断しようとしたのだろう。アメリカ船の周りを三重に取り巻き動きを止めようとしていたが、アメリカ船がこうした小船同士がまとまるために使っていたロープを切ることを命じると何一つ抵抗していない」

通訳の日本人は長崎の通訳と同じように流暢にオランダ語を操った。交渉に現われた高官は洗練された物腰で社交的で陽気にさえ見えた。アメリカ人はこうした日本人の顔つきが支那人よりも整っていると感じている。二隻のアメリカ船は十日間にわたって港に留まったが、一人として上陸は許されなかった。将軍に宛てられた大統領親書への回答があったのは七日目頃だった。それはひどく素気ないものだった。

「我が国ではオランダ以外の国との交易は認められていない」

こうしてコロンバス号とヴィンセンス号は退去させられた。二隻の船はたくさんの小船に曳航されて港の外に出されてしまった。

アメリカ大統領の将軍宛の親書はどんなものだったのか。以下にその内容を示しておくが、日本を批難する言葉は一切含まれていないのが特徴的だ。

「予は我が国の高官を名代として貴国に派遣する。彼は決して宣教師ではないことを宣言する。彼は予の、貴国との友好と交易を望む我が国の想いを伝えるために派遣された。すでにお気づきかと思うが、我が国は大西洋から太平洋まで広がる国土を持ち、オレゴンとカリフォルニアは我が国に属している。ここには金銀をはじめとする豊かな鉱物資源が埋蔵されている。ここから貴国までわずか二十日足らずの距離である」

「多くのアメリカ船が毎年、いや毎週といってよいほどに航行し、支那とカリフォルニアを結んでいる。こうした船舶は貴国の近海を通過しており、ときには時化《しけ》に遭遇し、貴国沿岸で遭難する危険を抱えている。こうした場合、予は貴国の親愛なる厚情で、遭難した者の生命と財産を保護していただきたいと望むものである。また同時に貴国との交易を始めたいと考えている。貴国の法令が遵守されることは言うまでもない」

「予が望むのは純粋に交易のみであって、それ以上のことは全く考えていない。貴国には石炭が豊富だと聞いている。これこそがカリフォルニアと支那を結ぶ船舶が最も必要としているものである。予は日本の港の一つが開港され、そこで必要なときにはいつでも石炭を購入できるように望んでいる」

「石炭以外の商品の交易でも両国が潤うことは疑いのないことである。近年の世界の動きを勘案し、劇的に距離の縮まった両国の交流がどれほどの便益を双方にもたらすかは言を俟《ま》たないであろう」

一八四五年には、長崎にフランス船クレオパトラ号が入港している。[65] セシル提督が指揮していたが、この使節も結局この時期のアメリカやイギリスの開国交渉以上の成果を挙げることはできなかった。前述のイギリス貿易監督官デーヴィスはフランス艦隊の、日本の対応ぶりに対する観察に同意している。

「日本と通商関係を結ぶには、いまだ機は熟していないと考えざるを得ない。ヨーロッパ諸国の国旗が江戸や長崎に掲揚されるまでには、まだまだ多くの日本人が抵抗し腹を切るような事態が続くに違いない」

「とはいえ、ヨーロッパ諸国が始めた頻繁な日本への接触の様子を鑑みると、この国は外交交渉あるいは最終的には武力によって開国させられることは間違いなかろう。日本側には武力で迫られることを回避しようとする兆候がすでに見えている」

プレブル号事件

一八四九年、幾人かのアメリカの捕鯨船員が遭難したか、あるいは放逐されたかして日本の沿岸に漂着している。『チャイナメール』紙の報道によると、アメリカ海軍のプレブル号がこの漂流民救出に向かっている。ゲイジンガー提督（デーヴィッド・ゲイジンガー。米東インド艦隊司令官。一七九〇―一八六〇年）の指示であり、漂流民の中には捕鯨船ラゴダ号の乗組員[66]もいた。

プレブル号が港に近づくと厳しい警告が発せられた。竹の棒の先に付けた警告文は英語で書かれているようだったが、プレブル号の艦長はそれを受け取ろうとはしなかった。周りに集まった小船はプレブル号の行く手を阻もうとしたが、艦長は意に介さなかった。そのうち英語を話す者が現われて停船を命じ、指定された場所に碇を下ろすよう指示してきた。しかし艦長は港の地図を見せ、予め決めてあった碇泊位置を指で示した。

下級役人と思われる者が乗船してきて艦長に訪問の意図を尋ねた。艦長は当然のようにこうした下っ端役人と交渉することを拒否している。あらためて高位の役人が乗船し、プレブル号の目的を確認した。するとこの案件は将軍に報告しなくてはならないので、時間がかかると説明してきた。艦長には時間的な余裕はなかった。当然に上官に指示を仰ぐ状況にもなかった。艦長の示した「勢い」を日本の役人は感じ取ったのだろう。収監されていたアメリカの船員たちは無事にプレブル号に引き渡されている。日本側は漂流民を引き渡しただけでなく、船に必要なものも用意すると言ってきた。その上、これに対する代金の受け取りも断っている。

まだ確認されていない情報だが、この一八四九年のプレブル号によるアメリカ漂流民救出事件以後にも捕鯨船の遭難事件があったようだ。彼らもまたゴローニンのように籠に閉じ込められたようだ。仮に日本がアメリカ漂流民の引き渡しを拒否したり、虐待を続けるようなことがあると、アメリカが日本に武力行使する正当性を与えることになろう。後述することになるが、アメリカが日本と接触を持ちたいと強く願ったのは他に理由があった。商業的利益と世界を啓蒙する責任をアメリカが負っているという使命感。この二つであった。我々イギリス人としては、日本との交渉をアメリカが慎重に、穏やかに、また相手への思いやりをもって進めてほしいと考えている。それにしても、こうしたアメリカの動きは正しいことなのだろうか。日本へ余計なおせっかいをしているだけではないのか。こうした疑念は簡単に消えるものではない。

日本開国の正当性

日本のように外国との交流を拒否する国。その港を使いたいと考える多くの国。これを国際法的にどう考えるか。おもしろい問題である。とはいえ、ある国が、それが未開の国であろうが文明国であろうが、他国との交流を遮断し、嵐で遭難しそうになっている船乗りまで見捨てることが許されるのだろうか。諸国民の法を否定し、世界のどの国とも交わらない国。そうした国が世界に向かって、ほっておいてくれと言ってもそうはいかない。飼い葉桶の中に寝そべって、牛に藁を食べさせなかった意地悪い犬がイソップ物語に出てくる。我々はその犬のせいで食事のできなかった牛のようにいつまでも辛抱強く我慢を続けるわけにはいかない。あたかも他国を排斥することは自然の摂理とでも思い込んでいるような日本や支那や安南（ベトナム）のような国々は、他の国から強制的にそのやり方を変えられても仕方がないのだ。

日本という国は交通の要路に位置している。道の真ん中でいつまでも障害物になっているわけにはいかないのだ。日本には十分な鉱物資源があり世界との交易が可能だ。東洋の絶対君主の気まぐれや勝手な振る舞いで、世界交易の輪が切れたままにしてはおけないのだ。

それにしても、オランダのような、自らを貶《おとし》める作法に唯々諾々と従って恥じないような国と日本は付き合っているために、文明国の考えが日本に理解されないのは情けないことだ。ケンペルの記述にある、一六九一年にオランダ人が強制された屈辱の作法はいまだ変わらずに存在している。

「天井が高く、暗い部屋。そこで一時間もじっと待たされた。信濃守ともう二人の高官が我々を将軍との謁見の間に案内し、そこで控えさせられた。将軍が謁見の間の向こう側に現われると、高官が大きな声で『ここに控えているのはオランダ人カピタンでございます』と説明した。これがオランダ人への、将軍に少しだけ近づいてよいという合図だった。指示された位置、つまり山と積まれた献上品と将軍の座る間へ這うように移動した。跪き、額は床に擦りつけ、まるで蟹のように後ろ向きにいざって、一言もしゃべらず移動するさまは、なんと卑屈なことであろうか」

こうした作法、つまり蟹のように這いつくばる謁見の作法に従うことは、半文明国で、かつ高慢な日本との付き合いには感心しないやり方だ。文明国から来た人間がとる態度ではない。西欧キリスト教の国がこうした卑屈なやり方をとればとるほど、日本との交渉が難しくなっていくのである。これに似た状況がトルコのコンスタンチノープルでも見られた。キリスト教国の使節が、この衰退した、死にかかったような国で屈辱の作法をとらされていた。このトルコに我々が教訓を与えたように（一八三八年に結ばれたトルコ―イギリス通商条約を指すと考えられる）、日本にも同じように思い知らせることが必要だろう。日本の気まぐれに付き合ってしまったら、全くろくなことはないだろう。

アメリカが開国交渉を始めようとしている。それがうまくいくかどうかはアメリカの交渉のやり方にかかっているようだ。アメリカは軍事力を見せつける方法を選んだようだ。決して侮られないようにするという決意の表明だ。しかしこれだけで日本との交渉がうまく行き、日本を外の世界と付き合わせる条約が結べるわけではない。日本を牡蠣の殻から引っ張り出して恩恵を受ける国はアメリカだけであってはならないということだ。イギリス、オランダ、フランス、ポルトガル、スペイン。こうした国々のことも考慮した交渉が望まれる。香港貿易監督官デーヴィスは支那やその周辺国との交渉に経験が豊かな人物であるが、今回のアメリカの計画についてこう述べている。

「この計画の成否は、どのような形で交渉を始めるかにかかってくるだろう。日本人に船を囲ませてしまってはだめだ。ここ数年の日本の外国船に対する対応を検討してみると、どうも彼らは極端な事態になることはできるだけ避けようとしている。理性的なアプローチがうまく行く可能性が出てきている。とはいえ、交渉そのものはかなり難しいものになるだろう。これまでの失敗を繰り返すようなことがあってはならない。失敗は支那での外交に悪影響を与える」

「仮に将軍が考えを改めて条約が結ばれるとなれば、そのときにはこの国の不思議なルールを頭に入れておいたほうがよい。こうした外国との条約は将軍が了解するだけでは不十分で、内裏《だいり》の承認が必要になる。日本には二人の皇帝が存在する。内裏は日本人の心の皇帝であり京都に住んでいる。世俗の皇帝は江戸に住んでいる。内裏が承認しない約束事はこの国の諸侯は認めないので意味のない条約になってしまう。海に面した領地を持つ諸侯は十六世紀には先を争って貿易による利益を得ようとしていた」

「日本は外国と条約を結べばそれなりに遵守しそうだ。日本人の真面目さを考えると、少なくとも支那の態度より悪くなることはないだろう」

「支那にある我々の領事館には日本語を学んだ通訳がいる。日本人で漂流民となり結果的に英語を理解できるようになった者もいる。日本側が、英語を理解するこうした自国民を会議で使わなくても、こちらには日本語を解する人材は十分にある。いずれにせよ相手が用意する通訳は問題がある。それが漢語であろうが日本語であろうが、あるいは英語、蘭語であろうが関係ない。相手が用意した通訳は避けるべきである。そういう場合には、いろいろな理由で国外に出た日本人に外国人の服装をさせて使うこともできる」[67]

「日本がアジアで最も文明が発展した国であることを考えると、この国を我が国の資本や企業に開かなければならないことは当然である。この国の領土の規模や海岸線はイギリスに似ている。この国の鎖国政策を変更させるのは、清と南京で交渉したやり方が参考になる（アヘン戦争後の南京条約〈一八四二年〉を指す）。日本は明らかに外の世界の動きを理解している。清が見せた態度を越えるような過激な反応は見せないだろう。それでもこの国との交渉の初めの段階では相当な困難が予想される」

デーヴィス貿易監督官はこのようにアメリカの日本遠征を見ている。我々も、どんな状況にあっても、アメリカが日本との交渉をうまくやってほしいと思っている。はっきりとした強い態度を見せることは当然必要だが、同時に節度を持った柔軟な姿勢も見せたほうがよかろう。我が友人アメリカが軍事力を行使すれば、血にまみれた殺戮の歴史が刻まれるだろう。そして日本は硬い殻の中にいっそう引き籠ってしまうだろう。

精鋭の部隊を差し向けても、日本人は死をも恐れず向かってくるだろう。これまでの日本人との接触を通じた分析でそれは十分に予想できることだ。断定的には言えないが、紳士的な交渉では、アメリカがにっちもさっちもいかなくなる可能性は大いにある。どうしても軍事力が必要になった場合、島の一つや半島、あるいは岬のようなところを占領するのが望ましい[68]。陸上からの攻撃にさらされるところは容易に要塞化できる。周囲に塹壕をめぐらせ、とりあえずの攻撃に備えれば、あとはゆっくりと補強できる。こうした橋頭堡《きょうとうほ》を確保してからの交渉のほうがうまくいく可能性がある。

マリナー号

イギリスと日本との間でつい最近起こった接触の模様はマリナー号のマセソン艦長の報告に詳しい。一八四九年、マリナー号は浦賀沖（原文にはOragawaとある）に碇泊していた。浦賀は江戸からおよそ二十五マイルの位置にある町だ。この船に日本人の役人がフランス語と英語で書いた文書を持って近づいてきた。文書は、マリナー号にその位置での碇泊を許さず、かつこれ以上江戸に接近することを認めないとの内容で、直ちに沖に移動せよというものだった。この要求を拒否すると、船を出して沖に曳航すると言ってきた。どうやら浦賀が江戸を守る防衛線らしい。ここで江戸に入る貨物の管理をしているようだ。ここを海軍力で抑えてしまうことは簡単だろう。マセソン艦長によれば乗船してきた役人はこちら側の情報をなんとか取ろうとしてきたらしい。向こうは一切の情報を提供してこなかった。このときの模様の報告書が手元にある。これを原文で紹介したい。

「マリナー号艦長マセソンよりアマゾン号、E・M・トロウブリッジ艦長への報告

一八四九年七月十四日　上海にて

以下のように艦隊司令官へ報告いたします。五月十四日付命令により、同十七日、日本に向けマリナー号出帆。同二十九日に浦賀沖に碇泊。浦賀は日本の首都からおよそ二十五マイルのところである。これまでこの海域に来たどの船舶よりも三マイルは首都に近い位置で沿岸の測量を行なった。

我々の連れている日本人通訳を通じて日本側に来航の目的を伝えた。奉行宛に漢語で書いた文書で、いつ面会できるか問うた。奉行の回答は、彼自身で乗船して面会したいし、また艦長を招待したい気持ちもある。しかし法律によりそれができないというものだった。私に対して礼を失しないように配慮したのか、あるいは本当に会いたいという気持ちがあったのかはわからないが、これ以上江戸湾の奥へ進ませたり、あるいは上陸させたりすると、彼は罰せられて命を失うらしい。

そこはケープミサキ（三崎）からおよそ八マイル、江戸湾の南西端辺りの位置だった。十隻の小船が近づいてきた。それぞれの船には二十人の乗組員と五人の役人が乗っていた。マスケット銃と剣で武装していた。役人たちは長短一式の二本の剣を身に着けていた。

役人に限って乗船を許可した。彼らはフランス語とオランダ語で書かれた文書を持っていた。この辺りに碇を下ろさないこと、江戸湾に入らないこと、常に沖合を航行することを要求していた。しかし彼らには、さらに湾の奥に進むことを伝えた。碇泊予定の位置からおよそ二マイルのところで風が凪《な》いでしまった。夜八時半頃、日本側がその位置まで曳航することを申し出てきたので、それを受け入れることとした。

役人たちが下船したのちも、数隻の船が夜通し警戒を続けていた。沿岸の砦には篝火《かがりび》が焚かれていた。およそ四百の船が海岸線近くに展開し、乗組員はみな武装し、船には灯りが点っていた。通訳のオトソン（音吉）を通じて本船にあまり近づかないよう警告した。オトソンはひどく怯えていた。万一に備え、こちらも見張りを夜通し立て、砲にも弾を込めさせて警戒を怠らなかった。オトソンは何があっても上陸しないと訴えた。上陸すれば皆殺しになり、自分は一生拷問されると言うのである。

浦賀はこの国の首都への関門となる港だった。人口はおよそ二万。ここには千二百の船が碇泊可能で、江戸に出入りする船舶を検査する番所がある。それほど多くの艦船を使わずとも、江戸湾を完全に封鎖することは可能なようだ。江戸は物資の供給を完全に海上輸送に頼っている。蒸気船を使えば湾内の沿岸測量、水深調査も簡単で江戸湾を進む最適航路も見つけられよう。江戸湾には岸から五マイルまでは近づけると聞いている。浦賀と江戸を繋ぐ陸路も整っているらしい。

下級の役人が乗り込んできて、こちらの情報を懸命に嗅ぎまわっていた。しかし彼らから情報は一切出てこなかった。ただ態度はとても紳士的で、マリナー号の装備を真剣にスケッチしていた。そのうち、水、野菜、卵が運ばれてきた。これらを運び込む際にもこの船の出帆がいつになるのか執拗に尋ねてきた。本官はハロラン艦長に碇泊地周辺の測量の続行を命じた。普段は霧や靄《もや》で悩まされるところだが、その日は晴れ渡っていた。

五月三十一日、下田湾に向かった。艦長にはこの湾の詳しい測量を命じ、四日半碇泊した。その測量結果の写しは添付書面のとおりである。

この湾の周囲には三つの漁村があり、そのうちの一カ所に短時間だが上陸を試みた。しかし役人があとを追ってきて、何とか船に戻ってくれと懇願した。たくさんの魚を持ってきてくれた。ここでも我々ができるだけ早く立ち去ってほしいことには変わりなく、五十隻の小船で我々を沖に曳航すると申し出てきた。悪天候のため、その申し出があっても二日間ほど外洋には出られなかった。三日目にこの地方の奉行と称する役人が乗り込んできた。彼はこの港からおよそ十三マイル離れた町ミオマキ（Miomaki）に住んでいるという。彼に従っている者が見せる振る舞いから、この奉行は高位の役人であることが見て取れた。[69]

二日目には浦賀からやって来たというオランダ語通訳と二人の役人が現われた。

彼らは我々を監視すると同時に、役人相互の監視もしているようだった。ほとんど会話はしていないようだったし、しているとしたら隠れてやっているようだった。
六月七日、下田出港。七月二日、上海帰帆」

パナマ運河

今、西欧文明国はアメリカの日本遠征の成り行きを注意深く見つめている。この計画は国際プロジェクトであって、アメリカ単独のものと考えてはいけない。この計画が経済界の注意を引いているのは喜ばしいことだ。本計画の情報は正しく伝わっているようだ。イギリスとしてはアメリカに簡単に先を越されてはいけない。

かつてかの有名な探検家フンボルト[70]（アレキサンダー・フォン・フンボルト。プロシアの探検家。一七六九―一八五九年）は、自由で互恵的なヨーロッパ諸国と日本との交流は大西洋と太平洋が運河で繋がるまでは難しいだろうと述べていた。二つの大洋を結ぶ運河。これが完成すれば、アメリカ北西部や日本や支那とヨーロッパの距離が六千マイルも短くなる。この航路短縮は東アジアの政治経済に大きなインパクトを与えるだろう。フンボルトは早くからこのことに気づいていた。

「南北アメリカを繋ぐ細くくびれた地峡。大西洋からの海上輸送を遮断するこの地峡こそが支那、日本の独立を守る砦と言える」

最近はこの状況が大きく変化している。パナマ地峡をめぐる開発が計画されている。イギリスは既に支那沿岸まで進出し、東洋の多くの島々をも傘下におさめ、活発に交易活動を展開している。西洋人の企業家精神とエネルギーが、パナマ鉄道敷設プロジェクト[71]や、カリフォルニアのゴールドラッシュを生み、さらにはバンクーバー島の開発[72]にも繋がっている。こうした地域の人口も目覚ましく増加している。パナマ地峡をめぐる状況の変化こそが、アメリカ西海岸の発展を刺激していると言える。蒸気船会社が設立され、人の移動が起こり、商業的発展が現実のものになっている。

大洋を繋ぐため、いくつかの実現可能性の高い運河ルートが検討されている。ニカラグア・ルート、メキシコのテフアンテペク・ルートなどである。既に何社かが太平洋と大西洋を結ぶベンチャーに着手している。蒸気船による海上交通網はインドから支那に、そしてシンガポール、ジャワを経由してオーストラリア方面にまで広がっている。インドと支那を結ぶ一般商業貿易も活発で、多くのヨーロッパ船、アメリカ船が活躍している。太平洋では捕鯨も盛んで、実際アメリカの捕鯨船は日本近海や日本の影響下にある北方の島々の沖合で操業している。間宮海峡付近、オホーツク海、カムチャツカ周辺、ベーリング海や北極海と、広大な海域で鯨を追っている。

最近日本についての興味深い記事が、ある雑誌に掲載されたので紹介する。[73]

「カリフォルニアのサンフランシスコ港は、アメリカのアジア太平洋貿易の重要な中継地点として発展するであろう。支那、日本、ポリネシア、ジャワ、オーストラリアなどを含む広大な地域はおよそ六億の人口を有している。我々のシドニー港はこの地域の中心に位置している。蒸気船の定期運航でこの地域の交易にはサンフランシスコより優位にある」

「日本はアメリカ西海岸と太平洋を挟んで向かい合っている。この国の二つの大きな島、日本島と蝦夷島は津軽海峡で隔てられている。ここをたくさんの捕鯨船が行き来している。ところが日本の沿岸では薪水補給はできず、運悪くこの沿岸で難破などして漂着すれば掠奪と死が待っている」

「日本は外国との商業的交流を拒否している。それだけではない。救助を求める船舶にも港を利用させない。その上、海岸に接近する船には砲撃まで加える。日本にこうした行為を正当化する権限があるのか大いに疑問である。悪天候により日本近海で難破し、漂着した船員は見世物で使うような籠に押し込められるか殺されたりしている」

「世界の発展が著しい現在、日本のこうした野蛮な政策はいずれ矯正され、日本はより寛容な方針に変更するだろう」

「島嶼《とうしよ》で構成された日本。多くの良港。創意工夫の精神に満ちた民族。豊富な資源と商業をはぐくむ能力。そこには十分な数の人口が存在する。この国を治める諸侯も高い知性を示している。こうした日本人の能力、エネルギー、企業家精神を鑑みると、アジア諸国の中で一頭地を抜く存在になる可能性が高い。内に閉じこもる方針を改めさえすれば、この国のポテンシャルの高い資源や政治能力を生かし、世界の国々と広範囲にわたって交易のメリットを享受できるはずだ。だからといってこの国の主権が脅かされ、独特の宗教や独自の文化を犠牲にする必要もない」

「一六三七年以来、支那とオランダ以外との交流を頑なに拒んできた日本。しかし世界に拡大する交易の波に抗《あらが》うことは難しいだろう。日本は極東のイギリスになる可能性が高い」

アメリカの最近の新聞記事は、これまで検討されてきたパナマ・ルート、ニカラグア・ルートあるいはメキシコのテフアンテペク・ルートのさらに南に、より有望なルートがありそうだと伝えている。どうもそれはニューグラナダ共和国（一八三一年から五六年まで存在した共和国）にあるアトラト川（Atrato River）とサンファン川（San Juan River）を利用するルートらしい。アトラト川はおよそ北緯八度のダリエン湾にそそぎ、そこから源流に向かい、南に遡ると北緯五度の辺りでサンファン川の源流付近に到達する。サンファン川は北緯四度付近で太平洋に出る。ブエナヴェンチュラ

（コロンビアの太平洋側の港湾都市）の町からそう遠くないところが河口である。ここがかつてニューグラナダと呼ばれている頃、つまりおよそ五十年前のことだが、この二つの川を利用して太平洋と大西洋を結ぶことが可能ではなかろうかとフンボルトは述べている。確かに二つの川の上流を繋ぐ道が既に原住民によりできていて、古くから二つの海洋を繋ぐ交易ルートがあったようだ。

航路短縮

現在、あるニューヨークの会社がこのルートでの運河建設の権利を得て、土木技師J・J・ウィリアムスを派遣し、現地調査に乗り出している。調査に関連してアメリカ海軍調査委員会（The Committee on Naval Affairs）が合衆国議会に提出したレポートがある。サンフランシスコとマカオなど支那沿岸部を結ぶ蒸気船ルートについて詳しく述べている。興味深い内容なので以下に紹介しておきたい。

「カリフォルニアがアメリカ領土に組み入れられたことにより、支那との貿易が発展することは誰もが予想できることである。サンフランシスコと支那は蒸気船を使えば、わずか二十日の距離である。またアメリカ西海岸と大西洋岸との移動には、パナマ地峡ルートを利用すれば三十日強である。したがって蒸気船による太平洋航路ができれば、ニューヨーク・マカオ間はおよそ六十日で移動可能になる。現在の南米ホーン岬を抜ける支那への航路では往復に十カ月もかかっている。ヨーロッパと支那の距離はさらに遠く、往復にはおよそ一年が必要である。企画書によれば、パナマ地峡に運河が完成し太平洋航路とリンクすれば、リバプールと支那沿岸は六十日の距離に短縮される。アメリカを経由すればロンドンと支那が五カ月で結ばれる。現在の半分の日数に短縮されることになる」

合衆国議会には他にも多くのレポートが提出されているようだが、まだその内容を知ることはできていない。いずれにせよ壮大でロマンのある計画が進められているようだ。

他にも興味深い記述がある。これも最近のアメリカの文献である。

「インド大陸との貿易はそこを支配する国に巨大な富を生んできた。支那との貿易も嵩《かさ》の割に値段のはる商品が多いので、蒸気船により割高な運賃を支払っても十分に採算が取れる。仮に提案されているルートを使ってアメリカ艦船が六隻程度の艦隊を組み、支那貿易に参入すれば東洋貿易の膨大な富をアメリカは享受できることになる。こうした艦隊はアメリカ海軍の指揮下で運用するのだ。西欧諸国のさまざまな製品が人口の多い支那市場で販売されるだろう。支那から輸入される製品に課せられる関税は巨大な連邦政府収入を生み出すはずだ。また保税倉庫のシステムを利用できれば輸入地で関税を払わず、有利な市場への転売が可能になり、いっそうの商業利益が期待できる」

　「支那貿易ではイギリスとアメリカが激しく競争している。アメリカの支那貿易は漸増していて、現在計画されている蒸気船航路はアメリカにとってさらに大きなメリットを生む。ヨーロッパ諸国は追随できなくなる可能性が高い」

　「サンフランシスコは確実に太平洋への玄関口になっていく。商業活動をこの港に集中させ、アジア各国との交流を活発にすることは極めて重要である。大西洋と太平洋を鉄道でリンクするプロジェクトはかなりのスピードで進められるに違いない。地理的に隔絶したアメリカ東部と太平洋岸の新領土。交通インフラストラクチャーの整備が進めば、東西に遠く離れた土地も、同じ理想を掲げる一つの政府の下で統一的に発展する」

　次の表はJ・J・ウィリアムス技師が提出した、パナマ地峡ルートの完成がもたらすカリフォルニアへの航路短縮の数字である。

・イギリスからサンフランシスコまでの距離　単位：海里（一・八キロメートル）

南米ホーン岬経由	一万八六二四海里
パナマ・ルート経由	七五〇二海里
ニカラグア・ルート	七四〇一海里
メキシコのテフアンテペク・ルート	六六七一海里

・ニューヨークからサンフランシスコまでの距離

南米ホーン岬経由	一万四一九四海里
パナマ・ルート経由	四九九二海里
メキシコのテフアンテペク・ルート	三八〇四海里

・ニューオーリンズからサンフランシスコまでの距離

南米ホーン岬経由	一万四三一四海里
パナマ・ルート経由	四五〇五海里
ニカラグア・ルート	三七六七海里
メキシコのテフアンテペク・ルート	二七〇四海里

イギリスの有力な土木技師であるアレン・マクダネルもスペリオル湖の西端から太

平洋に抜けるルートを検討しているようだが、彼もパナマ地峡ルートの開発について次のように述べている。

「パナマ地峡の開発による成果を効果的に最も享受できるのはアメリカである。運河が完成すればメキシコ湾から一気に蒸気船で太平洋に抜けることができる。そうなるとアメリカの海軍力は、イギリスの持つアメリカ大陸北西部沿岸の入植地を脅かし、インド大陸のイギリス権益さえ危うくするのは確実である。この場合、南太平洋に浮かぶ仏領マルキーズ諸島（タヒチの北東およそ千五百キロメートルに位置する、南緯九度付近に広がる十四の群島）がインドに向かう船舶の寄港地を提供することになるだろう。同じくフランス領であるソシエテ諸島（タヒチの北西、南緯十七度付近に広がる九つの群島）も極めて重要になってくる。ここにはアジアから戻る船舶が薪水や南洋の島の産物を求めて集まってくることになろう。太平洋の島々はその価値をぐんと高めることになる。その反面、西インド諸島の重要性は低下する。またセントヘレナ島、モーリシャス諸島、ケープタウン、フォークランド諸島も同様にその価値を失うだろう。こうした島々や都市はホーン岬を経由する航路には重要だった。しかしこうした地域が持っていた機能は、メキシコ湾に臨むニューオーリンズなどのアメリカの港湾に移っていくだろう」

アメリカの野望とも言える狙いを、読者にはっきりと伝えることができたと思う。イギリスはアメリカのこうした動きを注意深く観察し、貿易や海運に関わる人々が協力してこれに対抗しなければならない。

第一章　注

1：より正確にはベネチア商人マルコ・ポーロによる短い記述が存在する。彼の記述は疑いの目で見られたものの、最近の研究ではかなり正確な観察がなされていたと評価されている。

2：フランシスコ・ザビエルと出会った「あんじろう」のことか。あんじろうの墓と伝えられる石碑が鹿児島県にいくつか存在する。

3：あんじろうは真言宗信者と言われる。ザビエルの指示で行なったキリスト教義の邦訳では「神」の概念を「大日」としている。この時期、日本人はキリスト教を仏教の一派として認識していた事実もある。

4：キリスト教と大乗仏教の類似性の研究は極めて現代的テーマである（「大乗仏教誕生に決定的な役割を果たしたのはキリスト教であり、大乗仏教には隠れキリスト教という側面があるという仮説は非常に有望なものと思われる」平山朝治「大乗仏教の誕生とキリスト教」『筑波大学経済学論集』第五十七号、二〇〇七年三月）。

5：この表現が具体的に何を示すのか不明である。出典をモリソン号事件の顚末を記したチャールズ・キングの記録 *Notes of the Voyage of the Morrison from Canton to Japan*, NY, 1839. としているので、この港が日本の鎖国とオランダの排他的貿易特権の象徴になったことを指していると考えられる。

6：天正遣欧少年使節（一五八二―九〇年）。主要少年使節である伊東マンショ、千々石《ちぢわ》ミゲル、原マルチノ、中浦ジュリアンの四人に三人の日本人アシスタント随員を加え、七人としていると考えられる。

7：エンゲルベルト・ケンペル。ドイツ生まれ。ケーニヒスブルク大学（ロシア）、ウプサラ大学（スウェーデン）で学ぶ。一六九〇年十月、蘭東インド会社の医官として出島に着任。以後二年間、勤務のかたわら日本の風俗、植物、動物などに興味を示し、帰国後論文を発表。江戸参府は二度。将軍綱吉と謁見している。

8：ここからの金がソロモン王の神殿装飾に使われたとされる。

9：ウィリアム・アダムス。一五六四―一六二〇年。一六〇〇年四月、大分県（豊後）臼杵付近の海岸にオランダ船リーフデ号（エラスムス号）で現われる。のちに徳川家康のアドバイザーとして活躍。シェークスピアと同時代の人。

10：ライムハウスに造船所を所有。航海術に興味を示したアダムスに数学、天文学を教授している。

11：この船団が当初から西回り航路を計画していたのか、あるいは何らかの事情で、当時一般的であったインド洋を抜ける東回り航路から西回りに変更したのかは不明。マックファーレンは当初から西回り航路での航海が計画されていたと仮定している、と思われる。
12：リーフデ号にはエラスムス像が船尾に飾られていた。現在東京国立博物館に所蔵。複製は佐野市郷土博物館に展示されている。
13：十七世紀には、オランダやイギリスの私掠船の基地となった。
14：この当時は時刻計測機器（クロノメーター）がなかったため正確な経度の測定は難しかったが、緯度は天体の観測で容易にそしてかなり正確に知ることができた。モカ島は南緯三十八度二十三分、西経七十三度五十二分に位置している。正確な経度の測定はクロノメーターが十八世紀初めに発明されて初めて可能になった。
15：アダムスたちは目的地を日本とはっきり決めているようだ。多くの日本の書物がアダムスの乗ったリーフデ号は臼杵（豊後）に漂着した、としているが、誤解を生む表現である。臼杵はこの時代にはよく知られた日本の港であり、アダムス一行は能動的にこの港を目指した。
16：太平洋の島々には人食いの風習が存在することは既にヨーロッパ人には知られていた。
17：ポルトガルとスペイン両国の間で新領土の分割を取り決めたトルデシリャス条約（一四九四年）とサラゴサ条約（一五二九年）を指す。
18：マックファーレンには一八三三年に出版した *The Lives and Exploits of banditti and robbers in all parts of the world* という、この問題に詳しい著書がある。
19：この時期、家康は五大老の筆頭。上洛しない上杉景勝討伐の準備中であった。
20：家康はこの前年より大坂城に移り、五大老筆頭として政務を取り仕切っている。
21：一六〇四—〇五年頃に建造。現在の静岡県伊東市松川河口付近で建造された。この付近は安針メモリアルパークとして整備されている。
22：長期航海で劣化損傷のひどいリーフデ号を分解。そのパーツを型板《かたいた》として利用した。作業は船大工として乗り組んでいたピエテル・ヤンスーンが中心となった（Giles Milton, *Samurai William*, Hodder and Stoughton, 2002, p.123）。
23：船長クワケルナックの他に船荷係サントフォールトが帰国を許されている。一六〇五年、平戸藩主松浦鎮信（一五四九―一六一四年）の船でパタニ（マレー半島東岸）のオランダ商館に向かった（川久保輝興「近世におけるヨーロッパと日本・中国」『大阪教育大学紀要』第三十九巻、一九九〇年九月、六六頁）。
24：一六〇九年七月一日、オランダ船が平戸に入り、オランダ商館の平戸設立を願う。家康の許可がおり、商館設置。一六一一年に平戸に入ったオランダ船に二通の手紙を託した。「妻への手紙」と「未知の友と同国人への手紙」と呼ばれている書簡である（川久保、前掲、六六頁）。
25：一六〇九年九月三十日、マニラとアカプルコ間を結ぶスペインのガリオン船が千葉外房岩和田海岸に座礁した事件。大多喜城主本田忠朝の配慮で、救助された遭難者三百十七人は手厚い保護を受けている。
26：ロドリゴは前総督ペドロ・アキュニャスの死（一六〇八年）を受け臨時総督となる。
27：アダムスの船はサンブエナヴェンチュラ号と命名され、一六一〇年八月一日出航。アカプルコ着は十一月十三日。
28：一六〇九年七月、蘭東インド会社第五次派遣船団（司令官フルフール）所属の二隻が平戸入港。家康は一六〇五年、一六〇六年の二度にわたってパタニのオランダ商館にオランダ船の日本来航を促している。この要請書にはアダムスが条件の詳細を示した書簡が添付されていた（行武和博「家康政権の対外政策とオランダ船貿易」『東京大学史料編纂所研究紀要』第十七号、二〇〇七年）。

29：一六五九年に難破し、セイロン島に漂着。十九年の虜囚生活の末、オランダ人の助けで脱出。一六八〇年にロンドンに戻る。

30：例えば秀吉の伴天連追放令（一五八七年）。九州出兵の際に出されている。イエズス会はこの法令を受け、抑制した布教活動へ方針転換した。

31：より正確には、フランシスコ修道会はマニラを拠点としスペインの後押しを受け、ポルトガルの影響下にあるイエズス会、ドミニコ会などと反目した。

32：この前年、土佐浦戸に漂着したサン・フェリーペ号の航海長が、「スペインはまずカソリック宣教師を植民地に送り込み住民を改宗させる。その後軍隊を送り征服する」と述べたことから秀吉の逆鱗に触れた。処分の法的根拠は伴天連追放令。

33：マニラから長崎に向かっていた平山常陳の御朱印船がイギリス、オランダの私掠船に拿捕され平戸に連行される。常陳の船に二人の密航宣教師が隠れていた。この事件が引き金となり宣教師を含む五十五人のキリスト教徒が火刑と斬首で処刑された。

34：アルブケルケはインドのゴア、セイロン、マレー半島マラッカなどにポルトガルのアジア植民地支配の拠点を築いた。

35：オランダのスペインからの独立が認められたのは三十年戦争後のウェストファリア条約（一六四八年）による。

36：十六世紀末期から十七世紀前半はオランダの国力興隆期にあり、世界に広がるポルトガル植民地を次々に攻略した。「オランダ勢力のアジア出現まで、ポルトガル人が手がけた商品は多彩だった。モルッカ諸島のニクズクやチョウジ、セイロン島のシナモン、マラバールの砂糖、西アフリカの黒人奴隷、日本の銀、中国の絹および絹製品などが、彼らの富の源泉となった。これらのすべてがオランダ人の掠奪の対象になったのである」（増田義郎「ポルトガルとアジア」『亜細亜大学国際関係紀要』第九巻、第一、二合併号、四八〇頁）。ポルトガルはアジアではマカオやゴアを何とか防衛すると、次第にブラジル経営に資源を傾斜させていった。ポルトガルの日本からの追放も両国の世界規模の抗争の一局面である。

37：一六三七年に始まった島原の乱についての記述。乱の平定に苦慮した松平信綱、戸田氏鉄は平戸藩主を通じてオランダ人に船と大砲を供出することを命じた。オランダ商館長クーケバッケルは自ら戦地に向かった。オランダ船からの砲撃は反乱軍に大きな打撃を与えた。オランダの協力の詳細は信綱を通じて将軍に伝えられた（川久保、前掲、六九頁）。

38：二四四―三一一年。ローマ東方皇帝。帝国内に増加するキリスト教徒に対し改宗を迫り、数千人の信徒が処刑された。

39：一六三九年にはポルトガル人は追放され、彼らの商館として建設された築島・出島は一時無人となっていた。一六四一年にオランダ商館を移した。

40：オランダ船の入港は初夏。長崎奉行所から派遣された役人の厳重な手続きを経て荷受け、荷積みが行なわれた。水門は通常施錠されていた。

41：一七九〇年以降は四年に一度の参府に変更された。オランダ船は秋口までにバタヴィアに帰帆。正月明けに江戸に出発し三月か四月に到着。
42：商館長以下商館医と商館員数名。さらに阿蘭陀通詞と長崎の役人も随行。総勢百五十人から二百人での移動だった。
43：現在の中央区日本橋室町四—四。長崎屋跡の史跡表示がある。
44：この頃「蘭癖大名」と称されるオランダ趣味の藩主が現われた。中でも中津藩主奥平昌高とブロンホフは交流があった。昌高の義父は同じく「蘭癖大名」の一人である薩摩藩主島津重豪《しげひで》の次男。ブロンホフ一行が江戸を去る途中、薩摩屋敷前を通るが、重豪に別れを告げるために籠をおりている。
45：ジェームズ一世に引き立てられ、ナイトの称号を受ける（一六〇三年）。イギリスの海外貿易政策および海軍に関わる案件などのアドバイザーとして活躍。
46：セーリス一行が向かったのは江戸ではなく、駿府（静岡）だった。徳川家康は一六〇五年に将軍位を秀忠に譲っている。家康は駿府で引き続き国政の根幹に関わる政務を見ていた。特に外交方針は家康が駿府で決定した。
47：マックファーレンはこれらを、一八四七年の英国議会中国関連貿易委員会報告などの資料にある、としている。
48：家康の死去により、アダムスに対する幕府の対応に変化が生じ始めている。
49：著者は、この部分の記述は一八五〇年出版の *Memorials of the Empire of Japon : In the XVI and XVII Centuries*, Thomas Rundall によるとしている。
50：チャールズ二世は日本との交易再開を企図して日本にザント号、エクスペリメント号、リターン号の三隻を派遣。一六七三年六月、リターン号だけが長崎に到着。幕府に交易再開の許可を求めたが失敗。八月二十八日長崎を出港した。
51：クックは一七七九年の三回目の探検でハワイにて原住民に殺される。その後も探検は継続され、カムチャツカ、ベーリング海峡、日本沿岸、マカオ、インド洋と回り喜望峰を経て帰国。
52：プロビデンス号の調査は一七九六年および翌年の夏の二度にわたって実施された。北海道東部を測量。室蘭市に上陸記念碑がある。
53：一七九二年九月に根室に至り、幕府と交渉を開始。翌年六月函館に回航し漂流民を引き渡している。
54：ラクスマンは松平定信が発行した長崎寄港を認める許可証（信牌）を受けていた。レザノフは信牌を持ってナジェージダ号で長崎に入った。レザノフの手記によると、交渉の通訳を務めた長崎通詞らがこの交渉の失敗に懲りず、通商交渉に再び戻ってくることを秘密裏に懇願したとしている。
55：文化三年（一八〇六年）の樺太南部アニワ湾のクシュンコタン運上所襲撃事件と翌年の択捉島ナイボ番屋、シャナ会所攻撃事件。
56：ゴローニンの手記は英語で出版されている。*Memoirs of a Captivity in Japan, During the Years 1811, 1812, and 1813; with observations on the country and the people*, Henry Colburn and Co., of London, 1824.
57：十八世紀末から十九世紀初めにかけて、ヨーロッパ人の「清潔」の概念が変化した。従来、作法としてつけていた香油や髪粉は毛穴を詰まらせ、発汗にも悪影響を及ぼすと考えられるようになったため、男たちは髪を短く刈り上げ、手入れのしやすい髪型となっていた。ラクスマンの来日した十八世紀末にはまだ長い髪を後ろでまとめ、黒い布でしばるピッグテイルが流行っていた。髪をまとめるためにポテトやライスからとった澱粉などに色づけした髪粉を用い、それに香油を使って髪をまとめていた。

58：原著では M. W. Waardenaar と記されているが、この人物が出島オランダ商館長であった記録はない。

59：ナポレオン戦争時、オランダはフランスに併合されている。ロンドンに亡命したウィレム五世はオランダ植民地を一時イギリスに預けた。ラッフルズがスマトラに赴任したのはこの頃（一八一八年）。ラッフルズはシンガポールの地政学的重要性を指摘し、オランダからこの地を奪いイギリス植民地建設に尽力した。

60：英国測量船サマラン号は一八四三年十二月から四四年二月まで八重山諸島、宮古列島を測量している。艦長は Sir. Edward Belcher。

61：サマラン号は一八四五年六月十九日から二十一日、及び八月十八日から二十二日の二度、琉球那覇を訪問している。

62：宝順丸は一八三二年の暮れに鳥羽を出港しているから、一八三一年とする本書の記述は誤り。十四カ月太平洋を漂流し、アメリカ北西岸アラヴァ岬に漂着している。十四人の乗組員の中で生存していたのは音吉、久吉、岩吉の三人だった。

63：この他にサムエル・ウィリアムスとカール・ギュスタフの二人の宣教師も乗船していた。

64：問答無用で外国船の打ち払いを命じた無二念打ち払い令（一八二五年）は、アヘン戦争における清の惨状を知った幕府により廃止された。一八四二年には、日本に寄港する外国船は丁重に取り扱い、必要な薪水食料を与え、速やかに退去させる穏便な方針に変更している（薪水給与令）。幕府の対応がモリソン号とサマラン号では大きく変わっていて欧米人を驚かせていることがわかる。

65：長崎に向かったのは、セシルを司令官とするフランス東洋艦隊のクレオパトラ号以下三隻。まず琉球運天港に現われて琉球の開国を要求し、さらに長崎に向かった。一八四六年のことであり、本書の一八四五年の記述は誤り。

66：アメリカ海軍のスループ帆船プレブル号が長崎に入ったのは一八四九年四月十七日。この前年、北海道に漂着したラゴダ号船員と密入国者ラナルド・マクドナルドが、オランダ船による国外送還のため長崎の寺に収監されていた。

67：この頃、モリソン号に乗船していた日本人漂流民・音吉は、イギリスの貿易商社デント商会の上海支店で雇われていた。こうした人物を念頭にしての記述だと考えられる。音吉は一八五八年、長崎に現われたスターリング提督の通訳として雇用されており、日英和親条約締結に立ち会っている。

68：イギリスの確保したスペイン南端のジブラルタルや香港のような領土取得を示唆している。

69：下田湾からの立ち退きを求めたのは伊豆韮山代官江川英龍。原文にあるMiomakiがどこを指すか不明。英龍は意識的に派手な陣羽織をまとい、部下にもそろいの軍服を着けさせていた。威厳を示すことが重要と考えた英龍の意図は成功している。

70：一七九九年から一八〇三年までカリブ海、ブラジル、中米、アメリカを探検。海運、世界貿易上のパナマ地峡の重要性を早くから認識していた。

71：パナマ鉄道敷設プロジェクトは、一八四九年からウィリアム・アスピンウォール（パシフィックメール蒸気船会社）らが立ち上げている。

72：一八四六年、アメリカ・カナダの大陸側国境は北緯四十九度線に確定。バンクーバー島はカナダ領に。それにともない英国特許会社ハドソンベイカンパニーによるバンクーバー島の開発が進む。一八四九年には同島のナナイモ地区で石炭が発見され、石炭はサンフランシスコで利用された。ナナイモ炭鉱の閉鎖は一九六八年。

73：*Lawson's Merchant's Magazine, Statist, and Commercial Review*, London, May 1852.

74：十九世紀の関税は産業保護の手段であると同時に連邦政府の重要な財源でもあった。例えば、一八六〇年のアメリカ連邦政府収入に関税収入が占める割合は九〇パーセントを超えている。

第二章　日本の地理

マルコ・ポーロの記述

この国はギリシャ・ローマ時代のヨーロッパ人には全く知られていなかった。かの有名なマルコ・ポーロ（一二五四―一三二四年。一二七五年から元《げん》に入り十七年間、行政官として仕えたとされる）が支那の旅行から帰ってジパング（Zipangu）と呼ばれている国があると紹介したのが初めてである。彼は十三世紀末、元のフビライ・ハーンに仕えている。

マルコ・ポーロ自身はジパングを訪れてはいない。ハーンの宮廷に勤めている間に得た情報に基づいてジパングを語っているのだ。彼は次のように述べている。

「ジパングは東の海に浮かぶ島国である。元の国から、あるいは南の野蛮人の暮らす沿岸部[1]からおよそ千五百マイルの距離にある。国土はかなり大きいらしく、住民はすっきりとした顔立ちで、がっしりしており、独自の文化を発展させている。宗教は偶像を崇拝している。外国の影響からは完全に独立して、複数の諸侯たちが統治しているようだ。金《きん》が豊富に産出され、尽きることがないほどの埋蔵量があるらしいが、金の輸出は禁じられている。他国からの商人の訪問はなく、港に外国船が入ることはほとんどない。こうした理由で、この国を支配する者の暮らす館はたいそう贅沢な仕上がりだとの噂だ」

「ここを訪れた者によると、建物は屋根にも壁にも金を薄く延ばした平板（プレート）が惜しみなく使われている。西洋では鉛のような金属を使う箇所にも金を使っているのだ。天井も金が貼られ、多くの部屋に置かれているテーブルも厚い金の天板が使用されている。窓枠にさえ金の飾り物が施されている。建物の豪華さは、とても言葉では伝えられない（平泉の中尊寺金色堂の描写と考えられる）。この国では金だけでなく真珠も豊富らしい。色合いは朱あるいはピンクで、形は丸く、かなり大きなサイズで、ホワイトパールと同じくらい、あるいはそれ以上の価値があるという。この国では死者を土葬するところと火葬するところがあり、土葬の場合には死者の口の中に真珠を一つふくませてから葬ると聞いている。こうした墓所ではよく貴金属の副葬品が見つかっているらしい。噂を聞きつけたフビライはこの国を征服し併合しようと考えた」

東洋学者のウィリアム・マースデン（一七五四―一八三六年。イギリスの東洋学者・言語学者）は『マルコ・ポーロの旅』（一八一八年の著作）を記していて、東洋の国々を研究する学者にとっては欠かせない文献となっている。東洋の地図を一見するだけで、日本という国の地理的な重要性が見て取れる。朝鮮半島付近の島々から、樺太の突き出た岬まで連続して連なる島々。この島々には火山が数珠のように連なっていて、それは千島列島からさらにはカムチャツカ半島まで延びている。日本を構成する島々は朝鮮からカムチャツカに向かって、海に浮かぶ飛び石のようなものだ。

この地形はアーロン・パーマー氏[2]（ニューヨークのロビイスト）がジェームズ・ポーク大統領（米第十一代大統領。一七九五―一八四九年）に提出した企画書に添付された地図を見るとよくわかる。一八四八年一月十日付で提出された書面だが、既にアメリカ上院議会により印刷物となっており、内容を確認できるのだ。

日本を構成する島々の正確な数はわからないが大きさや形はさまざまである。千島列島のいくつかは日本に服従しているが、ロシアのカムチャツカ行政に服している島もある。ロシアは早い時期から日本や日本語に高い関心を寄せている。ベニュフスキー伯爵[3]（モリッツ・フォン・ベニュフスキー。ハンガリー貴族。オーストリア帝国軍人。一七四六—八六年）が日本を訪れたのが一七七一年。その冒険談（*Benyovsky's Memoir and Travel*, 1790, London）からも、ロシアと日本との関係が濃密だったことが推察できる。またシベリアやカムチャツカのロシア人が、日本人漂流民から日本語を学んでいたことがわかっている。

日本の島々

日本を構成する島々は太平洋の西、北緯三十一度から四十五度の間に広がっているが、樺太に居住する日本人を考慮すると、北緯四十七度から四十八度まで延びていると言ってもよい。日本列島と大陸の間にある海は日本海（Sea of Japan）と呼ばれている。南は朝鮮海峡で東シナ海と結ばれ、北はオホーツク海に連続している。この海峡はまだほとんど調査されていないが、大陸側の満州と樺太を隔てている。日本海は太平洋といくつかの海峡で結ばれている。これらの海峡が日本の島々を隔てているとも表現できる。津軽海峡は最も大きな島（Niphon）と蝦夷島を分断している。日本の経度的な位置は東経百二十九度から百五十度にある。日本はジャパン・プロパーとも呼べる三つの大きな島と、それに付随する中小の島で構成されている。

ジャパン・プロパーとしての三つの島は九州（Kiioosioo あるいは Kewsew）、四国（Sitkokf）、日本島（Niphon あるいは Nifon：本州のこと）と呼ばれている。この三つの島をたくさんの小さな島々が囲んでいる。九州は最も西にある島で、長さ二百マイル、幅八十マイル。面積は一万六千平方マイルでサルデーニャ島（イタリアの西、地中海第二の大きさの島）と同じくらいの大きさである。この島の西部の海岸には十分な水深のある二つの良港がある。この島のほぼ中央部とも言えるところにある島原湾と、この少し北に大村湾がある。またこの島の南端には鹿児島湾がある。九州は四国とは豊後灘で、日本島とは周防灘と下関海峡で分断されている。

四国の長さは百五十マイル、幅は平均すると七十マイル。面積は一万平方マイルである。コルシカ島（サルデーニャ島の北に位置する。仏領）よりだいぶ大きい。北側の長い内海が四国と日本島とを隔てているのだが、狭いところはわずかに一マイル足らずである。東端は大坂湾で日本島と隔てられている。この湾の中に淡路島がある。日本島はこの国の最大の島であり、重要な島である。ケンペルはこの島は顎の骨のような形状をしていると記している。長さはおよそ九百マイル、幅は百マイルで、面積は十万平方マイルと推計される。イギリスよりも少しだけ大きな島である。この島の南側には大型の湾が二つあり大坂湾と江戸湾と呼ばれている。

蝦夷島、千島列島の一部及び樺太の南部はこの国に従属する地域である。蝦夷島は変わった形の島である。長さは西南西の端から東北東の端までが二百五十マイル強、平均的な幅は百マイル弱である。面積は二万五千平方マイルで、アイルランドよりもわずかに小さい。千島列島のうち国後島と択捉島には日本人が定住している。他の島はロシアの支配下である。樺太の南はチョーカ（Tshoka）と呼ばれていて、宗谷海峡で蝦夷島と分断されている。南部には日本人の集落があることは確実だが、こうした集落が樺太の北に向かってどれほど進出しているのかはよくわかっていない。樺太の居住地を除いた日本全体の面積はおよそ十六万平方マイルである（＝四十一万四千四百平方キロメートル）。現在の日本の面積は三十七万七九七二平方キロメートル）。

日本の島々の詳しい地理は今のところよくわかっていない。その理由は地形の複雑さにある。ほとんど全ての海岸は船の接近が難しい。多くの岩礁や小島がある上、水深も浅い。海岸の浅いことは南側の入り江や湾で特に顕著である。例えば江戸湾だが、小型の船でも浜に近づけない。大型の日本船もかなり岸から離れたところに碇泊するようだ。ヨーロッパの大型船などは五リーグ（二十七キロメートル）も沖合に碇を下ろさざるを得ない。大坂湾も似たようなものだ。こうした理由で日本の船舶は小型船ばかりである。

周辺の海は危険な岩礁で囲まれているばかりでなく、渦を巻いているところもある。

例えば島原湾の入り口にあたる天草周辺や、日本島の南の大坂湾とミア（Mia：三重のことか）の間にある。こうした渦巻きの存在についてはケンペルが書き留めている。日本人はこうした現象を詩にたくさん詠んでいるらしい。その上、日本の周辺では世界のどこよりも強い風が発生している。

富士山、河川水運

日本を旅した西洋人は何人かいる。たとえばツンベルク（スウェーデンの人。オランダ商館医として出島赴任。植物学者でもあった）がそうなのだが、こうした人々は日本の土地は山と丘と谷の連続だと述べている。しかしケンペルは、かなり大きな平野の存在を報告している。例えば、大坂の町から都（京都）に繋がる地域がそうである。この二つの町の距離は七十マイルである。江戸の西にもこうした平野部があって、江戸の市街に繋がっている。同じような平野部が三重湾（伊勢湾のことか）の北に広がっている。他にももう少し小さめの平野があることもケンペルが伝えている。しかし概して山々が海岸近くにまでせり出しており、海岸線との間にわずかに細長く平坦部が取り巻いている。

しかし日本を山国と決めつけることはできない。隆起している土地はその頂上部分まで耕作されている。自然のままに残されている箇所もあるが、それはもともと土地が痩せているからだ。オランダ人が頻繁に語っている山がある。富士山である。江戸湾の西にあるトナミ湾（相模灘のことか）からそう遠くないところにある。オランダ人はこの山頂が（大西洋カナリア諸島の）テネリフェ島[4]の頂によく似ていて、そこから雪が消えることがないと伝えている。最近のオランダ人の記述では富士山の高さを一万一千フレンチ・フィート（＝三千五百二十メートル。一フレンチ・フィートは三十二センチメートル）から一万二千フレンチ・フィート（三千八百四十メートル）と推定している。日本沿岸を航海した者の報告によると、日本島の北部には高山が縦走しており所々に高い峰を見ることができる。活火山も休火山も多い。さかんに活動する火山は対馬海峡のあたりでも見ることができる。サルファー島という火山島[5]があることがイギリス海軍の艦長バジル・ホール[6]によって報告されている。

日本の地形の特徴から考えると大きな川はないだろう。川の流れの速いことから、内陸に入ると急に土地が高くなっていると推察される。多くの川は急流であるために橋を架けるのが困難である。また渡るのにも常に危険がともなう。中には穏やかな流れの川もあって、木材を下流に運搬している。かなりの川で河川水運が発達していて、海から数マイルのところまでは川舟で入ることができる。河川水運で最も知られているのが日本島にある淀川である。オイティー湖（琵琶湖のことか）を源流とする川である。オイティー湖は長さ六十マイルで幅もかなりある。ここから流れ出す水は平野部を抜け、大坂湾に注いでいる。この川では全域にわたって河川水運が発達している。舟遊びは日本人に特に人気のあるレジャーらしい。日本の川は河川水運に便利なように開発され、川や湖が運河で結ばれているところもある。

日本の気候と都市

この国の気候についてはよくわかっていない。観測は長崎にいたツンベルクが行なっているが、わずか一年間だけの記録[7]である。南の地方はイギリスの気候と似ている。冬には霜がおり雪が降ったりするが、まれにそれがない年もある。霜や雪がある場合でも数日で消えてしまう。一七七六年一月、長崎で華氏三十五度（摂氏一・七度）という記録が残っている。かなり温暖な冬だと言える。八月には九十八度（三十六・七度）まで上がっている。このあたりでは平均的な温度であろう。それでもかなりの暑さといえるが、さわやかな風が日中は南から、夜間には東から吹きぬける。天候は変わりやすく、六月から七月にかけて雨が多く、全体に雨量は豊富である。嵐やハリケーンに頻繁に襲われていて、その激しさはケンペルやラングスドルフ[8]（ドイツ人医師、科学者。一七七四―一八五二年）が記録している。落雷は頻繁に発生する。地震は断続的に起きていて、人口の多い町の多くが被害にあっている。地震の心配のない土地は少ないようだ。ケンペルはこの国ほど海上で竜巻が頻繁に起こるところはないと述べている。海に囲まれているためだ。

この国を旅した者の記録を読むと、みな一様に人口の多いことに驚いている。村々は二マイル、いやそれ以上の広がりを見せているところが多い。土地が肥沃な地方では村々の間隔が狭いので、あたかも一つの連続した村の街道のようになっている。例えば大坂から都に抜ける街道がそうである。小さな村はおよそ五百軒、大きな村は二千軒あるいはそれ以上の家屋で構成されている。家々のほとんどが二階家で、そこには大人数の人が暮らしている。

九州は豊後水道に面している東岸部を除いて肥沃で耕作が行き届いている。東部は山が多く人口も少ない。この島で最も知られていて、また重要度が高い町は長崎、佐賀そして小倉である。ナガサキはときにナンガサキとも発音される。正しくはナガサキなのだがかつてのスペイン人やポルトガル人の表記を見ると、ランガサキ（Langasaki）やランプサキ（Lampsaki）となっていたりする。この長崎だけが異国人に開かれている。ここは大村湾のある半島にあり、北緯三十二度四十五分、東経百二十九度十五分の位置にある（現在の地図では北緯三十二度四十五分、東経百二十九度五十三分）。港は広く、水深も十分あり、奥行きは四マイルある。幅も平均一マイル強である。この湾の入り口付近にパペンバーグ島[9]（高鉾《たかぼこ》島のこと）があるが、この辺りの水深は二十二ファゾム（ファゾムは水深を示す単位。一ファゾムは一・八メートル）もある。湾内に入るにしたがって、徐々に浅くなっていき、市街地の向かい側の岸近くの水深はわずかに四ファゾムである。湾はここから北東に、さらに東に向かうと次第に浅くなっていく。市街地は湾の東側にあり、そこから狭い谷あいを東に向かって続いている。市街地の広がりは縦横四分の三マイルで、その周りは小高い丘で囲まれている。町には大きな建物がいくつかある。二つの奉行所（西役所と立山役所）、諸侯の住まいなどである。寺の数は多く、ケンペルのいた一六九二年には郊外まで含めると六十二の寺院があった。人口はおよそ四万から五万。この国の（幕府の）五つの重要な直轄地の一つである。

佐賀は島原湾の北に広がる灌漑の行き届いた平野にあり、豊かな国、肥前の首都である。市中の通りは幅が十分にあり整備されている。そうした通りを縫って川や運河が走っている。

小倉は下関への入り口にある町である。水深はさほどないのだが、かなりの交易で賑わっている。ケンペルの時代には衰退していた町だったが、ツンベルクの時代（一七七五年）には復興している。

ケンペルが聞いた地理学者の話によると、四国は山が多く土地は痩せているようだ。日本島はこの国の中心であり、この国の力の源泉となる島だとヨーロッパ人は伝えている。痩せた未耕作地もあるが、全体に肥沃でよく開墾されている。日本人は自国のことを日本と呼称しているが「光の源」という意味である。大きな町があるのはこの島で、ここで生産される諸製品の品質が最も高いと言われている。ヨーロッパ人は次のような町を訪れている。

日本島の南にある下関は丘陵部が海岸近くまでせり出している。下関海峡に沿った海岸線にある。海峡の幅はわずか一・五マイルだが、ここから東部方面にある地方との商業活動が活発である。

ムル（Muru：兵庫県たつの市室津）は四国北東端の向かいにある町である。六百軒ほどの町並みである。この港は山によって守られ、安全である。沿岸を航海する船はこの港を頻繁に利用し、常時百隻以上の船が港に入っている。[11] この辺りは皮革業が盛んで、馬の皮をロシア式に鞣《な》めしている。[12]

大坂は五つある直轄地の一つであり、この国の商業の中心である。この町は大坂湾の北、淀川河畔に位置している。淀川は市街地を三つに分割している。河口近くではさらに細かく分かれている。淀川の本流は川幅が狭くなっているものの中央部は十分な水深があって、船の行き来が可能である。河口から市街までさらに上流に向かう船は千を下らない。川から水を引き入れた運河が市内を縦横に走っていて物流の中心になっている。川や運河の岸には粗く切り出した石が積まれ、積み下ろしのため十段くらいの石段が作られている。こうした川や運河にはたくさんの橋が架かっていて、その材は杉を使っている。かなり大きな橋もあって美しい装飾がほどこされている。

狭い道が東西南北に走り、舗装されてはいないが清潔に保たれている。平たく幅の狭い石が家並みに沿って敷かれ、歩行の便を供している。家々は二階建てを越える高さのものはない。建材には木材、石灰あるいは粘土といったものが使われている。この町の北東のはずれには巨大な城がある。かなりの人が住んでいて、八万人規模の兵士がいるらしい。この町には多くの商人、芸術家、ものづくりに専念する業者も多く、みな裕福である。日本人はここを娯楽と気晴らしの町と呼んでいる。芝居は劇場だけでなく一般の家庭でも毎日のように演じられている。この町の南には同じような直轄地、堺がある。

都（京）は聖なる（ecclesiastical）皇帝の住む町である。皇帝は内裏（Dairi）とも呼ばれている。大坂からおよそ二十マイルのところにあって、ケンペルの頃には人口は既に五十万人以上だと推計されている（江戸期の京の人口は三十万から四十万の間で推移している）。ここには内裏に仕える役人も多い。最近のオランダ人の書いたものによると、京の人口はだいぶ減って江戸では増加しているようだ。日本に詳しい人たちの話は、京は背徳（immoral）と浪費（profligate）の町だということで一致している。町の規模は南北に四マイル、東西に三マイルである。内裏はこの町の北の区画で暮らしていて、十二本から十三本の通りが走る広さである。特別な地域なので、そこは堀と塀で囲われている。この町の西部には石垣の積まれた強固な城があり、公方《くぼう》が内裏を訪問する際に利用している。公方は世俗（secular）の皇帝である。通りは狭いが碁盤状で、いつも人で混雑している。この町も諸工業の中心地である。数々の製品が完璧さを求めて作られている。ほとんど全ての家が何かしらを売っていて、商品の数も驚くほど豊富である。またここは科学と文学の町でもある。多くの本がここで出版されている。この町からそう遠くないところを流れる淀川とは運河で結ばれている。

桑名（Kwano）と三重（Mia）は三重湾にある町である。それぞれ二千から三千の家々がある。

江戸はEdoあるいはJeddoと綴られ、この国の首都である。江戸湾の北に位置していて、広い平野の中にある。日本人の記述では南北十マイル、東西七マイルに広がる町だ。ここを訪れた誰もがこの町が最も人口が多いと言うのだが、正確な数字は誰も示していない。フィッシャー（ヨハネス・ファン・オーファーメア・フィッシャー。出島オランダ商館筆頭書記官。一八〇〇―四八年）はその人の数と喧騒から、ロンドンを思い浮かべたと述べている。統計があれば、間違いなく相当な人口を擁した都会であるとわかるだろう。かなり古いポルトガル人の記録では二百万という数字がある。オランダ人の記録では百五十万というのもある。市内には、大きな川が公方の住む館を取り囲むように流れている。ここにもいくつかの大きな橋が架けられている。最も重要な橋は日本橋（Niponbas）と呼ばれている。日本の橋という意味である。そこを起点にし、この国にめぐらされている主な街道には距離を示す道標が立てられている。

江戸の町は都のように区画されてはいない。一般の家は大坂のそれと変わらない。封建諸侯の家族は常にこの町に住むことが義務づけられている。そのためこうした人々の豪勢な屋敷が多くある。町に張りめぐらされている運河に沿って並木があり、火災の際に延焼を防ぐ工夫がされている。日本人は同じ種族に属するトルコ人に似たところがある。江戸の町はコンスタンチノープルに似て頻発する火災に悩まされている。いずれも家々は主として木材と竹材を利用して作られているため、いったん火災が発生するとその多くが灰燼に帰してしまう。江戸は都におとらず諸工業が発展している。公方の住む宮廷は町の中心部にあり、城と呼ぶべき五つの建物で構成されている。この内部には大きな庭園も造られている。周囲はおよそ八マイルである。

蝦夷島のことは十分にわかっているとは言えない。西の海岸に近い辺りには高い山が聳《そび》え、東部と南部にはそれなりの数の人が住んでいるようだ。津軽海峡の付近には函館と松前という二つの町があり、松前がこの島の首都で奉行が住んでいる（松前に奉行所が置かれたのは一八〇七年から二一年まで）。

ポルトガル人、オランダ人などは、日本人はきわめてエネルギーに富んだ民族で、企業家精神に満ちていると伝えている。最近の報告によれば、商人の中には巨額の富を蓄えている者もいて「豪商（Merchant Prince）」と呼ばれている。彼らの進取の気性がその富の源泉だ。

日本では輸送網がしっかりできている。沿岸部にある小さな港を使い、内陸に向かって整備された街道ができあがっていて、馬や人による通信のしくみもできている。そういった街道の多くは道幅が広く、沿道に木が植えられている。外国貿易は唐人とオランダ人だけに制限されている。

唐人もオランダ人たちと同じように小さな島に閉じ込められているが、彼らの場合は長崎の町にある寺院に参詣することは許されている。[13] 唐人の貿易はオランダより活発で、厦門《アモイ》、寧波《ニンポー》、上海から年間七十隻ほどの貿易船が入ってくる。

ケンペルが滞在していた頃は朝鮮や琉球との交易があったようだが、ツンベルグやシーボルトの時代にはそれはなくなっていたらしい。朝鮮人が唐船に潜伏してこの国に潜入することもあったようだ。朝鮮の国や民族はここではかなり嫌われている。日本はかつて朝鮮を支配したこともある。

クエルパエルト島（Quelpeart Island：済州島）、マジコシアナ諸島（Majicosiana Group：詳細不明）、琉球、小笠原諸島（Bonin Island）ではときに密貿易も行なわれている。小笠原はこの国から五百マイル（九百キロメートル）の距離にある島で（東京から南南東およそ千キロメートルの距離にある）、少人数のイギリス人、アメリカ人などが入植している。彼らは集落を形成していて、捕鯨船はここで薪水や食料の補給をすることもある。[14]

日本について書かれたものを比較検討してみると、日本の人口は二千五百万人を下らないと思われる。[15]

オランダ人とロシア人の観察

日本の都市の様子をよりよく理解してもらうために、当時のオランダ人の記録を示しておく。

「長崎は北緯三十三度十五分に位置している。ここは非常に明るい町で人口も多い。日本のほとんどの都市がそうであるように、町を守る城壁というものはない。広く便利な湾に恵まれ、道も整備されていて、荷を満載した船がどれほどやって来ても十分に対応できる。湾からは高い櫓《やぐら》、寺院、広大な屋敷を望むことができる。家屋のほとんどが木造なのは地盤が弱く、地震が多いことで石材を使えないためである」

「貧しい人々は小枝を編み、そこに粘土を塗っただけの、ドイツのブラバント地方などでよく見かける粗末な小屋に住んでいる。日本の家屋は軒が長く突き出ていて強い日差しや雨に対処できるようになっている。家の周りには水の入った桶が置かれ、火事に備えている。オランダの町のように市内を流れる堀の水が使えればいいのだが、そうもいかないので、火災が起こると被害が広がる危険性がひどく高い。そうした非常時に備えて貴重品を保管する蔵だけは石材で造られている」

「市内の家屋は全体に似たような構造で、通りは区画されている。通りの数は八十八あり、長さは四百フィート（百二十メートル）。その端は杭で遮断されランタンの灯が点されている。ここには警邏《けいら》所があり夜間でも心配なく出歩ける。医者や産婆は奉行所の許可がなくても往来が自由である。警邏所には夜十時に見張りがつき、それ以後の人の往来はほとんどない。盗難や政府への反乱を防止するにはいいのだが、火事が起こったときにはすぐに助けを呼べないのが不便である。家屋に大人数が居住していることも危険である。一六四六年に大きな火災が起きている。オランダ人が寝起きしていた家屋から火が出て、周辺の家々が焼け出された。オランダ人は焼け死ぬよりはましだと、奉行所のお咎めを覚悟で、塀を倒して逃げ出している」

日本の気候については意見が分かれている。以下はこの国でしばらく暮らした経験のあるロシア人の記述である。

「日本の気候を、同じような緯度に位置する西欧の都市と似たようなものだろうと考えるのは間違いである。同じ緯度にあっても驚くほどの違いがある。例えば私が二年ほど暮らした松前を例にとってみよう。この町は北緯四十二度の位置にあって、イタリアのレッグホーン（あるいはリヴォルノ〈Livorno〉とも呼ばれる。北緯四十三度三十分。イタリア半島北西の根元付近の港町）、スペインのビルボア（北緯四十三度十六分。バスク地方の大西洋岸の港町）あるいはフランスのトゥールーズ（北緯四十三度三十五分。スペインに近い南部の内陸の町）の緯度と同じである」

シャルルボア（ピエール・フランソワ・クザビエ・ド・シャルルボア。一六八二―一七六一年。イエズス会士。北米大陸を探検。日本についての記述はケンペルからの引用）によれば、日本人はこの国の気候をたいへん自慢しているらしい。彼は日本人が長生きで女性は多産で病気も少ないのは、健康によい気候のせいだと認めている。

ロシア人は続けてこう述べている。

「松前とほぼ同じ緯度にあるこうした西欧の町の住民は、霜や雪をほとんど知らない。雪は高い山の頂に少し見えるだけである。ところが松前では、十一月から四月まで池や湖には氷が張り、谷も平野部も雪で覆われる。風もひどく、まるでサンクトペテルブルクの気候である（北緯六十度）。雪は降るが松前が極寒に見舞われることは珍しい。しばしば十五レオミュール度[16]（摂氏十八度）になったりもする。夏季には、松前と同じ緯度にあるヨーロッパの町には快適な暑さがやって来るのだが、この町では雨が多くなる。一週間に二度は大粒の雨が降る。水平線に暗い雲が湧き上がり、強烈な風が吹き始める。霧が多く、すっきり晴れ上がることは少ない。ヨーロッパの町では夏にはオレンジ、レモン、イチジクなどの南国の果物が生産されるが、松前ではリンゴ、ナシ、桃、ブドウといった果実がまともな実をつけることはほとんどない」

「私は日本島にあるこの国の首都江戸に入ったことはないが、日本人からいろいろと聞いている。江戸は北緯三十六度（東京の緯度は北緯三十五度三十九分）にあり、冬は夜になると一インチ（二・五センチメートル）を超える雪が降るらしい。ただ翌日にはほとんど解けてしまう。江戸がスペインのマラガ（イベリア半島南部の地中海に面した港町。北緯三十六度四十三分）と緯度的にほぼ同じことを思うと、東洋の気候は西洋のそれよりもかなり厳しいと考えられる。日本人の話では、樺太の南部では夏には雪が解けるようだが、それは地表のわずか一・五フィート（四十五センチメートル）までらしい。ここはヨーロッパではフランスのリヨン（中部の内陸の町。北緯四十五度四十五分）の緯度にあたるのだから、東西でこれほど気候が違うものかと驚いてしまう。私はこの日本人の話は信用できると思っている。私自身も千島列島の沖で五月になっても厚い氷が張っているのを見て知っている。そこは北緯四十七度四十五分の地点だった。フィンランドは北緯五十度にあるのだが、その頃にこの地方の入り江でそんな氷を見ることはない。このあたりの海は内湾なので、波には氷を解かすほどの勢いはない。太陽光が氷を解かしているのだろう。太陽光の強さはほぼ同じで、日本の沖では波が高いのだから、もっと早く氷が消えてもおかしくない」

「こうした気候の違いは地域性から説明できる。このあたりは東のはずれの海に面していて、霧の海と呼べるほど霧が頻繁に発生する。三日も四日も続くこともある。すっきりとした陽気が数時間と続くことがない。西部の海岸も、夏ですら、すっきりと晴れ上がる日がない。晴れ上がる日はむしろ冬が多いのだが、それでも週のうち二、三日は人を憂鬱にさせる日がある。こうした霧で空気は湿り、冷えて、太陽光を遮る。この時期、他の地方では日光が十分にあたり、活発に生産活動をしているのだ。日本島北部、松前、樺太はこうした気象状況に加え、高い山が多く、頂は雲の上に出ている。こうした山からひどく冷たい風が吹き下ろしてくる。日本列島はアジア大陸と一つの海峡で隔てられているといってもよい。満州やタルタリー

（北部アジア、中央アジアの呼称）と呼ばれる、日本に近いアジア辺境の土地とである。そこは周囲を高い山で囲まれた砂漠や数え切れないほどの湖があり、そこから夏でも冷たい風が吹き込むことがある。こうした事情こそが、同じ緯度にありながら、この国と西欧の気候にこれほどの違いがある理由である」

ここに記したロシア人の記述はゴローニンによるものである。体験に基づく記述なので十分に信用できると思うが、彼は長期にわたって虜囚だったことは注意しておきたい。牢内での生活が、日本の印象を少し暗いものにしていてもおかしくはない。

こうした北の地方では厳しい気候ではあるものの、北から南に連鎖するこの列島は概して北でも南でも十分な農業生産が見られるといってよいだろう。世界のうちでも最も生活のしやすい国の一つと言ってもよさそうだ。かつてこの国を訪れたスペイン人は、この国の空気は実に健康によい（salubrious）と表現している。[17]土地は肥沃で果物はおいしいことこの上ないそうだ。水も豊富で灌漑も行き届いている。この分野では支那の文化を凌いでいるようだ。こうした事実から、この国の人々が長寿だというのも十分に根拠がありそうだ。

第二章　注

1：マルコ・ポーロは元によって征服された南宋の沿岸部をManjiと表記している。南宋は一二七九年に滅んでいる。

2：一七七八あるいは七九―一八六三年。パーマーの詳細は拙著『日本開国』（草思社文庫）参照。

3：ベニュフスキーは七年戦争に従軍し、ロシアの捕虜となりカムチャツカに送られる。ロシア船を奪ってカムチャツカを逃れる。一七七一年、阿波の国日和佐村恵比須浦に現われ、薪水の補給のため徳島藩士と交渉している。

4：この島には高さ三千七百十八メートルのテイデ山があり、山容が富士山に似ている。

5：火山島である済州島のことか。済州島火山は休火山。マックファーレンは活火山と誤解しているようだ。

6：一八一六年に琉球、朝鮮西岸を探検。その航海の記録を残している（*Account of a voyage of discovery to the west coast of Corea, and the Great Loo-Choo Island*, 1818, London）。

7：ツンベルグは一七七五年に出島に赴任し、翌年江戸参府で将軍家治に謁見。出島および江戸参府での観測が日本最古の観測記録と言われる。

8：一八〇四年、ロシア使節レザノフの乗るナデージュダ号で長崎に入った。

9：長崎湾入り口付近の北にある小島。Papist Hill（カソリックの丘）という意味の島名である。キリシタン禁令時代に殉教事件があった。

10：佐賀市ではなく、塩田川を利用した水運が発達していた塩田宿（現嬉野市）の記述と思われる。

11：室津は兵庫県たつの市御津町にある港。江戸時代には瀬戸内海の東の玄関として、参勤交代の西国大名の船が頻繁に利用した。

12：たつの市では現在でも定期的に皮革フェアが開かれている。

13：唐人たちが居住したのは島ではなく水堀や竹塀で囲われた唐人屋敷。一六八九年に完成し、市中で雑居していた唐人を数十棟の長屋に集団で居住させた。現在の長崎市館内町周辺。屋敷は明治に入って焼失している。

14：「十九世紀にはいると、英・米・露国の軍艦、漁船などが寄港し、一八二七年にはイギリス軍艦が英領であることを宣言している。一八三〇年に、ハワイで米・英・伊人を中心にして、ハワイうまれのカナカ人などを加え二十数名の殖民者団が結成され、父島に殖民し、はじめての定住者となった」（依田明「小笠原の文化変容」『横浜国立大学教育紀要』第十一集、一九七一年）

15：「江戸時代後期（一七二〇年頃）から明治元年（一八六八年）までの百五十年で、日本の人口は三千百万人から三千四百万人強へと一・一倍になった」（『第一生命経済研レポート』二〇〇五年六月）

16：松前は冬でも春に近い気温になることがある。気象庁の観測によると、二〇〇九年一月は最高気温十・四度、最低気温マイナス六・二度となっている。レオミュール度とは、フランスの物理学者ルネ・レオミュールにより氷結点と沸点を八十度に分けた温度計測単位。

17：この部分は Pedro Hurtado de Mendoza, *Espejo Geographico*, 1690. からの引用。

第三章　民族と歴史

日本人のルーツ

日本人はどんな民族で、どこからやって来たのか。こうした質問を日本人にぶつけると、彼らは自分たちはもともとこの島にいて、神から生まれた子たちの子孫だと、たいそう誇らしげに答えるだろう。日本人のルーツは支那の人々だと言われると、ひどい侮辱だと感じる。多くの支那の慣習がこの国に行き渡っていることから、日本人のルーツは支那にあるとヨーロッパでは考えられてきた。しかし彼らのルーツはむしろモンゴル族である。かつてアジア一帯に広がり、現在はロシア領内や中央アジアに居住する民族である。彼らの祖先の血はトルクメン族、カルムィク族（Calmuks：オイラト族のこと。中央アジアの民族。モンゴルの一部族）、トルコ族、ツングース族などに見ることができる。この種族がかつて支那大陸を征服し、日本にも渡ってきたのだろう。

民族学者はモンゴル族からの同化融合の中で日本人ができあがった、との見解で一致している。日本人は文章を書くにも本を印刷するにも漢字を使っているので漢人と祖先を同じくするように見えるが、両者は全く異なる人種である。まず言語の共通性が全くない。支那の言葉を使うこともあるが、それは自国語に語彙が不足しているのではなく、むしろ教養を示すためだ。

発音の違いも顕著である。発声そのものが全然違う、とケンペルは観察している。一般的に日本語の発音は明瞭ではっきりと聞き取れる。一音節の中には二つか三つの母音があるだけだ。翻って漢語は子音の洪水のようなものだ。歌を聞くような感じで、慣れない耳にはひどく不快である。また漢語はHをHとしてはっきり区別して発音するが、日本人はHもFも同じである。逆に日本人の発音ではRとDは区別されるが、漢語ではどちらの発音もLに聞こえる。ヨーロッパ言語に流暢な漢人でもこれを分けて発音することができない。他にも驚くような違いはあるが、ここでは言葉に見られる相違だけに留め、他の差異は後述する。

日本人の祖先は支那からの民ではないと考える理由に宗教の違いがある。仮に日本が支那の植民地だったことがあれば、本国から信仰を持ち込んでくるはずだ。ところが日本に昔からある信仰である神道《しんとう》はこの国独特のものである。支那の古代信仰に似ているところは一つもない。仏教はどちらの国にもあるのだが、それぞれ独自の発展を遂げている。この国に仏教が伝わったのはそれほど昔のことではないし、それも支那からではなく朝鮮を通じて伝わっている。

両者の違いは肉体的な特徴にも現われている。日本人にはモンゴル族の特徴が多く見られる。それに加え、ヨーロッパ系の民族に似ているところがある。眼は漢人のように頭蓋の奥にまで陥没していない。ヨーロッパ人ほどの肉体的頑健さはないが、しっかりとした強靭さがあり、力強い手足を持っている。彼らの眼はモンゴル族の特徴を強く示し、丸くはなく楕円で小さめである。髪は濃い黒色で艶がある。鼻は平たくはないが小さく低い。肌の色は黄色味がかっている。朝鮮人や樺太のアイヌとの共通点は多い。日本の国土は広く、地域によって違いがあるものの、総じて言えば、日本人は漢人よりも強靭（stronger and hardier）で勇敢な民族（a braver race）であると言うことができよう。西洋人の衣装を着せれば、ポルトガル人あるいはシシリアンのような南部イタリア人といっても通りそうな人々のいる地方もある。上流階級や由緒ある家の出身の者の多くは背が高く均整がとれていて、顔つきもアジア的というよりもむしろヨーロッパ的といったほうがよさそうだ。

生活習慣や文化的側面から観察しても、多くの点で二つの民族には違いがある。寝食、衣装、遜譲の作法、頭を剃り上げる習慣などに如実な相違が見て取れる。漢人は戦いを回避する傾向が強く（peaceable）臆病なところがある。おとなしくさせるのは簡単だが、こずるく（cunning）疑い深く（suspicious）強欲で（greedy）、すぐに賄賂が横行し高利貸しなどに手を染める。一方日本人といえば、身のこなしがすばやく敏捷（quick and volatile）で、行動も大胆（daring）である。活動的でいつも刺激を求めてフランクで自由闊達（liberal）。ノルマン人の持つ美徳（virtues）の多くを持ち合わせている。ただ、これは民族の特性であって政府がそうであると言っているのではない。

政府のしくみ、世襲制度、支那文化にはない長子相続制度[1]などは、支那王朝の人々とは全く違うやり方をとっている。日本人に外国文化との融合や異国人との婚姻がなかったわけではなく、実際この国には支那や朝鮮などから移り住んだ人々の集落があった。支那から教養のある人々が貴重な本、新しい知識、芸術、科学を持ち込んだことは日本ではよく知られている。それでも、時が経つにしたがって、独自の文化は大きな発展を遂げ、今では固有の文化を持つ大国である。

日本への文化の流入は、この国が他国から侵略され征服された結果としてなされたものではない。支那にあった帝国のどれ一つも日本への侵入はできていない。逆に日本からの侵攻はあった。朝鮮の沿岸部を占領し、そこを拠点に支那内陸部へ何度か侵入している。そういう意味では外国から一度も征服を受けたことのない大国である。この歴史的事実のために、政府が抑圧的であるにもかかわらず、日本人は独立心を強く保持しているのかもしれない。

ケンペルは次のように述べている。

「日本語の中には外国の言葉がほとんど見られない。したがって日本文化が変質したと示すものはほとんどない。固有の宗教や古い慣習が存続している。このことは、この国に住み着いた外国人集落の影響力がきわめて限定的であったことを示している」

ケンペルはこうした日本の言葉や民族の特徴などから、耳を傾けるべき貴重で信憑性のありそうな推論を述べている。日本人という民族は起源をメソポタミア周辺に持ち、そこからゆっくりとカスピ海沿岸に移動した。そこからさらに東に広がる肥沃な土地を発見し、家畜を連れて移動した。エニセイ川（モンゴルから北極海に注ぐロシア連邦にある川）やセレンガ川（モンゴルからバイカル湖に注ぐ）などが形成した渓谷を抜けアーグイーン湖（Lake of Argueen：現在のどの湖を指しているか不明）のあたりまでやって来るのだが、厳しい寒さでこの地に定住はできなかった。そこから流れ出る同名の川の渓谷に沿って移動するとアムール川（Amur river。原文では Amoor river と表記。中ロ国境を流れ、オホーツク海に注ぐ）となる。この川は東北東に流れている。この渓谷に沿って移動するとアジア大陸の沿岸部に到達する。東の海に注ぐアムール川をあとにして、さらに朝鮮半島に移動する。当時この半島には人が住んでいなかっただろう。ここまで来ると日本まではそう遠くない。また危険でもない。日本列島へはほとんど一定の間隔で並ぶ島を伝っていけばよい。夏に移動すれば危険度はより低下する。ちょっとした漁をするような小船を操れば海峡を渡れただろう。

ここまでの移動の間に大きな湖や川を渡ってきただろうし、しばらく過ごしただろう期間には魚を捕って暮らした時期もあったろうから、操船の技術は持っていただろう。朝鮮半島の海岸でしばらく暮らした時期もあっただろうから、その間に漁師として航海のノウハウを身につけたと考えられる。

この大移動は一年とか五十年、あるいは百年といった短い期間で達成されたのではない。移動の途中で暮らしやすいところに留まって生活し、周囲の遊牧の民に圧迫されるようになると新たな牧草地を求めて移動した。新鮮な水と牧草があればそこに落ち着いた。こんな生活を続ける民族をアジアでは今でも見ることができる。近いところではトルコにそれを見ることができる。この地方の遊牧民は暮らしを営んでいる地方のパシャ（Pashalic。部族の長老であるパシャ〈Pasha〉の支配する地域）に圧迫され始めると他のパシャが支配する地に移動する。そこで圧迫が始まれば同じことを繰り返す。誰の支配も届かないところまで移動は続く。

　このようなケンペルの推論は、日本語が他の言語から独立していて混合がないことからきている。移動の過程で一カ所に長期間定住したり、周辺にいた部族と交わることはなかったに違いない。長期の定住があれば、そうした土地の言葉が日本語の中に相当取り込まれたはずなのだ。日本島に辿り着くと、西部の海岸からさらに南に移動した。土地は肥え、温暖で健康にすこぶるよい気候。ここでは安全で落ち着いた、そして快適な住環境があった。今では日本人は、先祖はもともとこの国にいたのだと主張する。そういうわけで、日本では祖先の聖地をめぐる旅が盛んで、祖先を崇拝する行為も豊富にある。

　日本人が実際にどう移動してきたか、あるいはそれがいつごろのことだったのかは、はっきりしないものの、遠い昔にアメリカ大陸に日本人がやって来たことは、ほぼ間違いないだろう。チャールズ・ピッカリング[2]（アメリカの自然学者、医師。一八〇五—七八年）は次のように述べている。

「ポリネシア族は南アメリカとは広大な海で分離している。この海は波が荒く、南アメリカの方向には常に逆風が吹き、海流も同様に逆に流れているので、西から大陸へ接近することは難しい。カヌーを使ってアメリカに向かうとなると、どうしてもカリフォルニアの北端を目指すことになる。この辺りが民族移動の競争が始まったところだ。メキシコでは、サンフランシスコはマニラ―メキシコを結ぶ航海ルート上にあると昔から言われてきた。日本からアメリカ大陸に接近するにはカリフォルニアは有利な場所である。現在は日本の鎖国政策のため、日本からの船は海難事故による漂流によってしかこの沿岸に現われることはない。それでも近年、北の海で捕鯨船に救われたケースや、サンドウィッチ諸島（ハワイ諸島）で遭難したケース、漂流してコロンビア川河口の沿岸に漂着したケースなどがある」

神の子孫

日本には多くの歴史の記録が残っている。日本人は神の子孫と称しているが、支那の帝国が語る物語に比べれば、それほど大袈裟なものではない。日本がばらばらな小さな国に分割され部族長に支配されていた時代を経て、紀元前六六〇年頃、神武(Syn Mu）がこの国の基礎を作った。神の意思を尊重する（theocratical）政治が世襲で行なわれた。神武は最高の神官であり、神性を代表し、かつ人々の上に立つ王であった。民を教化し、「時」の概念を導入し、時間を年に、そして月に分割した。政治組織や法律を改良した。神武はその王座を確実なものにして後代の子孫に伝えると、敬われ慕われて百五十六歳まで生きた。神武の死後、この国にどんな困難があったのかはわからない。

年代記では、神政政治のトップの地位が粛々と継承されたことが記されているだけである。国ができてから二百年ほど経った頃、内乱が起こったらしい。それ以外に書き留められているのは、地震、噴火、隕石が落ちた話、彗星の目撃譚、火を吐く龍の話などである。ただ、不老不死をもたらす賢者の石を探し求める皇帝や聖人の話はいろいろと書かれている。[3] そうした話は東からヨーロッパに伝わり錬金の方法や長寿薬の研究に繋がった。

紀元前七八年にあたる崇《す》神《じん》の御世十九年には、貿易船や軍船が建造されている。[4] また彼の子供らの世代に天から星が降ったとも伝えている。垂仁の頃に水耕が始まり灌漑の池や堀が掘られている[5]（垂仁三十五年〈紀元六年〉）。彼の治世はキリストの生誕から十字架刑に処せられる時代に相当する。

こうした神政政治の長でもある皇帝（emperor）はこの国では帝（Mikado：みかど）と呼ばれている。神聖な権限を世襲で継承して支配するのである。帝は最高の祭神であり王でもある。彼らは神の使いとして地上に現われる。ゆえに崇拝されるのだ。拝謁に際しては、臣下は跪《ひざまず》かねばならない。政治は専制である。軍の指揮を息子や親族に委ねるようになっても、彼らの持つ神聖な権限は疑われることも侵されることもなかった。ケンペルは次のように述べている。

「帝の地位にある者は、今も変わることなく神のように敬われている。あたかも生まれながらにしてローマ教皇になることが決まっているようなものだ。帝の神聖性を臣下の間に保持し続けるために、特別な作法で帝の身の回りの世話をさせている。そのやり方は他の国の人間が見れば、支配者の驕りを感じさせる、ひどく馬鹿げたものもある。例えば次のような決まりだ。帝は素足で地面に触れてはいけない。そういう場合には家臣の肩に担がれて移動しなければならない。身体はできるだけ晒《さら》さず、また陽の光が頭部にあたらないようにしなくてはならなかった。帝の身体の全てが神聖なのだ。髪、髭、爪も切ってはならない。しかし帝の身体が汚れてはいけない。

帝の身体は睡眠中に清浄にされる。古代には、帝は冠を被り、毎朝数時間、台座に座っていなければならなかった。身体を微動だにせず、像のように不動を保たなければならない。それが国の安寧に繋がると信じられていた。もし身体が動いてしまったりすると、戦争や飢饉、火災といった国に荒廃をもたらす天災が起こると信じられていた。しかしまもなく、玉冠さえ動かなければ安寧を保てると考えるようになり、毎朝玉座に冠を数時間だけ鎮座させることにした」

帝の食事は常に新しい器と皿に盛られる。こうした食器は形がよく清潔なのだが、素焼きの質素なものである。一度使われた器は食膳から下ろされると壊してしまう。そうしないとこうした器が一般人の手にわたってしまう恐れがあるからだ。普通の人々が帝の使った器で食事をすると、その口や喉が腫れあがってしまうと信じられていた。同じように帝の許しなく内裏の装束を身にまとう者は、身体中に痛みが走るのだ。最近のオランダ人の見聞からすれば、こうした風習はもはや残っていないようだ。

景行の御世二十三年は紀元九三年だが、この年に激しい火山活動があり、新しい島が海底から出現したことが記録されている。[6] 日本の島々は大小にかかわらず、みな同じような火山活動で形成されたのだろう。この新しい島はシクバシマ（Sikubasima）と呼ばれ、日本の海神に捧げられた。この三年後、海神を祭る寺院が造られている。この寺院には多くの僧が仕えている。時が経つにつれてこの寺院は興隆をきわめ、この島に地震がなくなったと伝えられている。しかし今ではかなりの頻度で地震が発生しているようだ。

女帝

女性もこの国では帝位に就くことができる。女帝が治める素晴らしい時代もあった。南インドでも見られるように、女性の王が好ましい場合もある。普通、帝が亡くなると高官の合議で最も近親の者を帝位に立てる。年齢や性別はあまり考慮されない。その結果、幼少の皇子や未婚の王女が帝位に就くことが往々にしてある。亡くなった帝の地位をその后が襲うこともよくある。

三世紀の神功皇后はそうした例である（帝位には就いていないが、『日本書紀』や『古事記』では帝に準じた扱い）。亡くなった仲哀天皇の后で日本のアマゾネスと呼ばれている。朝鮮半島へ遠征しているのだ。多くの軍隊を引き連れ、自ら軍を指揮している。戦地で妊娠がわかると急ぎ国に戻り、男の子を産んだ。この子（応神天皇）が彼女の後継となり、世を去ると「戦いの神」（八幡神）として尊崇を集めた。ケンペルなどによれば、神功皇后の統治は見事なものだったようで七十年間にも及んでいる。彼女が亡くなったのは百歳のときであった。[7] 臣下は彼女をこの国の女性守護神として祀るようになった。

日本の統治者はひどく長寿である。聖書中（『旧約聖書』）の長寿の人物はメトシェラだが、彼と同じくらい長寿の者が少なくない。こうしてこの国王たちの治世は数千年に及んだ。

支那と日本は長期にわたって自由で活発な交流があった。欽明の御世は六世紀の中ごろ（五三九―七一年）にあたるのだが、信仰に篤い王だった。支那から多くの僧を招聘し、仏像を持ち込ませている。こうして仏教がこの国に広く伝播した。仏像が持ち込まれ、仏師や僧侶がやって来たのは支那からだけではなかった。それより遠い国からも海を渡ってやって来た。六世紀末から七世紀初めに、女帝の統治がもう一度あった。彼女の御世六年に外国からカラスと孔雀が贈られている。[8] ケンペルによれば、孔雀もカラスも繁殖し、とりわけカラスのいたずらが目立っていると伝えている。彼女の治世中、全国に大きな地震が頻発し、多くの建物が倒壊したり海中に没したりした。地震に続いて天から火が落ち、その後には長雨が続き多くの町が水没した。[9] 推古の御世には野蛮な国である朝鮮（barbarous country of Corea）から金が持ち込まれている。[10] 彼女の息子の治世は紀元六二九年から六四一年まで続いた（舒明天皇〈紀元六二九―六四一年〉。推古天皇の子ではない）。その後は先帝の后が女帝（皇極）となっている。数年して彼女の王女が未婚のまま帝位に就いた。[11]

紀元六七二年、王位継承をめぐって二人の兄弟が争い、ひどい内戦が発生している（壬申の乱。争ったのは兄弟ではなく、大海人皇子〈天智天皇の弟〉と大友皇子〈天智天皇の第一皇子〉）。弟の方が完全に敗北し、最後には切腹して果てている。[12] ひどく日本的である。[13] この後、短い間隔で女帝が出ている。八世紀の終わり頃、支那より遠方の国が日本を攻めた。日本人は懸命にこれを防いだが、海の向こうから続々と新たな兵力が到着した。この侵略を防ぐのに十八年を要した。侵略者はマレー半島から来たと推測する者や、カムチャツカ半島、シベリアあるいはバイカル湖などの北からやって来たと考える者がいる。[14]

九世紀から十二世紀にかけて、新しい宗教あるいは偶像信仰が、外国の僧侶や帰国した日本人によって伝えられた。九八七年頃、まだ若かった花山帝はそうした宗教にとりつかれ、信仰に没頭したいと願い、突然帝位を棄てている。夜、人目を盗んで宮廷を抜け出しクアンジ[15]にある修道院に入ってしまった。そこで名前を変え、頭を丸めている。彼は二十二年間の信仰生活ののち、四十歳で亡くなっている。帝の退位の理由はいろいろだが、それは頻繁に起きている。しかし決まり事でがんじがらめとなり、囚人のような退屈な生活を帝が送っていたことを考えると、さほど不思議なことではない。

帝には一人の正妻と十二人の側室が認められていた。煙草はパイプでたっぷり吸え（日本に喫煙の風習が伝わったのは十六世紀）、音楽、詩歌などに専念することができた。帝は影の君主（shadow of sovereignty）と言えそうだ。実際の政治は臣下やその合議によってなされ、そうした役職はきっちりと序列化されていた。ときに、子供たちに自らが存命中に王位を譲ることがあった。そうすれば帝も后も新帝がしっかり役職をこなせるか見守ることができるからだった。こうした王位の継承はできるだけ問題が起こらないように進められている。帝が亡くなったり王位を降りたりする場合、継承者選定の作業はきわめて隠密に行なわれ、全てが決められたあと初めて公表される。この作業を知るのは限られた者たちだけである。しかしときに皇族の中からその決定に不服な者が現われ、争いが起こることもある。こうした場合、争いに敗れた側はその家族の構成員はみな殺される。それでもこうした争いは支那の帝国に比べれば頻度は少なく、残酷さにおいても到底及ぶところではない。支那の歴史を彩る大虐殺や、数千あるいは数万単位の人々が自ら命を絶たざるを得なくなるような事件を、この国では記録の中に見出すことがない。

一条から清盛

小説家ホレス・ウォルポール（中世趣味の怪奇小説を多く書いたイギリスの小説家。一七一七—九七年）が日本の記録を読むことができたら、ずいぶんとおもしろい題材が見つかったことだろう。帝の中には在位中にあるいは退位後、書を残している者がいる。その誰もが文学や科学振興の大切さを語っている。一条の御世は九五七年から一〇一二年までだが、[16]疫病が蔓延し多くの死者が出た。この時期には宮廷には優れた学者が活躍している。[17]一条の孫も帝位を継いでいる。彼の時代には二頭の牛が牽引する、屋根の付いた二輪の車が高位の者の間で流行した。

この時期、二つの月が現われ、疫病が蔓延し雪が五フィート（一・五メートル）も積もった（大雪は一〇一八年にあったことが、『御堂関白記』などに記録されている）。後冷泉の御世は一〇四六年から一〇六九年だが、奥州で反乱があった。偉大な将軍が帝の兵を率いて反乱軍を平定し、二人の首謀者を斃《たお》すまでの五年間、この地域は彼らに支配された。日本の史書ではこれを奥州合戦（Osju Gassen）あるいは奥州の戦いと呼んでいる（前九年の役〈一〇五一―六二年〉。五年ではなく十二年続いた。平定に派遣されたのは源頼義）。

鳥羽の御世は一一〇八年から一一二四年だが（鳥羽天皇の在位は一一〇七―二三年）、どこからともなく太鼓の音が聞こえる日が数日続くことがあった。清盛が反乱を起こしたのだ[18]。清盛は帝の子孫であり、日本ではよく知られた人物である。彼は帝の地位を奪取したのだが、その地位と権威を保持することはできなかった。彼は、結局は比叡山にある三井寺（大津市琵琶湖畔の天台宗の寺）に逃げ込んだ。寺の僧たちが追っ手から匿った。清盛は名前を変え、剃髪して僧になった。彼はその後十四年間生きた。彼が死ぬ頃にはひどい熱病が流行《はや》った[19]。焼けるような熱で体全体が火で焼かれるようだった。清盛の帝位は正当なものだったのに、それが剥奪されたことに神が腹を立て、罰を下したのだろうと噂された。

源頼政の鵺退治

日本の歴史には、それほど昔のことではないのに、びっくりするような話が伝わっている。近衛の御世は一一四二年から一一五六年（近衛天皇の在位は一一四二―五五年）だが、その事件はこの時期に起こった。帝の血統につながる源頼政（一一〇四―八〇年）という男がいた。彼は言ってみれば日本のヘラクレスだ。ヘラクレスが十二匹の異形の怪獣を退治したように[20]、彼も神の加護を受け、悪魔のような獣・鵺《ぬえ》を弓で仕留めている。鵺は頭が猿、尾が蛇、胴体と爪は虎である。鵺は宮廷に棲み着き、夜な夜な怪異な声をあげ、帝や宮廷人の眠りを妨げていた。この怪獣を弓で射殺したのが頼政だった[21]。日本にはこうした話はたくさんある。

頼政は四家族の有力皇族間で争われた内戦で命を落としている[22]。彼の死後、一族はそろって殺されている。しかしこれで内紛が収まったわけではなかった。これ以後、日本は昔のような細かな独立国家に分かれてしまっている。ポルトガル人やスペイン人の記述によれば、六十から六十八の国に分かれてしまい、帝を形式的に認めているだけだった。

頼朝と尼将軍

十二世紀の中ごろ、まだ近衛の御世のことだが、こうした国々が連合し中央に反旗を翻した。ケンペルによれば、この頃から帝の権威の凋落が始まったらしい。皇子たちも野望や嫉妬にさいなまれながら、何よりも自己防衛のために地方に割拠している連中と合従連衡を繰り返した。こうした混乱の中で帝が信頼したのは頼朝だった。彼は帝の血を引く名門の出であった。野心があり勇敢な男だった。彼はこの国で初めて帝から将軍（Ziogun）あるいは総統（Generalissimo）のタイトルを授かっている。帝から全権を委ねられたのだ。

頼朝はこのチャンスを活かして権力を掌握した。さらに彼の子孫がその地位を引き継げるうまい理屈を作り上げてしまった。こうして帝の権力は簒奪された。しかし帝の持っている権威、神聖性、それにまつわる大権といったものは失われていない。将軍の地位は世襲となり、いわば内裏（帝）との二人三脚で国を治めた（joint emperor）と言ってもよかった。

内裏に関わる事務については帝だけが処理した。帝の退位は頻繁になっていった。近衛の兄弟が後継になったのだが、彼はすぐに頭を丸めて坊主になっている。[23]

日本では女性が権力を握ることがある。最初の将軍頼朝が亡くなると（一一九九年没）、残された妻は世をはかなみ、尼僧になってしまった。世襲によりその息子が将軍になると尼寺から戻り、幼少の将軍に代わって政務をみた。彼女は亡くなるまで軍事、政務の実権を握った。日本の歴史家は彼女を尼将軍（Ama Ziogun）と呼んでいる。

先にも書いたとおり、皇后が戦争に行ったことはある。しかし日本の歴史の中で女性が将軍となったのは頼朝の未亡人ただ一人である（著者は北条政子が実際に将軍となり、軍を指揮したと理解している）。

フビライの侵攻

モンゴルのタタール人に支那が征服されたのは一二六〇年から一二八一年頃にかけてだが、それは日本に大きな緊張をもたらした。日本は支那との付き合いをやめている。一二六八年、フビライ・ハーンは日本に使者を差し向けた。持たせた書簡は日本にモンゴルの国威を知らしめ、抵抗不可能なほど強大なモンゴルの力を誇示するもので、帝に対してモンゴルの協力者になることを要求していた。

「帝は大陸の情勢をほとんど知らないであろうから、特使を遣わしてそれを知らしめ、我が考えを伝えることにする。まずはお互いを理解したい。哲学者連中は、人類は一つの家族を作り上げることが重要だと言っているが、そのためにはまず我々の間に友好的な関係を築かなければならない。こうした関係の構築を、必要なら武力を使ってでも成し遂げる。いかなる対応をするかは、ひとえに日本の王の判断にかかっている」

帝と将軍は、フビライ・ハーンあるいはモンゴルとは一切関わりを持たないという判断を下した。宮廷での謁見も許さず国書への返答も与えず使者を追い払っている。フビライは諦めず、一二七一年、七三年にも使者を出したが日本の回答は同じようなものであった。鼻息の荒い征服者は遂に武力行使を決断した。一二七四年、モンゴル人・漢人連合軍とモンゴルに征服されていた朝鮮軍が九州沿岸に押し寄せた。この情報を摑んでいた日本軍は万全な準備ができていた。将軍は強大な軍隊を率いて沿岸部を守り、帝は宮廷に籠って熱心な祈禱を始め、全国の祈禱師にも神の加護を求めて祈らせている。日本の歴史家によると、モンゴルの軍勢は九州の島の一部に損害を与えただけで、混乱と狼狽の中で撤退したようだ。中にはモンゴル軍は壊滅的打撃を受けたと伝えるものもある。この頃フビライに仕えていたマルコ・ポーロは興味深い記述を残している。

「フビライはその野望達成に向けて多数の兵士を乗せた軍船を送り込んだ。指揮を執ったのはアバカッタン（Abbacatan：総指揮官だった阿刺罕《あらかん》のことか）とバンサンチン（Vansancin：江南軍司令官の范文虎《はんぶんこ》のことか）の二人だった。遠征隊はザイタン（Zaitan：泉州）とキンサイ（Kinsai：杭州）の港から出帆した。艦隊は無事に日本に到着したものの、二人の指揮官がいがみあい、軽蔑しあった。連係はとれず、とても敵地を陥れるどころではなかった」

「ただ一カ所だけは占領に成功した。激しい攻撃を加えたが、日本軍は降伏を拒否した。皆殺しが命じられ、敵の首を次々と刎《は》ねていったのだが、そのうちの八人の首がどうしても斬れない。調べてみると、彼らが身につけていたお守りの効能のようだった。綺麗な玉《ぎょく》のようなものが右腕の皮膚の下に埋め込まれていた。お守りは鉄器の攻撃に対して有効であるらしく、刀では傷つけることも殺すこともできなかった。それがわかったので木製の棍棒で殴りつけた。八人は即死した」

「モンゴルの軍船は海岸近くに碇泊していた。激しい北風が吹き起こり、船と船が激しくぶつかり合った。船上に残っていた者は陸地から離れたほうがいいと判断した。陸から戻る兵士を乗せると急いで沖に出たが、それでも猛烈な風で多くの船が沈没した。中には木片などに掴まり、何とか近くの島に上陸できた者もいた」

「海岸から離れていた船は大きな被害は免れた。そうした船に二人の指揮官も乗っていた。高位の士官もその多くが船に残っていた。彼らは十万ともあるいは一万とも言われる残った軍勢を連れて撤退していった。日本の島にはおよそ三万の兵士が見捨てられた。武器も食料もない彼らに残された道は捕虜になるか、殺されるかの二つだった」

彼らには身を隠し身体を休める場所などどこにもなかった。嵐がやむとジパングの本島から大部隊が到着した。彼らはいっせいにモンゴル兵探索を開始した。モンゴル人は慎重に行動した。島の中央の丘の上にいる監視から身を隠し、捜索の兵が使う道は避け、海岸線に沿って移動した。すると自国の軍船が旗を掲げたまま碇を下ろしていた。みな打ち棄てられた船だった。直ちにこれに乗り込んで島を脱出し、日本の割と大きな港を目指した。モンゴルの旗が掲げられていたせいか、抵抗にあうこともなく、やすやす侵入することができた。そこにいたのはほとんどが女だった。女は奴隷にしたがそれ以外は追い払った。この事実を知らされた日本の王は悩んだ末にその町を包囲することを命じた。厳重な包囲網で町には人っ子一人、出入りできなかった。にらみ合いは半年続いた。助けはもう来ないと諦めたモンゴル人は助命と引き換えに降伏した。これは一二七四年のことであった。

フビライにこうした事件の顚末が伝わったのは数年後のことだった。彼はこの敗戦の原因は二人の司令官の意見の不一致にあると考えた。一人を斬首し、もう一人はゾルザ島[24]（Zorza）に流した。この島での罪人の処刑は一風変わっていた。まず剝いだばかりの野牛の皮を身体に巻きつける。それをきつく縫い合わせる。皮が徐々に乾いてくると収縮を始め、最後には身体が全く動かせなくなる。こうして罪人は惨めに息絶えるのだ。

フビライは諦めなかった。この翌年に新たな使節を派遣している。この使節は将軍に接見がかなっている。しかしその回答は満足のいくものではなかった。

「今後一切、モンゴル人がこの国に来ることを禁じる。それでもやって来るのであれば、死を覚悟しなくてはならない」

この警告にもかかわらずフビライは使節を送り続けた。将軍の意志は固く、やって来る使者の首を刎ねている。

一二八〇年にはフビライは支那の占領を完了した。隣国には臣下の礼をとらせ朝貢国としている。残されているのは日本への復讐だけだった。遂に、フビライはモンゴル人・漢人連合軍を主力とし朝鮮からは分遣隊を派遣するという命令を出した。

フビライ二度目の侵攻

一二八一年夏、この大規模な遠征隊は出発した。総司令官はモンゴル人のモーコ（Mooko：総司令官は忻都）である。日本の資料では、船団は四千の軍船からなり、二十四万人の軍勢であったという。十万人という数字もあり、そちらのほうが信頼できそうだ。この攻撃にも日本側は十分な防衛態勢を整えていた。このときも神が日本に味方している。モンゴル人があまりに無礼な振る舞いを見せたので、日本の守護神の逆鱗に触れたのだろう。神の怒りが激しい嵐を呼び、モンゴルの大艦隊を完全に破壊してしまった。

信長の手代

指揮官のモーコは船もろとも海に沈んだ。生き残った者はごく僅かだった。日本人は神が国を守ったと信じているが、ただ偶然に激しい嵐が岩礁の多い海岸を襲ったと考えられる。モンゴル人の侵略者の中には何とか岸に辿り着いた者もいた。しかし彼らはむしろ溺れて死んだほうが楽だったかもしれない。岸に上がったものはみな殺された。わずか三人が殺されずにすんだが、それは大艦隊の無残な最後をフビライに伝えさせるためだった。モンゴル軍の被害の大きさは日本側の関係者によって誇張されている可能性が高い。しかしフビライの侵略軍が二度にわたって完膚なきまでに打ちのめされたことは確かである。

モンゴル人が支那とその隣国を支配することおよそ百年。この間、日本はこうした国々との国交を絶っている。フビライの使者にはっきりと言明したように、こうした国々と接触しようとする者は追放され、殺された。一三六六年になると明《みん》がモンゴル人を駆逐し、昔ながらの支那の民による帝国を建設した。これを受けて日本は支那と朝鮮との国交を結び貿易を再開している。それでもこうした国から訪れる貿易船の数は限られていて、日本の港では厳しいチェックがあった。また乗組員も滞在中は厳重に監視されていた。

帝はその後も自発的に退位したり、あるいは無理やりに引きずりおろされることが続いた。しかし将軍は優秀な子孫にその地位を伝えていった。当時の将軍は今の将軍とは違い、効率的で自ら率先して政治の実践に努めている。頼朝以降こうした将軍たちが日本の全権を握った。将軍としての名目と実質が一致した時期だった。しかし国内はいったん乱れることになる。そうした時代にあって真の実力者が登場した。彼は太閤様（Taiko-sama）と呼ばれる。彼は自らの力と才覚でのし上がってきた男だった。

帝は彼を信頼し、彼のために新しい官職を用意し、軍事だけでなくこの帝国の政《まつりごと》全般を委ねた。一五八五年頃に太閤様は公方（Koboe）という役職に上がった（ここでは公方は豊臣秀吉を指している。秀吉は一五八五年に関白になる）。要は平民出身の皇帝ということだ。この国で一切の世俗的権力を掌握した最初の人物である。帝の持つ宗教的な権限を除いて、ほぼ全ての案件を帝から独立して遂行している。こうした権力の分離は非常に珍しいことである。内裏《みかど》と公方の二頭体制である。日本に二人の皇帝が並立したということだ。こうした権力の分離は諸々の弊害を生むことが多いのだが、日本では起こらなかったようである。あるイギリス人は以下のように観察している。

「十六世紀末、宮宰《きゆうさい》（Maire du Palais）となった太閤様はこの帝国を世俗の世界と神事の世界に二分した。これによって内戦はやんだ。この二人が主役となる政治ショーが始まった。この主役と家臣たちはまさに正確な機械を操るようにこの国を運営した。このしくみを作り上げた人間は並の為政者ではない。平民皇帝は、理想の政治を遂行しようとする中で、命をすり減らしてしまった。彼の後を継いだ者は太閤様の作り上げた権力を安物の宝石のようにぞんざいに扱ってしまった」

太閤様は他にも豊臣（Toyotomo）などとも呼ばれているが、日本の年代記の中でも最も華やかな人物の一人である。彼は徹底的に嫌悪されているわけではないが、好かれているのでもないようだ。背は低く、少し肥満気味だった。しかしその行動力と精神力には驚くべきものがあった。片方の手には六本の指があったとも言われている。両の目は飛び出していて、今にも眼窩からこぼれ出すかのごとくだった。こうした特異な身体つきのために「猿（The Ape）」というありがたくないあだ名がついている。彼はこうした身体的なハンディキャップを強靭な精神力で克服した。

彼は樵《きこり》から身を起こした。そのうち信長に仕える手代となった。信長は当時の将軍だった。しばらくすると彼は信長の寵愛を受けるようになった。信長は人物を見抜く鋭い観察眼のある男だった。それ以後の彼の出世は早かった。わずかの間に、この帝国でも有数な指揮官の一人に成長した。信長は優れた判断力を持った男で、太閤は彼の恩義に懸命に報いている。彼は優れた才覚とまれに見る勇気で信長の敵に向かっていった。そうした太閤も政権内部の妬みまではいかんともできなかった。信長は暗殺されてしまったのだ。彼の後を継いだのは孫であった。幼い孫には才能も影響力もなかった。信長の死で日本中の実力者が武器を取り、覇権を争い、無政府状態に陥った。太閤は信長が殺されたときには遠隔の地で戦いを進めていた[25]。太閤は自ら覇権を握るための戦いを始めた。太閤のよく訓練された強大な軍勢は他を圧倒し、信長の後継の座を勝ち取っている。

太閤は帝の高い権威に従順に従った。しかし数カ月もするとその権力から独立し、専制君主のように振る舞った。彼はその力と才能をもって反抗する者は全て征服した。実力者たちを全て軍事力で抑えつけ、従わせることに成功した。これに続いて朝鮮に宣戦を布告した。朝鮮はその頃は独立を回復していた（フビライの元《げん》の支配から脱したという意味か）。太閤は朝鮮に二十万の大軍を派遣した。国内を不安定にさせる可能性のある人物も朝鮮に派遣された。そうした実力者の多くが帰国しなかった。戻って来た者もこの国の安定を乱すような状態にはなかった。彼が反抗の可能性のある分子を服従させたやり方はうまいやり方で、今でも踏襲されている。

軍事と行政のトップとして自らを位置づけると、彼は多くの厳しい法令を制定している。その苛烈さも当時の国の状況を考えれば、周りの国でやっているのと同じようなものだった。この将軍は華麗さを求めたから、お金を使うことに糸目はつけなかった。それでも税金は貴族階級にかけるだけで一般人には負担させていない。そのため一般の人々は彼の施策に満足していた。

太閤様の外交

太閤の名声はこの国だけに留まらず支那やヨーロッパにまで及んでいる。太閤が協力関係を結ばないかと持ちかけたのは支那の皇帝（秀吉の朝鮮出兵〈文禄・慶長の役〉をめぐる明との交渉を指している）とスペイン王の二人だった。スペイン領東インド諸島総督が送り込んできた特使に太閤は次のように告げている。

「日本には六十余州の国があり、それぞれが覇を競っていた。不道徳な輩が君主に反逆し全く命令を聞かなくなっていた。余は幼い頃から、いかにこの混乱と混迷に終止符を打ち、人民をまとめあげ、平和を現出させるかをひたすら追求してきた。そのための努力を惜しまなかった」

「まず誰からも好かれることを心がけた。物事の判断は慎重の上にも慎重に行なった。常に勇敢であり、不屈の精神を持ち続けることも肝に銘じてきた。こうして今の地位を築き上げたのだ。ばらばらだった国が一つにまとまり、余の下に統一を見た。仁愛をもって世を治める、という強い意志がこの国に君臨するエネルギーの源となっているのだ。結果的に我が国には優れた人物が多く現われ、一所懸命に国のために働いてくれている。恐ろしい人間のように思われているが、余の怒りは心の曲がった人間だけに向けられている。我が国には平和が訪れた。この平和こそが強力な支配の象徴である。余の力は誰にも脅かされることはない」

「日本の支配を太閤ほどうまくやり遂げた者はいなかった。日本人は優れた政治家、身を律する人物さえ現われれば、平和的に、またおとなしく行動することが可能な人種である。悪徳は罰せられ、徳は報われる。才能は認められ、仕事をしないで遊んでいる者はいない。働かない者は力で処罰されるのだ。彼のキリスト教徒への弾圧については例外としても、その他の案件では驚くほどの寛容さを見せている。政治への不満も理のあるものは聞き入れられている。太閤はもちろん愛される対象ではなかった。むしろ敬せられながらも畏怖される存在だった。こうした優れた為政者を称えることは、この国では伝統のようなものであった」

この話はシャルルボアの伝えているところだ。彼はカソリック宣教師の書き残したものを根拠にしている。当時のイエズス会士は驚くほどの率直さで太閤の為政を評価している。

ルター派のプロテスタントだったケンペルの太閤評価も高い。戦士であり優れた政治家（statesman）でもある太閤は、この時期の日本がまさに必要とした人材であった、と述べている。

太閤の死後も、幾たびかの内戦があり権力が分割された時期があったが、その後は概して穏やかな治世が続いている。国内の治安はよく、政治機構も統一が見られ、一五八五年以来およそ三百年にわたって、ヨーロッパのどの国にも見られない平和が続いている。[26] オランダ人は、公方と内裏が密かなる抗争を続けたことが、日本の創造性を阻害し改革が遅れている原因かもしれないと観察している。両者の争いがどんなものであったか具体的には述べてはいない。公方と内裏が並存する奇妙なしくみは、無数のしきたりや注意すべき決まり事に満ちている。確かなことは言えないが、政府の高位にある者は、この並存のしくみそのものはかなり脆いものだと認識しているようだ。この争いが原因で疑念や不信感といった感情が社会の隅々まで行き渡っている。新しいことを嫌う。創造を嫌う。こうした性質が外国人に対する警戒感となって表われているのかもしれない。この国には諜報組織がしっかりとできあがっていて、内裏も公方も、そして反体制の考え方を持つ者もその網から逃れることはできない。

太閤様は日本の数ある英雄の一人である。彼は支那の征服を考えたことがある。しかしこの野望は一五九八年の自身の死で潰えてしまった。太閤の息子もその後継者もキリスト教徒を大事にした。息子はキリスト教徒であると公言した。[27] しかし彼は近親の者に帝位を簒奪されている。[28]

ここまでが日本の歴史を簡単にまとめたものである。ポルトガル人がこの国に現われて以降の、ヨーロッパ人が興味を持つ事件の要点をまとめたつもりである。そのほかにも十七世紀の初めに大きな海底火山の爆発で島ができ、支那の皇帝の使節がこの国を礼賛する書を持ってきたり、恐ろしいほどの集中豪雨、数々の地震といった災害なども起きている。最後になるが、火災についてはトルコと同様に悩まされている。[29] 一六五七年には江戸でひどい火災があった。火は三日も続き町の大部分が灰燼に帰している[30]（世に言う「振袖火事」）。ヴァグナール（オランダ出島商館長。一六一四―一六八年）は江戸参府でたまたまこの町にいたため、この火事を記録している。[31] 一八〇六年にも江戸に大火（「芝の大火」）があった。[32] この火事についてはドーフが伝えている。

第三章　注

1：支那の儒教文化では家産は均等分割である。「一人の父親を代表とする家庭には、何人かの息子による『房』（小さな核家族）が含まれている。各『房』の地位は基本的に平等である。そして、『同居共財』の形で生活を営む」「家産分割の際、同一世代の者の間にあっては、嫡（妻の子）庶（妾の子）を問わず均分を原則とした。すなわち均分主義である」（申秀逸「中日伝統の『家』相続制度の比較」『千葉大学人文社会科学研究』第十六号）

2：ピッカリングは南極、太平洋、アメリカ北西部沿岸を探検した米国調査隊（United States Exploring Expedition 1838-42）に参加した。

3：『古事記』や『日本書紀』に、タジマモリが垂仁天皇の命で常世の国に渡り、香木の実を探しに行く話がある。W・G・アストン（一八四一―一九一一年）によって翻訳された『日本書紀』（*Nihongi*）では、紀元六一年の事件として記録している（W. G. Aston, *Nihongi*, Charles E. Tuttle co., 1972, p.186）

4：W・G・アストンの『日本書紀』では、崇神十七年を紀元前八一年とし、次のような勅令が発せられたと記している（*Nihongi*, p.161）。

Ships are of cardinal importance to the Empire. At present the people of the coast, not having ships, suffer grievously by land transport. Therefore, let every province be caused to have ship built.

（「船の重要性がますます高まっている。沿岸部の民は船を所有しないので、運搬に苦労している。各地方において船を造るべし」）

5：*Nihongi*, p.183.

6：*Nihongi* にこうした記述はない。

7：*Nihongi* ではこの年を紀元二六九年としている。

8：*Nihongi* ではこの年（紀元五九八年）、Shilla の国からカササギ（magpie：コウライガラスとも言う）と孔雀が贈られたとある。p.124.

9：推古七年（紀元五九九年）に大きな地震があった。*Nihongi*, P124.

10：一七五九年にロンドンで出版された *The Modern Part of an Universal History, The History of Japan*, p.118に、欽明十二年（紀元六〇五年）に金が朝鮮から運ばれてきたと記述されている。マックファーレンの古代天皇の事績に関する記述の多くがこの書からの引用である。

11：皇極の次代は孝徳。その後皇極が重祚《ちょうそ》し斉明となる。*The Modern Part of an Universal History* では斉明を皇極の娘としているため、マックファーレンはその記述によったものと考えられる。

12：この部分は *The Modern Part of an Universal History* の「天武」の記述による。天武が大友皇子を破り、切腹させたとある。

13：原文では「more Japonico」。この部分は *The Modern Part of an Universal History* にはない。マックファーレンの感想を付記したもの。

14：記述のもとになっている *The Modern Part of an Universal History* の「桓武」の項には侵略の防衛にあたった、勇敢で、よく名の知られた将軍の名を Tamamar と表記している。彼が侵略軍の首領を殺したとある。Tamamar は東北の蝦夷の反乱の討伐に任命された坂上田村麻呂、殺された首領はアテルイを指すと考えられる。

15：花山天皇の突然の出家は九八六年。藤原兼家が外孫を帝位に就けるための陰謀により出家した。宮廷から抜け出した先は花山寺。

16：一条天皇（在位九八六―一〇一一年）。この部分の記述も *The Modern Part of an Universal*

*History*による。この時期、清少納言や紫式部が活躍し平安女流文学が興隆している。

17：記述の原典である*The Modern Part of an Universal History*からすると、この帝は後一条（在位一〇一六—三六年）を指している。後一条は一条の孫ではなく第二皇子。

18：平清盛（一一一八—八一年）。清盛が保元（一一五六年）、平治（一一五九年）の乱で実権を握るのはまだ先のことである。この部分も*The Modern Part of an Universal History*から転記している。ここでの清盛に関する記述はひどく混乱している。

19：『京都歴史災害研究』（第六号）によると、一一四二年から四四年まで三年間連続して疫病の流行が記録されている。

20：ヘラクレスはギリシャ神話に現われる英雄。ゼウスの子。わが子を殺めた贖罪にいくつかの試練を課せられる。その過程で九つの頭を持つ水蛇（ヒドラー）、身体の一部が青銅でできた怪鳥（ステュムパーリデス）などを退治する。

21：源頼政の鵺退治の物語は『平家物語』にある。マックファーレンはこの部分の記述も*The Modern Part of an Universal History*によっている。

22：頼政が命を落としたのは以仁王の乱（一一八〇年）の失敗による。四つの有力家とは源・平・藤・橘のことか。

23：近衛天皇の異母兄である後白河天皇（在位一一五五—五八年）。二条天皇にすぐに帝位を譲るが、その後三十年以上にわたって源氏平家の対立を利用しながら権力を保持した。剃髪して法皇となったのは一一六九年。マックファーレンがなぜ頼朝以前の時代に戻って記述しているのか不明。彼のこの時代の理解には明らかに混乱がある。

24：マルコ・ポーロの記述にある島。モンゴルにある湖に浮かぶ島か。Thomas Wright, William Marsden, *The travels of Marco Polo : the Venetian By Marco Polo*, R. Clay, London, 1854, p.508.

25：本能寺の変で信長が殺された時期、秀吉は清水宗治の守る備中高松城（岡山市）を攻略中だった。

26：マックファーレンは秀吉が関白に就任した一五八五年以降、相対的な平和がもたらされたと解釈している。

27：*The Modern Part of an Universal History* では、家康は秀頼が隠れてキリスト教を信じていると疑ったと記述していることから、この部分はマックファーレンの推測で書かれたものであろう。

28：*The Modern Part of an Universal History* では、秀頼は家康の娘を娶り、家康を義父として記述している。そのため家康を秀頼の岳父としている。

29：地震の多発するオスマントルコの一般住宅は、十七世紀初頭以降、レンガ造りから木造軀体が主流になった。その結果、火災には脆くなった。

30：出火は一六五七年一月十八日午後二時頃。火元は本郷にあった本妙寺とされ、江戸城天守閣も焼失。およそ十万の犠牲者があった。

31：ヴァグナールの江戸到着は二月初めなので「振袖火事」を目撃してはいない。

32：文化三年（一八〇六年）、芝高輪で出火し、およそ千二百人の焼死・溺死者があった。江戸三大火事の一つ。

第四章　宗教

神道の創世記

オランダ人によると、日本にはおよそ十二の宗教があって、そのうちの十一もの教えが肉食を禁じているらしい。その分派まで数えればとても十二ではおさまらないだろう。二十を超えるかもしれない。政府に危害を与えず社会の平安を脅かすことがなければ、信仰は自由だった。もちろんキリスト教はそれとは関係なく禁止されていた。信仰の自由度は相当程度あると見てよいだろう。当然のことだが、日本には信仰の原型が存在していた。それは神仁（Sinsyn）と呼ばれるものである。Sin は神を、Syn

は仁（faith）のことである。この教えを信じるものは神道（Sintoos）信者である。
世界中の神話に共通するように、日本のこの古い信仰も宇宙創生の物語から始まっている。それはひどく変わった（wildest）物語だ。[1]原始的混沌の世界から一人の最高神が生まれ、そこを天上の国として居を構えた（この神は『古事記』に記されている、宇宙を統一する最初の神である天御中主神《アメノミナカヌシノカミ》）。次に二柱の神が現われ、混沌から宇宙の規律を司った（宇宙の規律を司る高御産巣日神《タカミムスビノカミ》と神御産巣日神《カミムスビノカミ》）。以後七人の神々[2]が現われ、そうした神によって長い長い時間、宇宙は支配された。最後の神だけに妻がいた。この神によって我々が存在することになる。その神は妻にこう言った。
「下界に見える水の底に人の住める国が隠れているに違いない。探してみよう」[3]
槍の穂先を水中に突き刺し、引き抜くとその先から濁った滴《しずく》がしたたった。それが次第に凝結し大きな島になった。次々と八つの島ができあがり、その中で最も大きかった島が九州（Kewsew）だった（『古事記』ではこのときできあがった島は淤能碁呂島《オノコロジマ》。ここで二人の神が作った島々は九州などの八つの島＝大八洲《オオヤシマ》）。この八つの島が日本であり、それが世界の全てであった。さらに八百万《やおよろず》の神々と、人間が必要な一万の品々が作られていった。二人の神は国の統治を一番のお気に入りの娘である太陽の女神・天照大神（Ten-Sio-dai-zin）に任せることにした（この部分は『古事記』の記述をひどく単純化している。天照大神は、黄泉の国から帰り禊を終えた伊邪那岐神《イザナギノカミ》の左目から生まれている)。彼女の治世は二十五万年続いた。彼女のあとに続いた神々はさらに二百万年あまりこの国を治めた。これらの神は地上界の神と呼ばれている。この最後の神が神武天皇(Zin-mu-ten-wou)を産んだ。彼こそが内裏あるいは帝の祖なのである。

神道の神話に現われた神々は、天照大神を除き、信仰の対象になっていない。天照大神はたいへんに偉大な存在であり、彼女への信仰は下級の神々や帝を仲介にしてしかなされない。そうした神の数は、生まれながらにして神だったものが四百九十二、のちに聖人として神格化されたものが二千六百四十である。こうした神々は全て天照大神への仲介となる神々であって、それぞれを祀《まつ》る宮がある。

この古《いにしえ》の信仰に、異質の信仰や迷信といったものが徐々に混ざり込んできたに違いない。その混入の程度は土地によってばらつきがあるようだ。ただ確からしいのは、神道の信仰がオリジナルなままではないだろうということだ。昔の宮に飾られていたのは魂の清浄さのシンボルである鏡と、真っ白な短冊でできた御幣《ごへい》(gohei)だけだった。御幣も同じく清浄さを示すシンボルである。[4] 宮には祀っている神の姿として認識できるものが納められている。しかしそれらは信者の崇拝の対象ではない。神聖な場所に安置され特別な祭祀にだけ公開される。一般の人々は宮に居るそうした神を崇拝する。

高度な有神論

メイラン氏によると、宮ではかつて最高神のみを祀っていた。私にはこのような純粋な形での有神論（pure theism）が、初期の日本のような社会にあったとはとても考えられない。シーボルトは、現在日本にある偶像崇拝は、むしろ異国から腐敗した考え方が入り込んだ結果ではないかと推測している。日本では当初、天照大神だけが信仰の対象だった。それ以外の神々はローマ・カソリックの聖人たちと同じようなものだろう。また仏教がこの国に伝えられる以前には偶像などなかったのではなかろうか。こうシーボルトは推測している。しかし今では神道の信仰が仏教の考えの中に完全に浸透している。この国には世界のどの国とも同じくらい、宗教的な祭事が多い。

さらにシーボルトによれば、神道では明確な形ではないにしろ、魂が永遠であることを信じているようだ。その魂は現世の行ないの是非により、報われる場合は天国に、そうでない場合は地獄に送られ、そこで魂はその存在を継続すると考える。神々は全ての人間に死を与える。善人には天国への入場が許される。そこは神々の支配する地である。そうでない者は地獄に堕ちる。この古き信仰では次の行為を求めている。

一、聖なる火を絶やさないこと、火は清浄のシンボルでもあり、また浄化の方法でもある。

二、魂つまり心と身体を清浄にすること。魂の清浄は理性と決まり事に従うことで保たれ、身体の清浄は不浄なものから身を遠ざけることで保たれる。

三、祭礼日の遵守。

四、聖地巡礼。

五、宮および自宅における神への崇拝。

こうした規律の中で最も重要視されているのが身体を清めることである。身体の穢《けが》れの原因はいろいろだ。不浄な者と接触したり、不浄な言葉を耳にしたり、ある特定の肉を食したり、死者や血と接触することなどがそうである。身体を自らの血や他人の血で汚した者は七日間にわたって不浄（fusio）である。穢れ（impure）が身についている期間は、聖なる場所に近づくにはふさわしくない状態にあるのだ。

例えば宮で仕事をしている際に怪我をして血を流したとしよう。そのことはひどい厄災の象徴として捉えられ、将来にわたって聖なる建物に関わる仕事に就いてはいけないと言われるのだ。もしこうした事故が伊勢の宮で起こると、建物そのものを新しく建て替えなければならない。これほど血のもたらす穢れに敏感であるのに、この国の為政者が下す処分が相当に血腥《ちなまぐさ》いのは皮肉なものである。

鹿を除く四足動物の肉は食べると不浄である。その穢れは三十日間続く。鳥については野生・家禽を問わず、それを食べた者は一時間だけ不浄である。日本の一時間は西洋時間の二時間に相当する。獣を殺した者、あるいはその場に居合わせた者、人の死に立ち会った者、あるいは死者の置かれた家に入った者はその日一日不浄である。最も不浄の度合いが強いのは両親や近親者の死に立ち会う場合である。

亡くなる人に近い者ほど不浄の程度が高いと考えられている。そのため穢れを清めるのに必要な時間も近親の程度によって異なる。こうした決まりを別にしても、日本人はいつでも不浄であってはいけないと考える。神がそれをひどく嫌うので宮への参拝ができなくなるからである。不浄があまりにひどい場合は、特に厳しい清めが要求される。絶食、祈り、独り籠って敬虔なる書を読む。人々は清めが済むと、そのために纏っていた白い衣服をたたみ、祝い事のために用意した衣装を身につけ、社会に復帰するのだ。

祝いの作法はとてもシンプルである。まず一張羅の服を身につけ、宮に行き水鉢で身を清める。宮の縁側のようなところに跪く。格子でその先を見えなくした窓が奥にある。その窓を通じてさらに奥に祀られている神鏡に視線を集中し、祈るのである。そうして米、酒（Sackee）、果物、お茶といったものを供え、最後に箱の中に幾ばくかのお金を納める。これが終わるとその日は思い思いに余暇を過ごす。

ケンペルによると、宮では鈴を三回鳴らすらしい。その鈴は宮の入り口のところにぶら下がっている。日本の神々はこの鈴の音がとても好きだと信じられている。一連の作法を終え、宮から帰ると、人々は散歩したり、スポーツに興じたり、酒を飲んだりして愉快な時間を過ごす。宮には邪心を持って近づいてはならないし、浮かない顔をして出かけていってもいけない。そうした態度は神のもたらしてくれる、落ち着きに満ちた至福のときを妨げてしまうのだ。日本のこうした信仰は日本人の性格(national character)形成に大きな影響を与えているようだ。初期のオランダ人の観察によると、日本人は悲しみや嘆きの感情をまず見せない。不幸や災難をしっかりと甘受するのである。[6] 彼らが外に向かって不幸を嘆き悲しむさまを見たり聞いたりすることはほとんどない。死罪になり、その刑が執行されるときでさえ落ち着きを見せ、ときに陽気さまで見せるのだ。

神道を信じる家庭では食事の前には必ず短いお祈りをする。各家庭の庭には小さな宮まで備え付けられている(神棚のことか)。神道の牧師は神主(Kami-Nusi)と呼ばれている。それは神を宿す家の主人のようなものだ。宮の敷地内にある屋敷に住んでいる。信者のお布施で彼らは暮らしている。奉納された米、果物、お茶といったものは神主の家の食卓にのぼる。こういうしくみなので、こうした供物は貧しい者への施しにも使われる。オランダ人が宮を訪れる場合にはかなりの現金が要求されるようで、高いものにつくらしい。神道では禁欲は教義になっていない。神主は結婚し、その妻たちは女性祭司として決められた儀式を執行する。こうした女性はあたかも信者の娘のゴッドマザーのような機能を果たし、名付け親になったり、清めの水を浴びさせるといった儀礼を執り行なっている。

伊勢巡礼

聖地巡礼は神道の信仰ではきわめて重要な行為と考えられている。この国には巡礼の聖地が多く二十二カ所余りあると言われている。巡礼は年に一度だが、熱心な信者は年に何度も聖地に向かう。聖地の中で最も重要な地は伊勢である。日本のロレト（アドリア海に面したイタリア北東部の町。ロレトの聖堂はカソリック教徒の重要な巡礼地）と言っていいだろう。ここは天照大神を祀る古い宮である。主たる宮を百ほどの小さな宮が取り巻いている。こうした宮は形だけのものであり、人間一人がやっと立てるほどの大きさで、それを祭司が守っている。

宮の周囲にはたくさんの祭司や世話人たちが暮らしている。彼らは神の意思を伝えるメッセンジャーと称している。またこうした者の中には、巡礼者や旅人を泊める宿を営んでいる者もある。この近くに宮と同じ名前の伊勢という街がある。ここには宿屋、紙屋、印刷屋、製本屋、櫛屋、家具屋といった職人が住んでいる。こうした人々は巡礼者相手の聖なる仕事をしているのだ。これはロレトの町が同じように巡礼者相手の商売で成り立っているのと同じようなものである。主たる宮は単純で飾り気のない建物である。建物はそれほど古いものではない。天照大神はここで生まれ、ここに住んでいるという。この地はそれ以来、拡張されたことも手を加えられたこともない。女性祭司の中には帝の娘が必ず一人いて仕えている。

ケンペルによれば、正統な神道信者は一年に一度伊勢に参拝する。最低でも一生に一度は参拝しなければならないそうだ。それどころか、真に祖国を愛する人(every true patriot)の義務であるとさえ考えられている。それは信仰する宗教、属する流派にかかわらず盛んなようだ。誰もがこの国の創始者、国の母であり保護者である天照大神への尊崇と感謝を表わすためにこの地を訪れる。巡礼は一年を通して行なわれているが、人が多くなるのは三月から五月までだ。この時期が一年で最も気候がよく、巡礼の旅も楽しいものになる。伊勢には老若男女、貧富にかかわらず、さまざまな人々が集まってくる。ただ、きわめて高い地位にある領主や帝の皇子などがここを訪れることはほとんどない。帝は年に一度使いの者を出す。ほとんどの皇子がこれに倣っている。

一般の巡礼者はかなり気ままな旅をしたらしい。お金のある者は付き人を連れ、お金のない者は徒歩の道中に喜捨をもらいながら伊勢にやって来る。寝床用の藁マットを丸めて背負い、巡礼用具一式を持ってやって来る。腰帯に水入れを結びつけ、ヨーロッパでもするように、帽子を出してその中に喜捨を入れてもらうのだ。その帽子は縒《よ》った葦でできていて、とても大きいものだ。巡礼者の名前や生国が、水入れや帽子に書き込まれている。巡礼の途中での事故や万一の死に備えてのものだ。また袖なしの白い上着を通常の服の上から羽織る。これにも胸と背中の部分に名前が縫い込まれていた。オランダ人によれば、旅する多くの巡礼者が街道に見られたという。江戸や奥州（Osju）から、いったいどれだけの人々が巡礼したのかはっきりしない。江戸では子供たちまでも親元から逃げ出し巡礼を始めたという。[7] それでもパスポートのない旅には多くの困難があったらしい。しかし伊勢から帰る場合は、伊勢の御札（ofarria）がパスポートの代わりになった。

御札はまさに一切の穢れを清めるもので、背負った罪からの赦免を意味していた。それは幾ばくかのお布施を司祭に渡すことで手に入れることができた。お札は一片の紙きれに日本語で何か書かれているだけのものだ。イスラムの修行僧やインドの苦行僧が売っているのと同じようなものだ。それでも伊勢から持ち帰るお札には健康、商売繁盛、子宝、幸福招来といった功徳があると信じられた。司祭らにとって御札の販売が重要な商売になった。世の中には伊勢に行かずこの御札を買うことで十分だ、と考える者も多かったので全国に送られる。

帝は代理人だけに参拝させるのではなく、ときには自らも出かけている。ある時期、帝と将軍が一緒に参拝したという。しかしそれも次第に行なわれなくなったのは経済的理由によるものだろう。高位者の参拝では多額の寄進を必要とするからだ。もちろん神道への信仰が徐々に衰退し、他の信仰にとってかわられたこともその理由かもしれない。

山伏

世を捨て人里離れたところに暮らす者も多かった。しかし彼らは古い神道の教義と緩やかな関わりを持っていた。ある一派は山伏（Yammabos）と呼ばれていた。マウンテン・ソルジャーとでも言えるかもしれない。彼らは聖なる山々を上り下りし、小川や泉で身体を清める。お金がなくなると諸国を放浪してお布施を集めるのだ。この教えは千二百年以上前に、人気《ひとけ》のない荒野や山々をさすらった一人の男から始まった（役小角《えんのおづの》のことかと思われる。修験道の開祖。六三四―七〇六？年）。彼はそれまで誰も足を踏み入れたことのないところを歩き回った。そのため多くの新しい道筋を発見することになる。

これが国への貢献となった。旅をする者にずいぶんと役立ったのだ。修験者の利用する小屋は、この起伏の激しい島国を旅する者にしばしば利用されたのではないかと考えられる。特に雪に覆われた季節の山中では重宝されただろう。彼らはちょうど人里離れた土地に住む聖バーナード（シトー修道会を発展させた修道士）やカマルドリ修道院（イタリア・アペニン山脈の森にある隠遁修道院）の修道士のようなものだったろう。こうした修道士はヨーロッパ各地に存在する。この教えも、日本ではよくあるように、二つの派閥に分裂してそれぞれが優位性を主張している（修験道が密教と融合し、天台密教〈最澄〉と真言密教〈空海〉に分かれたことを指す）。都近くに壮麗な建物があり（天台密教の比叡山延暦寺と真言密教の東寺を指す）修行僧は妻帯している。彼らは秘術を使い、雨、雪、雷あるいは稲妻を起こし、風向きを変える。将来を占い、盗人の居場所を突き止めて盗品を取り戻す。夢占いをし、伝染病をも治してしまう。この教えでは偶像崇拝が行なわれている。

座頭

他にもおもしろいグループがある。それは盲目の人々の集まりである。階層を問わずいろいろな人々で構成されている。このグループも二つに分かれている。一つは「仏説座頭（Buseets-Sado）」、もう一つが「平家座頭（Feki-Sado）」である。こうしたグループを創始したのは帝の息子だった[8]（人康親王《ひとやすしんのう》〈八三一―七二年〉のことか）。日本の歴史家によると、美しい皇女の死を悲しみ泣き尽くしたため盲目になってしまったという。

皇子を愛する父の指示で目の不自由な者の集まりを作った。この組織は宮廷で評判を呼び長いこと繁栄した。[9]平家座頭興隆の要因となったのは伝説的人物の存在である。

かつて平氏と源氏の間で争われた激しい内戦があった。平氏の中に名の知られた武将景清《かげきよ》[10]（？―一一九五年）がいる。源氏との戦いに敗れた景清は頼朝の捕虜になった。頼朝は景清が心から仕えた主君を殺していた。この時代では捕虜は殺されるのが常だったが頼朝は景清を惜しみ、自分に仕えるように説得した。頼朝が彼を丁重に扱い、臣下となる条件を言わせたときだった。

「私が仕えた方はずいぶんと私に目をかけてくれました。彼が亡くなってから私には心から奉公できる主君は一人もおりません。しかしながら頼朝殿には命を救っていただいた御恩がございます。それでも頼朝殿を見ると主君の仇を討ちたくなるのです。あなたの厚恩に報う方法はこれしかありません」

　こう言い放った景清は、自らの両目を抉り出し、それを盆に載せて頼朝に献じた。景清の強い意志に驚いた頼朝は直ちに彼を自由の身にしたというのだ。日本のドラマというものは大概こうした事件がベースである。復讐心は重要なテーマだった。盲目の景清は田舎に引き籠り、琵琶法師になった[11]。平家座頭の興隆は彼に始まった。盲目の人々は決して慈悲にすがって生きているのではない。不自由な目でもこなせる種々の職業について修道院のようなものを作り上げている。多くが音楽に関わる職業に就き、皇族や貴族の婚礼の儀式などに呼ばれる。この国の劇場では、こうした盲目の平家座頭楽師が活躍しているという。この国を旅した者は、楽師全員が目の不自由な人だった劇場があると伝えている。

托鉢尼僧と比丘尼

女性の出家修行者についても述べておきたい。ヨーロッパでは托鉢尼僧（Medicant Nuns）と呼ばれるものである。このグループは特定の信仰を持ってはおらず、その道徳観念についても疑念を持たざるを得ない。ケンペルはこういった人々を何度か目にしている。

「私たちが出くわしたある女性巡礼者は、シルクの衣をまとい、顔は化粧していた。一人の目の不自由な男性を連れ、物乞いをしていた。それはひどく奇異な光景だった。またあるとき、若い比丘尼（Bikunis）の一団に遭遇した。彼女たちは旅人を見ると卑猥な感じの声をかけ、なんともいえないワイルドな調子で歌いお布施を要求していた。旅人が飽きるまでいつまでもそうした芸を続けていた。ほとんどが山伏の娘らしく、頭を丸めて勤めを果たしていた[12]。頭は黒い頭巾で覆っていた。強い日差しを避けるために笠を被っていた」

彼女たちの所作は控えめだが厳しい規則に縛られているようではなかったし、だらしなさ、図々しさ、あるいは落ち込んだようなところもなかった。美しい女性が多く、乞食が物乞いをしているといった感じではなかった。むしろちょっとした寸劇を演じているような感じであった。お布施を集めるのにこれ以上の女性たちは望めなかった。彼女たちは旅人を魅惑し財布の紐を緩めさせ、ときにそれ以上のサービスが欲しくなるほどの美しさで魅了するのだった。一般の尼僧と区別するために彼女らは「熊野比丘尼（Komano Bikuni）」と呼ばれていた。彼女らはいつも二人一組で行動する。お布施をもらう場所も決められている。年間のお布施のノルマもあり、それを太陽神を祀る伊勢に寄進する。[13] 日本には数多くの仏教の女性修道院があり、その施設は神道やそのほかの古の信仰との関わりがないものが多かった。

仏教

仏教は東アジアに広く信じられている教えである。日本では遍《あまね》く広まっている。しかしこの教えが日本を支配しているとは言い難い。田舎に行けば、この教えは神道の考えと混ざりあっているのだ。我々イギリス人にとってはインドでの経験があるので、仏教というものをここであらためて説明する必要はないだろう。仏教が支那人、タタール人、チベット人に信じられていることは『ハックのタタール旅行記[14]』や最近出版されたプリンセップ氏の著作[15]で明らかである。読者はこの宗教の重要なドグマが輪廻

(metempsychosis) であることを理解しておいてほしい。この考えは動物の命を奪うことを禁ずる。人間は象、犬、馬などに順に姿を変えながら地上での罪を清めた後に初めて聖なるものに昇華していくと考える。仏教は見苦しい偶像を崇拝している。またダライ・ラマや最高位の僧は決して死なないという概念を持っている。僧侶は禁欲生活を求められる。

この教えがいつごろ日本に伝えられたかには諸説ある。インドや朝鮮を通じて伝えられたと言われている。それは六世紀のことだろうと考えられている。日本の政府は初めからこの宗教に寛大だったようだが、民衆レベルでは何度か暴動があり、僧侶は殺され、偶像が焼かれ、寺院も破壊されたことがあった。それでも次第に古来の教えの中にブレンドされながら、確立された宗教となった。信者の数も数え切れないほどに増えていった。特にこの国の沿岸部では神社一つに対して二十もの寺があるほどになった。世界のどこでもそうであるように、日本の仏教も知識人の信じる難解で純粋な神秘主義的な教えと、無教養な信者のための偶像崇拝とに分かれていった。

いずれにせよ一般の人々にとって仏教教義は真剣に考えられているとは言い難い。そのことは支那の状況を観察するとよくわかる。支那に詳しい学者の観察を紹介しておく。日本の宗教の理解にも役に立つはずだ。

「支那文学に詳しい学者も支那の宗教書をほとんど理解できない。その最大の理由は普通人にとってはまず理解不能なスタイルで書かれているからだ。仏教書にはインド古代語のパーリ語表現が溢れている。それがかなりいい加減に漢語に翻訳されている。信者たちが何世紀にもわたって唱えるこうした言葉の真の意味を、僧侶が全く理解していないこともある。そうしたことを深く考えたこともないのである」
「支那には道（Taou）という教えもある。これはこの国の国家的迷信とでも言ってよい。教えは簡潔ながらも神秘主義的な表現なので、その意味するところが五つも六つもあるようなことになる。それを学ぶものは真の意味を見つけ出したと思ったら、またたく間に新しい迷路に入り込むのだ。教義の本質の実体は誠に忌まわしく、小細工された無意味な言葉で飾られている。この教えを伝える書はちょっとした小論文のようなもので、しきたりや作法について述べているだけの、何の面白みもないものである。頭を下げひれ伏す作法をただまとめたもので、一般人には無味乾燥な代物だ」

他にも支那の神々や神話のようなものを調べ上げた一冊の本がある。[16]
「この本には神々の順位、機能、性格などといったものがばらばらにまとめられている。著者はまずタオ（道）思想に基づく尊崇の対象について述べている。次に仏教の神々を扱い、さらに賢者と呼ばれる人々の解説が続く。こうした神々を理解することは、アリアドネの糸（ギリシャ神話の女神。アテナイの王テーセウスの迷宮からの脱出を助けた）があっても脱出できない迷宮に迷い込むようなものだ」

「この書を理解するには、脈絡のないお伽噺に慣れ親しみ、常識から全く逸脱した言い伝えや、死者が伝えたという気が違ったような話を辛抱強く、何とか意味あるものとして理解しようとしなければならない」

「そういう意味で支那を国として捉えたときに、この国の宗教とは、との問いにはとても満足する答えを見出すことはできない」

「大雑把に言って、支那の民はタオの多くの分派と、まあ国の宗教といってもよさそうな仏教を信ずる者の二つに分かれているといってよい。真の信仰者と言えるのは宗派に実際に加入した僧侶や、あるいはそういう者の身近にいる信者くらいなものので、一般大衆がそうした者から宗教的指導を受けることはまずない。そのため一般の人々は、お伽噺や迷信のような話ばかりの教義には全く興味を示さないか、個人が気ままに信じるひどく変わった教えを信奉している。この国では、信心深い者はペテン師とか山師と言われてしまう。不敬な術や言葉でわずかに生計を立てている輩《やから》だと批難されるのだ」

「それでもこの国にたくさんの寺院があり、中にはたくさんの寄進を受けているものがあるのは不思議である。この現象を理解するには、支那の民はまず集会が好きだということだ。集まってはだらだらとした時間を過ごす。将来を占ったり、線香を燃やし、供え物をあげる。そのあとには宴会が待っている。たくさんある寺院は宗教的な動機で建てたというよりも、むしろこうした集まりのために便宜的に建てたのではないか、と考えることもできる。もちろん金がなく、小さな祠や道端にある碑に毎日線香をあげるだけで済ます者もある」

「乞食の住む掘っ立て小屋や蜑家《たんか》（蜑民とも言う。華南の広東省、香港、澳門《マカオ》などの沿岸で船上生活をする人々）の水上生活の船内にさえも、神を祀る棚のようなものが必ず置いてある。しかしこうしたところで祀られている神は子供に与えたおもちゃの人形みたいなものである。支那の人々が、本当の意味での祈りを捧げているという話を聞いたことがない。祈りという行為は無意味な言葉をすらすらと吐く連中が商売としてやっているだけだと割り切っている。だから一般人はちょっとした信心の言葉を短く叫んでおけば、それで十分と考えている。こうした連中と宗教的な話をすれば天国と地獄の話は必ず出てくる。だからと言って、そうした宗教的な考えで何かを実践するということはない」

「彼らの読む古い本には先祖を大事にせよということは書かれている。しかしそこには万能の神、創造主としての神を示す記述は全くない。にもかかわらず、支那人は唯一の最高神の存在を認めていると言うのだ。そうしたことを言う連中は西洋人との交際があったか、偶像を崇めているといって馬鹿にされないようにしているだけだ。多神教を信じていることを隠すことはできない。彼らは古い迷信を決して捨てることはない。こうした人々の心を開き、真実に目を向けさせることができるのはキリスト教の神だけである」

士道

士道（原文ではsutoとしているので士道とした。朱子学を指すのか）は日本でも主流の信仰である。「哲人の道」とでも翻訳できそうだ。これは宗教というよりも哲学といったほうがよい。それ自身が特別な信仰を持っているわけではないので、どの宗教とも共存ができると言われているが真偽は不明である。明らかに支那から入ってきた考え方で、儒教に基づく道徳的な教えに満ちている。また魂の最終形についての捉え方は、仏教の神秘主義的な考えにも影響されている。神話との関わりは一切持っていないし、宗教的儀式というものもない。士道は教養のない民衆の間では流行《はや》らなかったようだ。貴族や教養人の中で漠然とした形で信じられていたのではなかろうか。そのため彼らは自らを無宗教と呼ぶものが多い。

士道をケンペルは、宗教ではなく哲学だと見抜いている。この考えは仁（Dsin）、義（Gi）、礼（Re）、智（Tsi）、信（Sin）の五つの概念で構成されている。仁とはモラルある生き方、義とは誰に対しても正義を貫く生き方、礼とは社会の礼儀にかなった誠実な生き方、智とは摂理ある政道、信とは良心に基づいた行動である。この教えには輪廻の考えはない。魂が他の動物などに移っていくというようなことも考えることはない。しかし霊魂、霊力、魂の本質といったものが宇宙に広がり、それが万物に活力を与えていると考える。死者の魂は海に注ぐ川の流れのようなもので、またそこで活力が再生すると考える。この普遍的な魂というのは最高神というような概念ではなくネイチャー（自然）と呼ばれるものである。この信仰では命を育む自然に対して感謝するのである。ケンペルはこの信仰について実に的確に伝えている。

「私は何人かの人々とこの信仰について語り合うことがあった。彼らは目に見えない霊的で知的な何かがこの世に存在すると考える。自然の創造者ではなく自然に規律を持たせる指揮者のようなものとしての存在だ。自然は陰と陽の力の相互作用で成り立っている。天上界と地上界、能動と受動、生成と消滅。自然の現象をこういった考えで理解しようとしている。世界は永遠で、人間も動物も陰陽の作用からできあがったと考える。

陰陽とは天と地上の五大要素[17]の作用と考えてもいい。神の存在は信じないので社を作ることもない。信仰の対象物はない。しかし亡くなった両親や親族の思い出は重要視する。祭壇にたくさんの食べ物を供える。生《なま》のもの、料理されたものなどいろいろである。蠟燭を立て、その前であたかも先祖がまだ生きているかのごとく床に頭を擦りつけるのだ。毎月のあるいは毎年の記念日にはディナーを準備し、亡くなった先祖の親族や友人を招待する。招待された者はその日の前の三日間は身を清め不浄なものを避ける。そして一張羅の服を着て現われなくてはならないのだ。

葬儀の方法だが、火葬ではない。死者は仰向けにして棺に納め、ヨーロッパと同じようにその頭は少し上げておく。ときには棺の中を香料、香草で満たし腐敗を抑える。全ての儀礼が終わると墓に運び埋葬する。そこであらためて儀式が行なわれることはない」

この信仰は自ら死を選ぶ行為を認めるだけでなく、それは英雄的で立派な行為として賞賛されている。そうすることで屈辱に満ちた死から逃れられ、敵の捕虜になることを拒否できるのだ。この教えにはお祭りというものはない。この国の神々を尊崇することもない。常識の範囲で敬意を表する程度である。この教えが導くところは、徳と良識に従い誠実な生き方をするということに尽きる。そのため信者は密かにキリスト教を信じているのではないかと疑われることもあった。キリスト教は磔刑《たつけい》や火刑などで根絶やしにされているはずだ。誤解を避けるために、各家庭はこの国で信じられている神の一つを崇拝する偶像を置くことになった。目につきやすいところに棚が作られ、花活けと香炉が置かれた。

日本の知識人の多くが哲学者の道を信じているらしい。日本古来の多くの神々、外国から移入されたたくさんの神々。それにもかかわらずこの国の高官たちが宗教的に自由な思考が可能で（free thinker）、また無神論者になるのはこの信仰のせいであろう。日本をじっくり観察した者の書によると、仏教とは関係のない信仰が三十四もあるらしい。イギリスとアメリカ合衆国を例外とすれば、世界でこれほど宗教に寛容な国はないだろう。

どの宗派も自由に教義を戦わせている。実際、日本の政府も教義には無関心だ。こうした無関心さは世界ではひどく稀で、賞賛すべきことである（a rare wonderful indifference to mere matters of doctrine）。政府は社会の平安に脅威を与えない限り、こうしたことには無関心である。かつて各派の僧侶が集まって信長にイエズス会士や他のカソリック宣教師の追放を請願したことがあった。信長は坊主たちのしつこさに辟易《へきえき》しつつ、日本に存在する宗教の数を問うた。三十五と答えた坊主に、それなら三十六になっても一向に問題なかろう、宣教師はほうっておけ、と指示したそうだ。

内裏《だいり》の存在と宗教的寛容

どの宗教も、収入や権威は同じようなもので、各派の不和が起こるようなことはほとんどなかった。最近ではもうないが、かつて教義の問題で論争が起きたことがある。政府は、過激な意見を曲げない者を鞭打ち、あるいは斬首ですばやく処分している(日蓮宗不受不施派に対する処分のことか)。信長の時代においても宗教論争の処分はヘンリー八世の晩年の頃のやり方に似たようなものだった。この国の宗教に対する態度は、国家そのものの存在がひどく脅かされるようなことがなければ実に寛容なのだ。

メイラン氏は日本人の間で宗教論争を聞いたことがないという。信仰上の理由で相手を嫌悪することも少ない。逆に礼儀を重んじ相手を尊敬し、ときには他宗を訪問し、それぞれの神に敬意を表するほどである。例えば公方が伊勢に使節を出して参拝すると同時に、孔子廟建設の資金を出したりもする。帝も、シャムや支那から持ち込まれた異質な神々であっても、日本の社に祀らせている。異国の神々を尊崇するのも便宜のためにそうしているのだ。

日本の宗教に対するこの寛容な姿勢はいったいどこからやって来て、いかにして維持されているのだろう。私はこの問いに対してこう答える。日本人はどの宗教を信じていようが内裏を主《しゅ》として認めているからだ、と。地上に現われた神の子孫として彼は尊崇される対象なのだ。そして内裏は、その神性を崇めるもの全てを護る存在となる。その尊崇の流儀について内裏は問わない。

ただ誤解してほしくないのは、私が日本の宗教的寛容性を手放しで賞賛しているわけではないことだ。またキリスト教への残酷な迫害に何の反発も覚えないというわけではない。ここでは、日本人の寛容さがキリスト教導入を容易にしなかったのはなぜかと考える必要がある。キリストの教えを説く者が日本人に対して寛容で、日本人の崇める神を嘲ったり軽蔑しなければどうであっただろうか、と思うのだ。この国を訪れた宣教師たちが、何の制約も受けずわがままに活動しようとは考えずに、この国に存在する神の子孫の庇護の下に自らを置くことができなかったのかと。彼らは政治に干渉することを慎めなかったのか。もしそれができていたなら、キリストの教えは間違いなく今頃は儒教を上回る勢力になっていたはずである。

ツンベルグ、ゴローニン、フィッシャー、シーボルト。この他にも日本について述べている者は多いが、日本人の寛容さについてはそろって驚いている。この国ではどんな信仰も許されている。キリスト教だけが例外なのだ。この国では信仰を変えることもよくあることだ。改宗の動機を誰も気にすることはない。一つの家族の中でさえ信仰が違っていることもある。それでも家族の調和は乱れない。

宗教について日本の事情を探ってきたが、日本でのキリスト教布教のこれからについては次のように考えたい。ローマ・カソリックへの偏見と強い敵意を和らげ、カソリックと新教の違いについて日本人にわかってもらえるなら、プロテスタント宣教師のほうが、強力な艦隊や軍隊よりも（この国を開くことに）成功の可能性が高いかもしれない。宣教師は政治や軍事のマターに首を突っ込まないことが重要だ。日本の政府が、アメリカはこの国を占領しようとか併合しようとかしていると疑うようなことになれば、日本人はプロテスタントに対しても、二世紀以上にわたってポルトガル人やカソリック教会に見せたような憎しみと同様の嫌悪感を示すだろう。

第四章　注

1：この「変わった（wildest）」との表現がなされたのは、日本の天地創造の物語が『旧約聖書』の「創世記」と違い、神の存在以前に宇宙が存在していた、としていることへの驚きと考えられる。一五九一年、秀吉はポルトガル領ゴアのインド副王に対して、伴天連追放令の根拠は日本固有の信仰が「森羅万象一心より出でず（森羅万象不出一心）」にあると述べ、キリスト教の、神による天地創造を否定する理論的根拠を示す書簡を送っている。

2：『古事記』では七人ではなく七代にわたって以下の神々が現われる。三代以降は男女神一対で一代とする。

一代　国之常立神（クニノトコタチノカミ）

二代　豊雲野神（トヨクモノカミ）
三代　男神　宇比地邇神（ウヒヂニノカミ）
　　　女神　須比智邇神（スヒヂニノカミ）
四代　男神　角杙神（ツノグヒノカミ）
　　　女神　活杙神（イクグヒノカミ）
五代　男神　意富斗能地神（オホトノヂノカミ）
　　　女神　大斗乃弁神（オホトノベノカミ）
六代　男神　淤母陀琉神（オモダルノカミ）
　　　女神　阿夜訶志古泥神（アヤカシコネノカミ）
七代　男神　伊邪那岐神（イザナギノカミ）
　　　女神　伊邪那美神（イザナミノカミ）

3：『古事記』では国つくりを命じたのは初めに宇宙に現われた天御中主神、高御産巣日神、神御産巣日神の三神。命じられたのは伊邪那岐神、伊邪那美神。

4：マックファーレンは『古事記』にある、伊邪那岐神と伊邪那美神の黄泉の国の物語を省いているので、神道における清浄、禊といった重要な概念を説明できていない。

5：マックファーレンは日本の神道がアミニズムやシャーマニズムのような原始宗教ではなく、相当に進んだ有神論であることを理解しているようだ。このことに疑問を呈しているというよりも、むしろ驚きの表現ではなかろうか。

6：They had a wonderful degree of resignation under misfortune.

7：伊勢神宮参拝は庶民の熱狂的現象だった。途中の宿が路銀を施すことも頻繁にあり、子供が親の許可なく出奔して伊勢に向かう事件も各地に起こっている（抜け参り）。

8：人康親王は仁明天皇第四皇子。病による失明で庵を結んで暮らした。盲目の琵琶法師が職能組織として作り上げたものが「当道座」である。室町から江戸期にかけて、幕府の保護の中で制度を整えた。階級制度として四官（検校、別当、勾当、座頭）の職階に十六階七十三刻に細分された階級があった。このグループは『平家物語』を語ることから「平家座頭」と呼ばれた。この組織に属さない盲僧がいたが仏法を説くことしか許されなかった。そのため「仏説座頭」と呼ばれている。

9：マックファーレンは障害者の自活生計組織ができあがっていたことに驚いている。この当道座の制度は明治四年の太政官布告で廃止となった。

10：平景清は平家の勇猛な武将として知られていたが、壇ノ浦の合戦で敗れて以後の詳細は不明。『平家物語』にも登場し、謡曲、歌舞伎などの題材になっている。

11：日本各地に景清伝説が残っている。また景清の墓所（伝）が各地にある。景清廟（宮崎県）、景清の墓（鹿児島県）など。

12：熊野信仰（熊野三山）を司る熊野別当は、寄進の布教活動のため全国に聖《ひじり》、御師《おし》、山伏などを派遣している。

13：熊野信仰から伊勢信仰に人気が移ると、伊勢山田に多くの熊野比丘尼が集まり、伊勢参拝客を狙ってお布施を集めていた。お布施は親比丘尼を通じて熊野信仰への寄進に使われた。

14：Huc, M. *Travels in Tartary, Thibet, and China, During the Years 1844-45-46.*

15：Henry T. Prinsep, *Tibet, Tartary and Mongolia,* W. H Allen and Co., London, 1851.

16：Shin Seën Tung Keën - A General Account of the Gods and Genii. *Chinese Repository* の一八三九年二月号などに内容の解説がある。

17：原文では five terrestrial elements としている。地《ち》・水《すい》・火《か》・風《ふう》・空《くう》。

第五章　政体

帝と皇帝、権威の並立

日本の政府は確かに専制政治ではあるものの、何もかもが独断的に進められるとはとても言えない。日本では全ての物事が昔から伝わる不変の法により進められ、人々も当然にそのやり方に従う。いかなる高位の者も法律の上位にあるということはない。心の皇帝（帝）も世俗の皇帝（将軍）も、こうしたきまりに従わなくてはいけないのは、この国の最下層の民と変わることはない。

法と慣習。これが誰にも重くのしかかっているのだ。命を懸けた行動でさえも、決まりきった、融通のきかないこうした法と慣習によるコントロールから抜け出すことは難しい。それでも、法律やしきたりを守る日本人にとっては、気ままで気紛れな専制よりもこうしたやり方のほうがベターなのだ。もちろんこうした決まりを無視した行為もあって、朝廷や幕府がそれを追認したこともあったが、そうした事例は例外で、その数もごくわずかだと言われている。

共存する二つの王権の存在がもたらす驚くべき変則性については、既に長々と述べたところである。それぞれが相手の干渉から独立し、国民の尊敬の対象になっている。国民の忠誠心の多寡をめぐって、それぞれが不満を漏らすようなことはない。少なくとも目に見える形で出ていない。帝（Mikado）あるいは内裏（Dairi-Sama）の王権はその神性に由来する。神の子孫であるという力である。もう一方の王権は将軍（the Ziokgun）あるいは公方（Koboe-Sama）にあるが、それは力そのもの（the right of might）に由来するものである。国を統治する能力であって、帝からもぎ取ったものである。したがって正統な王権は帝にある。

しかし現実に目にするところでは、帝は政治的な重みを持っていない。帝に向けられる尊崇の念は神々に対するそれと遜色のないほど強いものがある。そうでありながら、帝の暮らしは牢に入れられたようなものでもある。帝は宮廷に生まれ、ほとんどの人生を宮廷の周りの限られたところで過ごすのである。公方様は序列ではその下位にあっても、実質上の王権を保持していて、政治的権威の中心である。それでも、法と慣習によるしきたりの制約から免れない。

幕閣（the grand Council of State）のメンバーについては諸説ある。幕閣は帝の名においてこの国を治めているのだ。最新の、最も確からしい数字は十三人と言われている。最上位のメンバーは五人。この国の大名から選出される。その下のクラスは八人で、昔から高位にある家柄から選出される。この地位は世襲ではないかと推定される。もしそうであるならメンバーを選出するという作業はないのだろう。こうしたメンバーの下に寺社管理担当、外交担当、治安担当、農業担当といった国家機能を司る役職が続く。こうした役職に帝の縁者が就くことはなく、将軍に近い者が任命されるようだ。

帝と将軍が顔を合わせることは非常に稀である。将軍が帝を訪れるのは七年に一度と言われている。[1]しかし将軍は帝に頻繁に特使を派遣している。帝に高価な贈り物を献上している。帝はこれに謝意の言葉で応える。これは両者の力の均衡を保つための約束事のようなものである。将軍は全国から収入があるが、帝の収入は都近くの土地からの収入に限られているからだ。帝は京都周辺を、大名と同じように治めているようだ。しかし独自に軍事力を保持し独立している大名とは違い、神の子孫である帝は兵を持つことは許されていない。

世襲および法治主義

帝も将軍もその地位は男系長子に世襲される。将軍の場合それが難しいときは血縁の近い他の大名の長子を養子に迎える。幕閣には政務のトップになる者（a head counselor of state）がいて、権能はトルコの宰相（vizier）のそれに似ている。その役職は老中主席（the Governor of the empire）と呼ばれている。他のメンバーは彼の部下と言ってよい。公務に関わる決定は彼をはずして行なうことはできない。彼は政務全般を取り仕切るのである。死刑の決定を追認したり逆に覆したり、全ての役職の任命、国家機能中枢にある者との意見のすり合わせ。こういった業務全てに関わるのだ。国の法、慣習、しきたりがあいまいで、なかなか意思決定ができない場合は彼の意見が求められる。また幕閣は全体がまとまれば将軍を退位させることができる。

重要な案件には、将軍の承認が必要になる。ほとんどの場合、特に質問されることもなく遅滞なく裁可される。重要な案件については、将軍自ら内容を吟味することがある。それによって幕閣の期待している決定がなされない場合、将軍家の血縁の濃い三人の大名の調停に委ねられる。この三人による裁定が最終決断となる。こうしたケースでは例外なく憂鬱な、そして死者が出るような終幕となる。裁定が幕閣の決定と同じだった場合には将軍は即刻その職を辞し、後継の長子か決められている世継ぎに将軍職を譲らなければならない。日本の専制皇帝は自らの意見を撤回する自由はないのだ。

逆に三人の裁定が将軍の考えを支持した場合には事態はより深刻である。将軍を不愉快にさせた幕閣も、それに同調した幕閣も、そしてときには老中主席も腹を切る（rip open their vowels）ことになる。こういう形で責任を負わねばならない環境では新しい試みをしようとすることが極端に難しくなる。これに加え、幕閣の周りにはスパイがぞろぞろいるのだ。上級者が放ったスパイ。ライバルが放つスパイ。決められたことにいささかでも異なったことを進めることは危険で恐怖を伴うのだ。封建大名（vassal princes）も同じようにスパイに探られている。将軍や幕閣の嫉妬心がこうした大名に向けられることもよくあることだ。

封建大名とスパイ網

もともとこの国には六十六から六十八の藩があって、独立国のようなものだった。こうした藩では領主は世襲であったが、反乱や反逆が起こるようなことがあると領地は没収された。没収の憂き目を見た大名は多かった。取り上げられた藩はさらに細かく分割されていった。そのため六十六から六十八であった藩が今では六百にもなっているという。

封建大名は一見すると、その領土の君主であり、軍隊も保持しているようにみえる。

しかしそれは全くの見掛け倒しである。将軍や幕閣の同意と協力がなければ彼らは何一つできない。巧妙に構築された政治体制の網に搦め捕られているのだ。全ての大名はスパイや内通者の監視下にあるといってよい。公私にわたり何もかもスパイが見ているのだ。藩の政治に大名自身は関わらない。大名は藩政を任せる部下さえ自分では任命できない。家宰（家老）も幕閣により二名が指名される。一人は藩に居住し、もう一人は江戸に住む。ここには江戸を留守にする家老の家族が人質として残された。既に述べたように日本にはこうした二重性（duality）を見ることが多い。藩の高位のポストにもこれが見られる。家老の立場は毎年交代させられる。藩政を見た家老は、今度は家族を残したまま江戸に勤めなければならない。逆に藩に戻るものは江戸に家族を残す。

封建大名もまた一年ごとに江戸の将軍に近いところに住まねばならない。江戸では家族と一緒に暮らせるのだが、スパイ網が張られていることには変わりはない。要するに封建領主である限り、常に自制を強いられ、心労の続く生活を余儀なくされるのだ。藩主の地位は息子や法的に認められた世継ぎに受け継がれていくのが一般的である。この国には高齢の世継ぎを見ることはほとんどない。なぜなら藩主になるとその心痛やあるいはアンニュイ（ennui）で早々に退位したり、若くして死んでしまうことが多いからだ。

日本のシステムというのは治める側の生活のほうが、治められる者のそれより惨めだとも言えよう。こうして見ると帝も将軍も、幕閣も大名も家老たちも、皆がみな、船室のベッドにくくりつけられ、自由のない生活をしていると言っても過言ではない。ヨーロッパ人から見ると、彼らの生活はガレー船（囚人や奴隷を漕ぎ手にした大型船。乗組員約二百人の大半が漕ぎ手）を漕がされている奴隷のように耐えがたいものだ。

人の嫉妬を利用した管理法は小さな藩でも同様である。また幕府直轄地や都市にもそれはあてはまる。直轄地のトップは二人が任命され、一年ごとに交代で任地に赴く。この際も家族は江戸か任地の首都に残さなければならない。直轄地のトップの職は世襲ではなく、高位の者が幕閣によって選ばれる。長崎のしくみについてはヨーロッパ人がよく観察している。ここでは勘定担当、軍隊指揮官、下級の警察官僚などだけが家族と暮らすことを許されている。こうした役職以外の者はその任務についている限り、家族は江戸か勤務地の首都に残しておかねばならない。家族と共に暮らせる時間でも、周りはスパイに溢れている。周りがスパイだらけというところで暮らすのはあまり楽しいものではない。

かつて松前藩主についての不満が江戸の幕閣に持ち込まれたことがあった。幕閣は事実関係の調査にあたった。それが確認されると彼はすぐに罷免させられている。人々は彼の後任を見て驚いた。彼は少し前までこの地でタバコの行商をしていた男だった。彼は幕閣から送り込まれたスパイ組織の首領だったのだ。

こうした嫌悪感を催すような政府のしくみにもかかわらず、一般の日本人は、ほとんどいつでも気さくに振る舞い、言いたいことを自由に発言している。その上、道義心に沿って生きることにひどく敏感である。そんなことがあるはずはないと思うのだが、我々はオスマン帝国にも同じような気風があることを知っている。そこでも政府と関わりのない人々は実に気さくだ。正直で、本当のことを知りたがり、名誉を重んずる。逆に政府関係者はスパイもやれば、どんな不正や下品な行為も厭わない。どんなに正直なトルコ人でもひとたび政府に関係するとその性格は一変する。こういった事例を知っているので、日本の人々の性質についての報告も正しいのではないかと思えるのだ。

サヴォリー（ナポレオン帝政期の将軍。一七七四―一八三三年）やフーシェ（フランスの政治家。謀略家であり秘密警察を駆使した）などは、秘密諜報の極意を日本から学んだのかと思いたくなる。メイラン氏の著作[2]によれば日本の家族の長は子供や召使あるいは訪ねてきた客などの、全ての行動について責任を持たされているそうだ。村々は五つの家の集合体で構成されている。それぞれの家が他の家を監視しなければならない。何か普通でないことがあれば、それは全て自治組織に報告される。不法行為の罰則は大概の場合自宅監禁だ。ひどいケースでは窓とドアを百日間閉ざすことを命じられる。こうした自宅監禁はオスマントルコのコンスタンチノープルでもよく見かけた。一八二八年、四八年にここを訪れたとき、全ての窓に外側から板材が打ちつけられ塞がれているのを見た。近親の者がどうしても中に入りたい場合は夜密かに裏口を使う。

どの家庭でも男一人は武器が使えるようにしておかねばならない。五人が一組。二十五組に一人指揮官が付く。兵隊の数が六千から七千で旅団となる。こうした軍が常備の兵力や警察力に加えて召集できる能力である。町にはどの通りにも番所があって、夜になると衛兵が警備につく。祭りなどで多くの人が繰り出すときには警備は二十四時間となる。それぞれの通りには必要に応じてバリケードが設置される。非常時にはそこは封鎖され、情報も遮断される。

住まいを変えるには隣組の同意が必要である。品行方正が条件である。転居先の許可も当然必要となる。日本はこのような細部にまで管理が行き届いている。犯罪者が隠れる場所などどこにもないのだ。結果的にこの国ほど盗難の少ない国は世界中どこにもない。夜、鍵をかけなくても家の中の貴重品を心配する必要もないという。

裕福な商人身分

人々は、ヒンズー教徒や他のオリエントの人々ほどとまでは言えないものの、いくつかの身分に分かれている。その身分は代々変わることはない。身分が変わることは非常に稀で、特別な貢献があったなどの特殊な場合だけである。身分が上がる場合も成り上がりとして嫌われることが多い。もちろん身分が下がることは不名誉きわまりないことである。この国は八つの身分に分かれている。

第一身分　代々封建領主であるもの。

第二身分　領主に仕えるもの。

軍事的奉仕と引き換えに封土を受けている。領主が提供すべき兵の数は領土の大きさと富の多寡によって決められている。これはヨーロッパの古い封建制度によく似ている。ただ違うのは、イギリスやノルマンディーの封建領主のほうが、より独立性を保持し自由でもっと幸福だったということだ。行政組織の高官はこの身分から選出される。高い役職に抜擢されると家族から離れて暮らすことになる（著者は参勤交代制度が各藩内にも存在したと考えている）。こうした高官たちは首都に暮らすことを義務付けられている。そこでは多大な出費が必要となる。それが家臣の蓄財を難しくさせているのだ。金が力の源泉であるのは世界中に共通である。

第三身分　僧侶。宗派による違いはない。

第四身分　軍人。

以上、第四身分までが日本の社会の上位を形成する層である。二本の刀を差すことを許され（著者は僧侶も帯刀を許されているとしている）、数々の特権を有している。だぼっとしたスカートのようなズボンを身につけている。下の身分の者はこれを決して身につけることはない。刀とスカートで身分がすぐわかる。もちろん中にはスパイの使命を帯びてこうした衣服を纏わない者もいる。

第五身分　医者、役所に勤めるもの、専門職。

第六身分　大商人。

裕福であろうが知識があろうが、日本では商人は低く見られている。ケンペルによると商人が信奉する神でさえ、劣った神だと認識されている。物を運んだり売ったりする商売人は尊ばれることはない。しかし、この国で裕福なのはこの身分の者だけである。ドーフは、日本の全ての大都市に店舗を持っていた越後屋（Itsigoja）という絹問屋の驚くべき富を伝えている。

ドーフが江戸滞在中に大火があり、長さ三リーグ（およそ十五キロ）、幅一マイル半（およそ二・四キロ）が焼け出された。この中には彼らの宿舎もあった。越後屋は店を全焼してしまい、倉庫にあった何万もの絹糸を焼失した。この国には保険という概念がないので、これはそのまま損失になる。それにもかかわらず、四十人もの手代をドーフのところに出して彼らを援助している。焼け出されて二日目には店の再建を始めていて、大工には日当六フローリン（この額はおよそ一両の半分、現在価値で二万円程度）を支払っている。

こうした富を見るのはこの国では珍しいことではない。ロンドン、パリなどのヨーロッパの商人は儲かったらすぐそれを使ってしまう。屋敷を豪華に飾り立て、客を呼んで大騒ぎをする。金持ちで気前のいい貴族を真似るのだ。日本の商人はこうしたことはできない。彼らは派手な生活はしない。奢侈禁止令で規制されていて、彼らはそれに違反することを毛頭考えたこともない。もちろん一本の刀も持つことはできない。ただ、中には落ちぶれた領主層もいて、金持ち商人を雇い人にすることで金を得、商人は帯刀の特権を得るということも少なくない。しかし、どんなに金を積んでも、あのスカートのようなズボンをはくことはできない。

第七身分　小売人、行商人、手工業者、画家などの芸術家。

第八身分　農作業従事者、日雇い労働者。

ほとんどの農作業者は奴隷あるいは農奴に近い状態にある。土地に縛りつけられ、領主の土地を耕している。ヨーロッパでもよく見られる寄生地主制（Metayer System）である。作物は決まった比率で地主と小作で分配する。日本ではその多くを地主が持っていってしまうので小作人は奴隷のように貧しいままである（現実には概ね五割前後。生産高を低めに捕捉することもあり、実際の年貢率はもっと低い）。

最後にリストにすら上っていない身分がある。最下層（Pariah）である。皮革加工に関わる人々である。この身分は町内や村内には暮らせない。離れた地域に集落を作っている。人口調査が定期的にされているようだが、この身分はその調査の数字に入らない。またこうした人々は公共の建物に入ることを許されていない。彼らは死刑執行人でもあり、また獄吏でもある。この身分の存在は死者との接触は穢れを生むという神道の考えと関連している。

潜在的軍事力

日本は長い間平和を保ち、社会の安定が軍隊ではなく諜報組織、警察、民間組織で保たれている。それでもかなりの軍隊を保有している。その実数は手元の資料からは把握できない。軍隊は二つに分類することができる。一つは将軍直属であり、もう一つは大名の軍隊である。歩兵十万に騎兵二万とも言われているが、この数字は少し多すぎる感じもする。

しかし将軍の命令で全ての藩主が軍を出すのだから、全体ではどの程度の軍事力になるのかは推定しておく必要がある。ところがこの国の正確な人口はわかっていない。先述のように人口調査はされているようだが国家機密になっていて、推定の人口数もいろいろである。将軍直属の軍が最も強力である。かなり古い話だがオランダ人の見聞によると、相当数の将軍直属の軍隊があり、厳しく訓練され、規律が行き届いているらしい。真っ黒な絹の服を着た勇敢な精鋭部隊だ。彼らは実戦での勇敢さで知られ、敏捷で忍耐強い。疲労困憊し物資が欠乏しても明るく振る舞う。アジアでは日本が最も勇敢な国だろう。

日本人は、一六一五年以前は近隣諸国で傭兵として重宝されていた。ポルトガル軍の中に混じって日本人傭兵が活躍していた。しかし、こうした傭兵は規律という点ではオランダ人と大差はないと、オランダ人船長が二百年ほど前に書き残している。彼らの戦いの陣形、戦術、軍の動かし方など、どれをとっても最も弱小のヨーロッパの国でさえ鼻で笑う程度のものだったらしい。今の彼らを見ると、軍事構造物の建設のノウハウはほとんど持っていないようだ。要塞を守る術も攻撃する術も知らない。彼らの銃器は芸術品としては美しいがほとんど当たらないらしい。携帯する火器は時代遅れの火縄銃である。先入観を恐れずに言えば、それでも彼らはこの古い銃を廃し、新しい火器であるマスケット銃やライフル銃に替えることはないのではないか。彼らはこうした新兵器のことを知っているし、自国内でも職人が作ることができるにもかかわらずだ。いまだに、弓、不恰好な槍、投槍、さらには棍棒まで使われているという。ただ刀だけは素晴らしい。将軍の精鋭にはこの刀を見事に操る兵が多いと聞いている。もちろん近代戦ではこうした刀剣は全く役に立たない。この国には鎖でできた武具もあり、いまでも鎖帷子《くさりかたびら》（coat of mail）を身につけている者がいるらしい。

二百年以上続く平和の中で軍人魂のようなものは失われたはずであるが、それでも軍人は栄誉ある職業である。一般人だけでなく裕福な商人でも、下級武士に対してさえ「様（Sama)」をつけて語りかける。敬いの気持ちを表わすのだ。侍にとってその身分を剝奪されることは究極の刑罰として理解される。どんな下級武士でも帯刀が許されている。その特権は最高の身分にある者と変わらない。彼らは武士であることに強い誇りを持っていて、侮辱に対しては毅然として決闘に訴える。ときには侮辱されるよりも腹を切って死ぬことも選ぶ。もしこれが本当なら、日本の兵士は強力で激しく戦うだろう。アメリカが侵攻した場合、まずこの国は敗れるに違いない。アメリカの兵隊は、かつてメキシコに進軍したときのようにこの国を打ち負かすだろう。ただ、その過程でどれだけの死者が出るかは想像さえつかない。

法律

日本の法律は残酷なことこの上ない。条文は血で書かれ、全ての罪に死刑の可能性があると言われている。罪を犯せば家族全てが罰せられるのは珍しいことではない。斬首による死、切腹による死。死だけが法を破ったり、あるいは政府の命に反する罪への唯一の償いである。収監、追放、島流しなどの刑罰は十七世紀以降、刑罰として使われなくなっているようだ。

明らかにこの国には成文法は存在しないようだ。皇帝の名の下に出された命令が法律である。それはおそろしく簡潔で学のない者でも理解できる。新しい法令が出ると、集まった人々に口頭で内容を説明する。それに続いて印刷された文書が回覧される。この国の人々は男も女も読み書きができるらしい。こうして新しい法律は世に知られていくのである。また法律はこの国の全ての町や村の掲示板を通じて告知される。

ケンペルはこう述べている。

「旅するたびにこうした告示板を見た。その内容の簡潔さにはびっくりしたものだ。そこには法律の趣旨は書かれてはいない。その法に違反した場合の罪も示されていない。そんなあっさりとした法律を出せるのは、この国の支配の強力さの裏返しとも言えよう」

日本には法律があり、法をつくることができる者がいる。ところが、弁護士などという法律を扱う専門家はいない。誰もが自らを弁護する能力があると考えられているようだ。トーマス・ランドール氏の著作[3]によれば、法律の執行は至極シンプルなようだ。

「法の執行は法そのものの簡潔さに似てひどくシンプルだ」

「日本の法律には複雑な法体系がない。したがって、それを解釈する専門家もいない。仮にそういう職があっても、ただでさえあいまいな法律をより理解しにくくしてしまうのがおちである。民事では権利を侵害されたと考える側が判事に訴える。その訴えは被告の前で陳述され、被告はその訴えにすぐさま反論する。同時に証人の吟味も行なわれる。判決が下るとすぐさま執行に移される。事が重要でない場合、当事者間で仲裁人を立てるなどして解決するように指示される。それで一件落着だ」

「諍《いさか》いが長引くと、あまりいい結果にならないことは皆が理解している。仮に両者共に非がある場合にはその程度に応じて罰せられる。虚偽の訴えを起こしたことがわかると、そのひどさに応じて罰せられる」

「事が重大な場合、その案件は都に送られ江戸の判事が裁くか、幕閣の評議に回される。いったん判決が出ると上訴はできない。十七世紀末、ケンペルは日本の法制度について述べている。『日本には法が存在しないという者がいる。しかしこれは必ずしも無法を意味しない。全く逆で、彼らの法はよくできていて、それが遵守されている』」

「今世紀においても、この国では正義に基づく法の執行に努めようとしている。幕闇の評議も非常に真面目な手続きを経て進められている。真実を導き出すための努力が明らかに見て取れる。嘘を見破ることに鋭い識見を示すのである。ミルトン（ジョン・ミルトン。イギリスの詩人。代表作は『失楽園』。一六〇八―七四年）が言うように、真実と正義の実体はほぼ同一である。真実は思考の中に存在する正義、正義は実践の中で実現される真実、という違いに過ぎない」

「刑罰に対する捉え方であるが、死罪となる者が敗者とは必ずしも考えられていない。国の方針として全ての罪に死刑が適用されているだけのことだ」

「だからと言って生命を大事にしないということでは決してない。気紛れで無慈悲な判断がなされることはないのだ。ただこの国の問題は正義を等しく実現するための方法論を間違って認識している。罪は社会的地位の高低にかかわらず等しくなくてはいけないとの思いが強すぎる。死罪だけが領主にも小作人にも同じ重みを持つと考えてしまったのだ。ウィリアム・アダムスによれば、この国の刑罰はたいへん厳しく、高位の者の唯一の特権は自死することが許されていることぐらいである。このように日本の法には血腥《ちなまぐさ》さが漂うが、現実の運用では死罪の適用に積極的ではない。適用を強制されているわけではなく、裁く側に広い裁量権が認められているのだ」

法の下の平等と裁量権

ただ殺人については全くそうした裁量の適用はない。法を等しく適用するという概念があるので金持ちに有利になる罰金刑はない。禁固刑については刑の軽重は送られる監獄の程度で決められる。ある監獄は牢屋あるいは檻（roya or cage）と呼ばれている。清潔さと十分な換気は保持され、食事も提供される。もう一つの監獄は獄屋とか地獄（gokuya or hell）と呼ばれる。奉行所の中に備えられている地下牢で十五人から二十人がぎしぎしに閉じ込められている。地下牢の門は囚人が収監されるときと外に出されるとき以外は開かない。部屋の壁には小さな穴が開いていて汚物を出したり、食事を入れたりするために使われる。部屋の上部には外が見えない小窓があるだけで、採光も換気もしていない。本や煙草などの娯楽は一切認められない。恥辱を感じさせるためにベッドもなく、まともな下着の着用もできない。

食事は少量でまずいものだ。囚人の中には外部の関係者から差し入れを受けられる者がいるのだが、その場合には地下牢にいる全ての囚人が等しくその恩恵が受けられる場合にだけ許される。金持ちや力を持った罪人が、そうでない者よりもいい扱いを受けられることは、日本人の正義の観念に反することになるからだ。島流しという刑罰は皇族や高位の政治犯に限られるようである。荒涼とした島に流され、そこからの脱出はほぼ不可能である。食料は手に入るが、自ら働かなくてはならない。そこでの仕事は絹製品の生産である。ここで作られた製品の品質は高く評価されている。体刑はしばしば使われる。しかし拷問はほとんどなく、宗教や政治に関わる犯罪者に限定されている。日本での法の適用のやり方はイサーク・ティチング[4]（オランダ商館長。一七四五—一八一二年）の著作[5]（この中で赤穂義士の物語が初めてヨーロッパに紹介された）に詳しい。判事には相当の裁量権があったことがうかがわれる。

「ある大坂の商人が、使用人が五百両を横領したとして奉行所に訴えている。この金額はおよそ七百ポンドに相当する。使用人は無実を主張したが、他の奉公人がその訴えを補強する証言をしていた。使用人には不利な状況だったが、奉行は有罪にするか無罪放免にするか判断に迷った。そこでとりあえず勾留を続けていた。数日後、商人を呼び出し、訴えを書面にさせた。『長治（Tchoudjet）はとも屋（To-moya）の奉公人であったが、主人から五百両をくすねた。見せしめのために死罪に処していただきたい。とも屋きゅうごろう（Kiougero）親戚及び奉公人一同　元文元年七月　押印』。この書類を確認すると、奉行である河内守はとも屋に向かって、『下がって正しいお裁きになることを期待しておれ』と言った。訴えが聞き入れられたと思った一同は喜んで帰っていった。しかし、しばらくすると、別の罪人がその罪を自白してしまった。とも屋一同はすぐさま奉行に呼び出されている。

『お前たちの間違った訴えで、無実の人間を殺してしまうことになったのがわかるか。これで、逆にお前たちの命が危いぞ。とも屋、女房、奉公人、みなが刑場に行くこともあるぞ。覚悟しておれ』。とも屋一同は雷に打たれたように跪き、許しを乞うた。奉行は彼らをそのまま放っておいた。そうすることが彼らへの教訓だった。しばらくして奉行は長治への刑がまだ執行されていないことを伝えた。『この件については嫌疑がはっきりしないので、しばらく長治を牢に留め置くことにしたのだ。そうすれば彼の無実がわかるときが来そうな気がしていた。気をつけて事を進めておいてよかった。長治をここに』

　牢から出された長治を前にして奉行はとも屋に言った。『この罪のない男を見よ。お前の不実な訴えで死ぬところだった。取り返しのつかないところだった。お前の命は助けよう。まだ長治の命は奪われておらぬからな。しかし、彼の被った苦痛は補償しなくてはならない。五百両を支払い、奉公人としてこのまま雇うように』。奉行のこの裁きは将軍にまで伝えられている。短期間のうちに奉行は勘定奉行(Inspector of the Chamber of Accounts)、長崎奉行へと出世していった[6]（ここで語られるエピソードに沿う人物は松浦河内守信正かと思われる)。彼の人となりを慕う者は多く、西洋人の間でもその名声は伝わっている」

疑われる残虐性

凶悪犯罪の場合や証拠が不足しているような事件では拷問が頻繁に行なわれた、というヨーロッパ人の報告もある。しかし私には、そういったことは今ではほとんど行なわれていない、というランドール氏の記述のほうが信用できる。他にもぎょっとするような残酷な処刑を見聞したという報告もあるのだが、その信憑性は疑われる。なぜなら、そうした事件を見たという連中が語る日本人の性格に残虐性が全くないのだ。例えばある公開処刑では、ひと思いに斬り殺してしまうのではなく、ゆっくりゆっくり切っていったとか、斬れ味を試すために高位の者が所有する刀を死刑執行人に試し斬りさせるとかといった話だ。あるいは葦を縫って作った服を着せ、それに火をつけ、苦しさでもがくのを楽しみ、苦しむ姿を「死の踊り（death dance)」と名づけているという類の話である。

長崎で行なわれた処刑をオランダ人が見ているが、慎み深く人道的に（with decency and humanity）執行されたと伝えている。罪人は町の郊外にある大きな広場に馬に乗せられて来る。両手両足は縛り上げられていたが、途中飲み物も与えられている。決められた場所には奉行所の役人らが陣取っていた。法に従って裁かれた罪人は執行人から一杯の酒を与えられた。干した魚、果物、菓子が出され親族や友人と最後の別れが認められている。それが終わると二つの砂山の間に敷かれたござの上に座らされる。そして鋭利な刀で首が刎ねられる。その首は杭の上に罪状の書かれた札とともに晒される。三日後にはその首を縁者が持ち帰り、首のない身体と併せて埋葬される。必ずしも信頼のおける情報ではないが、妻や娘の名誉が絡む事件においては役所に頼らず自ら法を執行することができる。父親は手に負えない不道徳な子供を殺してもかまわない。しかし領主が家臣の命を奪うことは、よほどのことがなければ起こらないと聞いている。それでも処刑する場合は前もって判事の前に連れて行かなければならない。

ここで民事のことに話を戻す。この国では長子相続が徹底しているので、財産分与をめぐる諍いはほとんどない。長子でない男子は父が生きている間に、しきたりで決まっているわずかな財産を受ける。高い身分の者にとっては、その生まれのよさがひどく大事にされる。金よりも大事なことである。一般的に言えるのは、家柄のよい家庭には財産がそれほどなく、持参金を持たせることはできない。娘の場合、器量と性格がよければ相当な金や土地を持ってくる花婿を期待できる。

日本ではどんなハーレムを作ろうとも法律的に妻は一人しか持てない。夫と同じ身分の女でなくてはならない。この正妻から生まれた子だけが、その家の財産や身分の継承を許されるのだ。離婚し、新しい妻を娶ることは割合簡単にできるようだ。そうは言ってもそれに伴う経済的負担を考えると、なかなかできるものではないらしい。

別れた妻に支払った持参金や与えた財産を取り戻すことはできない。夫としての資質も疑われる。次の妻を娶るにはより高額の持参金を積まなくてはならなくなるのだ。

女性の立場あるいは地位というものは日本では相当に高いようだ。それが法律、慣習、皇帝の命令などによるものか、日本民族の女性を大事にするという騎士道魂によるものかははっきりしない。日本の女性の地位は他のアジア諸国の中でも飛びぬけて高い（far higher and better）。江戸に住む女性はコンスタンチノープルのトルコ女性の百倍もの自由があり、計り知れないほど大事にされている。トルコではサルタンのマフムト（マフムト二世。オスマン帝国の啓蒙専制君主。一七八五―一八三九年）とアブダル・メジード（アブデュルメジト一世。マフムト二世の子。一八二三―六一年）による改革があったにもかかわらずだ。

第五章　注

1：第十四代将軍家茂が一八六三年に上洛し孝明天皇に拝謁している。これは第三代将軍家光が後水尾天皇に拝謁した一六二六年以来のことである。

2：G. F. Meylan, *Japan, voorgesteld in Schetsen*, 1830.

3：Thomas Rundall, *Memorials of the Empire of Japon : In the XVI and XVII Centuries*, London :

Printed for the Hakluyt Society, 1850.

4：ティチングの在任期間は一七七九年から八四年まで。二度の江戸参府で将軍家治に謁見している。

5：Isaac Titsingh, *Illustrations of Japan*, London, 1822.

6：松浦河内守信正は一七四〇年から四六年まで大坂東町奉行、一七四六年から五三年まで勘定奉行。一七四八年から五二年の間長崎奉行兼任。ただし、マックファーレンの語るこの事件が起きたとされる年（一七三六年）の大坂東町奉行は稲垣種信である。

第六章　鉱物および希少金属

溢れる金、銀、銅

十七世紀のスペイン人メンドーザ（一五七八―一六五一年）は日本の鉱物資源について次のように述べている。[1]

「この島々には驚くほど金銀が豊富である。その信憑性が疑われるほどである。皇帝の住む都江戸。ここには多くの領主も住んでいるのだが、まさに金で溢れている」

描写がより慎重でかつ正確なケンペルもこう述べる。

「この国の鉱物資源は世界のどの国よりも豊かである。多くの鉱物資源の中でとりわけ豊富なのが金、銀そして銅である」

こうした観察については他の多くの記録でも共通している。金は全国の鉱山から産出している。そのほとんどが金鉱石から精錬されるが、砂金からも採れ、少ない量ではあるが銅鉱石からも採れる。金の産出が最も多いのは日本島の北部の地域である。そこには砂金も多い。いずれにせよこの国全体に金が多いのは間違いない。迷信による恐れでもあるのか、日本では鉱山の深掘はせず、地表近くの採掘で満足している。

バタヴィアのオランダ総督の手元に届いた一七四四年の資料がある。十七世紀初頭、まだ日本との貿易が自由だった頃だが、日本からの金銀の持ち出しは年間一千万蘭フローリン（およそ八十三万両に相当）にものぼっている。これは八十四万英ポンドに相当する額である。徐々に持ち出しは少なくなり一六八〇年には禁止されることになるが、六十年間にわたって、ざっと二千五百万から五千万英ポンドに相当する金が持ち出されている。

インドでのフランス人やイギリス人のレポートには「日本製金インゴット（the gold ingots of Japan）」という表記が頻繁に見られる。十七世紀半ばにはベンガル地方に日本産の金が溢れていたのだ。この時期よりももっと以前の一五四五年から一六一五年の間には、恐ろしいほど膨大な貴金属がポルトガル人によって持ち出されていた。銀山も金山と同じくらいある。その品質もきわめて高い。ある年には、わずか一年でポルトガル人は二千三百五十チェスト（一チェストはおよそ六十キロ。百四十トン程度）の高品位の銀を持ち出していて、その価値はおよそ五十八万七千五百英ポンドに相当している。日本の東方には二つの島があって、それは金銀島と呼ばれている。そこにはヨーロッパ人はまだ誰も足を踏み入れていない。

さらに銅の産出も豊富で、中には世界最高の品質だと言われているものもある。精錬された銅は長さ三十センチ、径二・五センチの円筒に鋳出され、オランダ人の主要な購入品目になっている。こうした銅はヨーロッパに持ち込まれている。他にも品位の低い銅があり、それらは丸や四角の塊で販売されている。

オランダは数年間に三万ペクルから四万ペクルの銅を持ち出した。一ペクルは百三十三ポンド（約六十キログラム）に相当する重さである。日本政府はその量の多さに驚き、銅の輸出を年二隻から年一隻の船に限ることにした。しかしそれも一八二〇年になると緩和され、元に戻ってしまっている。日本で精錬される銅を含む全ての金属の純度が高いことはよく知られていた。仮に古い銅山が枯渇しても、政府が鉱山開発に制限を加えず民間に委ねれば、新たな鉱脈はすぐに見つかるだろう。鉛や水銀も豊富である。錫は白色で高い品質を誇り、銀の価値に匹敵するものが産出するが量は少ない。

確かにある石炭

鉄鉱石はわずかに三カ所で掘られているに過ぎない。ただ、まだ他の地域にも鉱脈はあるはずだ。鉄は鉱山近くで精錬され、小さく棒状にされる。その品質は素晴らしく、それは鋼に加工される。日本人は精錬加工に優れた創造力を発揮しているが、ヨーロッパの近代技術の導入で大きな富を生み出すだろう。

石炭は蒸気船にはなくてはならないものである。石炭こそが世界を一つに繋ぐエネルギーであり、アメリカはこの資源に強い関心を示している。現在計画されている日本遠征も、日本での石炭購入の許可を日本の皇帝から得ることだとはっきり言っている。そのことはオーリック提督への指令書[2]にも示されている。ケンペルは「筑前（Sikusen）の国では大量に石炭が掘られている」と伝えている。シーボルトによれば、この国では日常的に石炭が使われているようだ。木屋瀬（Koyanose：長崎街道木屋瀬宿。現北九州市八幡西区）を訪れたある寒い日に、暖かな石炭の火が使われているのをシーボルトは見ている。またウクモト[3]（Wuku-Moto）という町にある炭鉱を訪れたことも記している。

彼は坑道の奥まで入ることは許されなかったが、その炭鉱が相当な技術を使って操業していることは間違いないとしている。上の方の層はわずか数インチの厚みしかないが、深いところにある層は厚みが数フィートもあり、実際シーボルトは採掘された厚い石炭の塊を目撃している。掘り出されているのは瀝青炭で、それをコークスに変えて使っている。こうした石炭鉱脈の価値は計り知れない。この石炭は商業の発展に大きな役割を果たすに違いない。まさに創造主が人類の幸福のために日本の地下に埋めておいてくれたようなものだ。この石炭がなければ、蒸気機関による世界のリンクが切れてしまうのだ。そういう視点から見れば、日本の石炭は他の貴金属よりも価値があるとも言える。

真珠はこの国の沿岸ではどこでも採れ、そのサイズは大きく美しい。日本人は、支那人が品質のよい真珠にかなりの代金を払うことを知るまでは、その価値に気づかなかった。螺鈿《らでん》に使う真珠層は透き通るほどの美しさである。サンゴやサンゴ藻も同様に豊富である。ナフサ（原油）、アンバーグリス（Ambergris）、硫黄もこの国から産出される。特に硫黄の産出量は多い。高品位の硫黄が休火山や活火山の周囲で、まるで砂を掘るように採れるのである。小さな島一つから産出される硫黄による収入が、政府の大きな収入の一部になっているという。

第六章　注

1：Pedro Hurtado de Mendoza, *Espejo Geographico*.

２：この内容は一八五二年五月十二日付の *Times* 紙（London）で報道されている。

３：Edward Hull, *The coal-fields of Great Britain : their history, structure, and duration*, 1861, p.182 の記述によると、本州内陸にある町とされているが、どこを指しているかは不明。

第七章　植物

植林と豊かな森

日本は山と岩の多い国という言い方もできるが、むしろ森とそれが作り出す木陰に満ちた国といったほうが相応しいかもしれない。モミ（Fir）とヒノキ（Cypress）が広く分布している。どちらにもいくつかの種類がある。支那と同様に平野部の木はすべて利用し尽くされているが、代わりに荒地や砂地に植林が進んでいる。植林の他には使えない土地を利用している。さらに、美観と木陰をつくるという観点から、街道筋に沿ってあるいは小高い丘に木々が植えられていて、それがこの国の美しい景観づくりに役立っている。旅人を強い陽射しから守り、旅を快適にしてくれる。

一六〇八年、スペインの高官がこの国の沿岸で遭難した[1]。将軍に会うことになったのだが[2]、その旅の模様を語っている。

「街道のどちらの側を見ても、旅人が行きかっている。ヨーロッパの主要都市の街道と同じ光景である。街道の両脇には見事な松並木があって強い陽射しから旅人を守っている。土が盛られた塚には二本の木が植えられ距離の指標になっていた。モミやヒノキは許可なく切り倒すことはできない。こうした木の大木が倒れると、すぐに苗木が植えられることになっている。日本人は古《いにしえ》より材木として利用できる木をとても丁寧に扱ってきた。日本より知恵があって文明が進んでいると思い込んでいるヨーロッパ人は恥を知らねばならない」

ここでは、かつてレバノン山に茂っていた杉[3]に匹敵する杉の巨木をたくさん目にすることができる。一五六五年にこの国にいたポルトガル人宣教師はその驚きを語っている。彼はある寺の参道を歩いていた。両側にはマツとスギの木が密生していて上のほうは枝々が絡み合っているほどだった。それが強い夏の陽射しをうまく遮っていた。彼はいくつかの木の太さを測っているが、十八フィート（五・四メートル）以上もあったという。訪れた寺の屋根は九十本ものスギの柱に支えられ、途方もなく高い建造物だったことを伝えている。建物の中心部は方形なのに、建物自体は完全な円形を作り上げていた。

イエズス会士のシャルルボアが見た樟《くすのき》の巨木を、百三十五年後にシーボルトも見ているのだが、青々と葉を茂らせ、実に若々しかったと伝えている。その幹は周囲五十フィート（十五メートル）に達していた。長崎を訪れたエドワード・ベルシャー艦長はマストに使う木材が必要だったのだが、このときに支給された材は全てスギで、長さが九十六フィート（三十メートル弱）もあったことにひどく驚いている。日本の景観についてはフィッシャーやシーボルトが伝えているが、豊かな森の国であることは疑いのないことだ。どんな社《やしろ》にも常緑樹の茂った参道が通じている。この国のスギ材が重要な輸出品目になるだろうことは確実である。

樫の木も二種類あって、たくさん生えている。ヨーロッパで見る樫とはだいぶ違いがある。樫の巨木から採れる団栗は煮て食べることができる。栄養が豊富だが味はそこそこである。桑の木も日本のほとんどの地方で見ることができる。北の地方では養蚕業に頼っているところも多く、たくさんの桑の木が植えられている。日本の絹は粗く、支那の品質には遠く及ばない。品質が劣るのは桑の木を大きく育て過ぎてしまい、若木からの葉を安定的に供給できないことにある。古木から採れる荒い葉が絹の品質を落としている。質の高い絹は若木の葉を食べる蚕から生産されるのだ。日本では桑の木の生育が早く、枝が大きく広がってしまう。野生の桑の木はどこでも見られるが、いろいろな用途に使える木で方々に植えられている。樹皮から紙を漉き、ロープを作り、衣類の材料などにもしている。

ウルシ

ウルシ（Urusi or varnish tree）の木の利用もさかんだ。この木はまず成木に育つのを待つ。これに切り込みを入れるとミルク色のねばねばした樹液が得られる。こうして得られた漆を塗った容器はヨーロッパでも「ジャパン（Japan）」と呼ばれて人気が高い。日本では漆塗りの食器が広く使われている。そのため陶器やグラスの使用は少ない。この種の食器の利用が少ないのは、国の方針とか宗教的理由もあるのかもしれない。ここでは皇帝から下層の農民まで薄く漆で塗られた食器を使っている。木や紙あるいは張子にまで漆を塗って使っている。他にもフォラシ（forasii：これがどんな木を指しているのか不明）という木からも漆の原料が採れるが品質はよくない。クスノキも日本各地で見ることができる。黒や紫の実をつけた木々は見ていて気持ちのよいものである。

この木の茎や根を使って煎じ薬[4]が作られている。茶の木は支那特産と長い間信じられていたが、日本でもたくさん見ることができる。日本人も茶をたくさん飲んでいる。胡椒の木（山椒のことか）もどこでも見ることができる。イチジクの木は三種類あって、そのうちの一つはポルトガル人が持ち込んだものだ。ヨーロッパでできる実よりも大きくて味もよい。栗の木も多く、その実は最高の品質である。胡桃《くるみ》の木は日本の北部に多い。カヤの木（Kaja）もよく見かける。果肉に包まれた楕円の実をつける。その実から搾られた油はアーモンドの油に似て味がよい。薬としての効能もあるという。ドレッシングオイルとして使用している。こうした木の実の殻を燃やした煤《すす》はインクの原料になる。漆黒の最高品質のジャパニーズ・インクである。ヨーロッパではインディアン・インク（Indian Ink）として販売されている。

オレンジとレモンの木も種類が豊富で、日本ではたくさん見ることができる。小さなレモンの果汁は料理に使われる。スモモ、サクラ、アンズといった木も植えられている。ただサクラやスモモは果実ではなくその花が愛されている。日本独特の文化により改良されバラほども大きな花弁を持つものさえある。これが満開となると寺院も庭園も街路も素晴らしい景観となる。この国ではツタはあまり育たない。

日本人は植物を大きく育てたり、あるいはミニサイズにしたりする優れた技術を持っている。木々の枝を高さ七フィートから八フィート（二・一から二・四メートル）のところで広げ、それを支柱にして池の上を傘のように覆う造作をしたりすることもある。中には円周九十メートルを覆うような巨大なものまである。

この他にも説明が難しい木々も多い。こうした木々はみな日本やその周辺の島々にだけ生える種類のものである。「ここは木々に囲まれた本当に気持ちのいい国である」。これはナポリ出身の宣教師の言葉である。スギの木立から漂う森の香り。この国を訪れた者は決して忘れないだろう。四季を通じて昼も夜も、森から流れてくる自然で、そして生き生きとした芳香。これに魅せられない者がいるとすれば詩的センスが全くない人間だろう。ドン・ロドリゴはそうしたセンスのあるスペイン貴族だった。

「もし私の信じる神と敬愛するスペイン王を棄てることができるのならば、私は故国スペインよりもこの国に住みたいと思う」

竹はインドでも東アジア一帯でも幅広い用途で利用されている。日本も例外ではない。衝立《ついたて》、柵などに使われ、帆の材料にもなる。ラタン（rattan）と呼ばれている高級品はオランダ人によって輸出されている。歩行用の杖に使われているのも日本製である。この国ではマツや竹は大変大事にされている。いつも緑を保っているマツと竹は幸せをもたらすとの迷信があるのだ。寺社への参道はマツや竹が茂っている。人間が邪魔さえしなければ末永く生命を保つと信じられ、たくさんの詩の中で詠われている。「竹のようにいつまでもお元気で」という表現はとても気持ちのいい挨拶の一つなのだ。

花

花や花の美しい低木も多い。ツバキ（subacki）は少し大きめの低木で、ちょうどバラくらいの大きな花をつける。森にも自生しているし生垣にも使われている。ツバキにはたくさんの品種があり、九百種にものぼる。サツキ（satsuki）は同じく低木で、ユリのような花を咲かせる。これも種類が豊富である。このうちの二種類は野生で一つは紫の、もう一つは真紅の花弁をつける。季節になると山々が美しく彩られる。この国を旅したドイツ人（シーボルトのことか）は、その情景はとても言葉では表現できないと伝えている。モミジ（momidsi）は楓《かえで》の一種で、赤紫の葉に変わる。ユリ（bulb-lily）、スイセン（narcissus）、アラセイトウ（gillyflower）は西洋にもあるが、ここでは園芸種も野生もある。他にも数え切れないほどの日本独特の花がある。共通する特徴は、西洋種に比べて色彩は鮮やかだが香りは強くないという点である。

「日本は森や丘を美しく飾る花々に溢れている。種類の豊富なことでは世界のどの国にもひけをとらないだろう。野生の花々のいくつかは丹精込めて園芸種に改良され、その完成度は驚くほど高い」

これはケンペルの言葉である。

この風変わりな民族は花が本当に好きなのだ。好ましい特徴である。ほとんど全ての家庭が裏庭に庭園をもち、前庭には花をつける低木を植えている。こうした庭園のほとんどが生垣で囲われている。数多くの花が四季折々に家々の庭を彩る。屋敷が小さく庭を作る余裕のない家庭や、小さな宿屋などはフラワーポットや盆栽（some dwarf trees）を置いている。こうした植物の中には、土がなくても水さえあれば、軽石のような多孔性の石の上で生きていけるものがある。そうした水の中で金色や銀色のキンギョが泳いでいるのをケンペルは見ている。大きな屋敷の庭はよく手入れされ、少し人工的すぎないかと感じさせるものもあった。それでも、見る者を楽しませることは確かだった。日本にはこうした庭を作る専門の職人がいて、彼らは昔から伝わる伝統的なルールを守って作庭している。庭の中の岩の間に通された小さな川が、快いせせらぎの音を聞かせているところもある。

今ではイギリスの温室で普通に見ることのできる日本ツバキ（Camellia Japonica）だが、これも花の商売に関わる者と庭師たちの努力の結晶かもしれない。支那と同じように日本には大きな植物のミニチュアを作り出すという、ヨーロッパにはない、不思議な才能がある。竹とマツとスモモが植えられた小さな鉢。おもちゃのようなスモモの木は満開の花を咲かせていた。大きさは高さ三インチ（七・五センチメートル）、直径一インチ（二・五センチメートル）というとても小さな小鉢は、長崎の出島商館長に千二百フローリンでどうかと持ちかけられたそうだ。他にもこの国に育つ木をいろいろ取り揃えた小鉢がある。

目をみはる農業技術

この国を訪れる誰もが農業や園芸のレベルの高さを賞賛している。もちろんこの国に質のいい農業従事者が多いことがその理由だろう。しかし理由はそれだけではなかろう。多くの人口を抱えていて、外国との交易や交流ができない中で、国内の産業と資源だけでなんとかしてきた賜物なのかもしれない。耕作地もこの国が知る限りの知識を動員して開墾されている。ここでは平地が牧草地として放っておかれることはまずない。丘やちょっとした山間でも開墾され、トウモロコシ、米、エンドウ、多種の豆類などが生産されている。使える土地の全てを利用していると言える。

このことは江戸参府に街道を行き来したケンペルやその旅仲間を大いに驚かせている。牛も登れないような山の頂上までもが開墾されていたと伝えている。こうした棚田や畑は牛などを使わず人力で作り上げられたものだ。このやり方は支那ではよく見ることができるし、一部ヨーロッパでも見かける。

日本人は施肥の方法にも優れた才能を発揮し、多種多様の肥料を利用している。日本では米が主食で、平野部で広く栽培されている。アジアでは最高の品質である。それは白く栄養豊富であるが、それに馴染んでいない異国人はいっぺんにたくさん食べることはできない。水田は灌漑用水を使って丁寧に耕作されている。灌漑の難しいところでは陸稲も作られているが品質は劣っている。米からは濃くて強い、ビールとでも言えそうな酒（sackee）が醸造されている。農業に関わる法律はいくつもある。耕作地を一年でも放置すると所有権を失う、というのもそういった法令の一つだ。全ての農地に役人が毎年調査に入る。こうした役人は検見（Kemme）と呼ばれている。

インディアンコーンと呼ばれるトウモロコシ（maize）や粟などの穀類は、この国の全土で栽培されている。カブもどこでも見ることができ、中には途方もなく大きなものがある。豆類、ワサビ、ニンジン、ウイキョウ（fennel）、レタス、キュウリ、苦瓜、メロン類なども普通に見られる。こうした作物の他に、野草やその根、木の葉、花や実などから滋養のある食料を得ている。日本人はこうした野草から毒になる成分を取り除き、食用に変える術を知っているらしい。きのこ類は種類が豊富でどこでも見ることができる。麻、亜麻も栽培され有効に使われている。日本人は煙草好きでタバコの葉は大量に生産されている。実際この国では肥沃な土地を優れた技術と丹精込めた手入れで、完璧なまでの生産性を実現している。

もし農業を文明の尺度とすれば、日本は少なくとも東洋ではナンバーワンだろう。メイラン氏もそう見ている。最近この国を訪れたオランダ人も日本の耕作のやり方を賞賛している。もちろんその方法は、ほとんどのヨーロッパの国では応用できないものである。

第七章　注

1：マニラの総督代理ドン・ロドリゴが九十九里浜沖で難破。一六〇八年ではなく一六〇九年の事件である。

2：このときの将軍は秀忠であったが、外交問題は駿府に隠居していた大御所家康が実権を握っていた。ロドリゴは江戸での秀忠との謁見のあと駿府に向かっている。

3：レバノン山脈にはかつてレバノン杉が繁茂していた。しかし建築や造船用途に大量に伐採され、ほとんど消滅した。レバノン国旗の中央のシンボルはレバノン杉である。

4：クロモジのことか。クスノキ科クロモジの枝・幹を乾燥したもの。「烏樟《うしよう》」ともいう。

第八章　動物

馬

この国にはたくさんの四足動物がいるが、その肉の食用は宗教的に禁じられている。羊や牛を育てるための牧草地はほとんどない。馬は大きくはないが、ペルシャからインドに持ち込まれた馬に勝るとも劣らない。ただそうした馬の数は少ない。セーリスが商館長の時代にはたくさんいたようだ。こうした馬は小型で頭も小さいが、がっしりして気性が荒く、スペインの小型馬よりも優れているとセーリスは観察している。この国には馬の活躍する話が多く伝わっている。より小型の馬もいるがその種もなかなかのものらしい。

牛は農耕用にだけ飼育されていて、日本人にはミルクやバターの知識はない。背にこぶのある大型の牛もいる。こうした種類は荷車を引いたり、荷を背に乗せたりして運搬用に使役している。象、ラクダ、ロバはいない。羊やヤギはオランダ人居留地で飼われている。羊は田舎では十分飼育が可能なようなので、もし日本人が肉を食べ始めたり、羊毛の生産ノウハウを身につけることがあれば、羊は有用な動物になる可能性がある。豚も少なくない数がいるが、そうした豚は支那から持ち込まれている。（長崎の）沿岸部では豚を飼っているが、それは、支那からやって来る貿易船の乗組員に供給するためだ。彼らは豚肉が大好きなのだ。エドワード・ベルシャー艦長が豚の差し入れを受けたことがあったが、その豚は丸々と太っていて百五十ポンド（六十八キログラム）もあったそうだ。

お犬様

犬は雑種も含めてかなりいる。犬は不必要に多く、頭痛の種になっている。オスマン帝国のコンスタンチノープルなどの汚れた町に溢れる犬と同じようなものだ。犬がこれほど増えてしまっているのは、皇帝が出した奇妙な、とんでもない法令が原因だと言われている。十八世紀末の皇帝はたまたま戌《いぬ》年に生まれた。[1]そのことで皇帝はひどく犬を大事にした。ローマ皇帝アウグスタス（初代ローマ皇帝。紀元前六三―紀元一四年）がラム（羊）を可愛がったのと同じようなものである。日本の皇帝は犬を聖なる動物と決めてしまったことから、トルコを除く世界のどの国よりも犬の数が増えてしまった（犬の保護などを定めた綱吉の「生類憐みの令」は一六八七年に出ている）。

飼い主のいない犬は通りに寝そべったり町を徘徊している。もしここにキリスト教宣教師がやって来たら、その身に着けている服を見た犬にちょっかいを出されるだろう。何匹もの野犬に取り囲まれ、吠えられ、牙を向けられても我慢しなければならない。手出しすることが禁じられている。一匹でも殺してしまったら死刑を覚悟しなければならない。どの町にもこうした犬を保護する役人がいる。問題のある犬の処置はこうした役人にお伺いを立てなければならない。彼らだけが処分する権限を持っているのだ。町のどの通りも決められた数の犬を飼い、あるいはエサを与えることが義務づけられている。犬小屋や犬の病院（doghospitals）が町のあちこちにあり、病気の犬がいたらそこまで運んでやらなければならない。死んだ犬は小高い丘の上に埋葬することになっている。そこは本来人間が埋葬されるところでもある。そこで丁寧に葬られるのだ。ケンペルが面白い話を伝えている。犬の死骸を丘の上の埋葬所に運ぶ男が、いったいなぜ、こんなおかしな法令があるんだ、皇帝が戌年に生まれたのを恨むよ、とぼやいた。それを聞いた連れの男は、言葉に注意したほうがいいぞ、それよりも皇帝が午年《うま》生まれでなかったことをありがたく思ったほうが少しでも気休めになるぜ、と答えたそうだ。

こうした犬に対する迷信のような考えは、日本人やトルコ人のようなモンゴル系の民族に共通している。世界各地のタタール系の人々に見られる共通の態度は、どの辺りが民族発生の地であるかを暗に示している。戌が干支のシンボルに加えられたときに、犬を神格化するようになった可能性もある。

犬が運命を見通す力があると考えたり、その動きが不吉な死の前兆となったりすると信じているものや、犬そのものを信仰の対象にして、畏《おそ》れたりありがたがったりしている部族がモンゴルにいる。長崎に来たドイツ人は町をうろつく野犬の群れを軽く嗤《わら》って済ませられなかったようだ。

「この町に溢れる犬どもは、人間よりも大事にされている。確かに長崎の町では犬を大切にせよとのお触れを、江戸に近い町よりは軽視しているようだ。それでも犬どもはこの町を我が物顔でうろつき、人にも馬にも平然として道を悠々と占領している」

日本には特に優れた血統の犬はいないようだが、猫にはひどく愛らしい種類がいる。白い体毛に大きな黄色と黒の斑《まだら》があり、短い尾の猫である。この国の女性はこの猫を膝にのせ、西洋の愛玩犬のように可愛がっている。

野生動物

鹿、猪、野ウサギもいるようだが数は少ない。他にも猿、狐といった動物もいる。狐と狼の中間のような面白い動物もいるようだ。日本の北部にはあまり大きくない熊も生息している。狐は悪魔の仲間だと信じている農民が多い。悪意のあるいたずらをしかけるというのだ。ケンペルによると、日本の猟師は狐の魔術など意に介さず、高級な筆先に使われる毛をとるため、手際よくしとめている。イタチもフェレットもよく見かける動物である。猫は愛玩用のペットになってしまって、ネズミを捕ろうとしないので、ラットとハツカネズミ（rat and mice）がひどく繁殖している。ラットは飼いならされて芸まで仕込まれていて、[2]貧しい人々の娯楽になっている。他にも赤い毛で民家の屋根裏に住む動物も記録されている。よく慣れていて、イタチ（itutz）、テン（tin）と呼ばれている。

シロアリは東インド諸島で大きな被害を出しているが日本も例外ではない。日本のシロアリは堂倒《どうとう》（do toos：シロアリのためにお堂も倒れてしまうことに由来するシロアリの古語）とか穴あけ屋（piercer）と呼ばれ、嫌われている。シロアリは、出くわしたものは石と金属以外は何でも穴を開けてしまう。商家の倉などに入り込むと、ほんの短期間で保管してある商品を台無しにしてしまう。シロアリの害を防ぐ方法は、保管してある荷の下やその周りに塩をまいておくくらいのものだ。ヨーロッパに普通にいるアリが日本のシロアリには天敵らしく、このアリを連れてくるとシロアリはすぐに逃げ出してしまう。それはちょうどノルウェー原産のネズミがイギリス土着のネズミを駆逐したようなものである。

日本には人を悩ます昆虫や爬虫類は少ない。蛇はいるが毒のあるものはほとんどいない。頭が平たく、とてもきれいなグリーンの蛇がいる。日本の侍はこの蛇を食べると勇気が湧くと信じている。また、蛇の肉を土器に詰め密封して焼いて灰にしたものに力が湧く薬効があるとして、粉末にして服用している。山間部には怪物のような水蛇がいるが決して攻撃的ではない。白と黒の二種がいるが数は少なく、捕まえると見世物に使われる。

鳥の種類は豊富である。家禽としているのはニワトリとアヒルだけである。異国人に売ることはあるが自分たちで食べることはしない。雄鶏は宗教的な意味があり、とても大事にされている。雄鶏は時を告げ、天気の変わり目を教えてくれるからだ。雄鶏はタイムキーパーとして飼育されていると言ってもよい。

ツルはこの国では野鳥の王様である。サギやコウノトリもそうなのだが、こうした鳥は聖なる鳥として扱われている。そのため誰もこうした鳥を傷つけたり、いじめたりしない。そういう意味では野生の鳥とは言えないかもしれない。群れをなして人込みでも平気である。トルコのコウノトリにそっくりである。トルコのどの町でも見られるこの鳥はとても大事にされ信仰の対象だ。[3] この種類の鳥に対する感情は、タタール地方で発祥したのは疑いのないことである。トルコがヨーロッパを侵略した頃、コウノトリがトルコの軍隊の向かうところ、どこにでもついてきたという。トルコの民はコウノトリに愛されていると確信しているのだ。

日本でも事情は似ている。日本人はツルを「オッルサマ（Oturisama）」と呼んでいる。敬慕の念を込めた呼称である。体色は純白とグレイである。ツルは吉兆の鳥である。宮廷や寺院にこの鳥が頻繁に描かれるのはこうした理由からだ。ツルは室内の装飾だけでなく、食器や家具にも描かれている。この鳥を描いた日本画を実際に見たことがあるが、実に精密かつ色使いも正確で、非常に美しい。日本のアートの代表のような作品だった。カメも吉祥を表わす聖なる動物である。ツルと同様に頻繁に絵のモチーフになっている。

野生の雁や鴨はどこでも見ることができる。どちらもいくつかの種類がある。ある種の鴨はびっくりするほど大きく、明るく美しい色合いの羽毛で覆われている。他にもキジ、ノバト、ヤマシギなどを見ることができる。タカも多いがオオガラス（Raven）は少ない。ヨーロッパカラス（European crow）、オウム、インドでよく見る類の鳥はいない。ケンペルは啼き声の美しい鳥としてウグイス（nightingale）とヒバリを挙げていて、どちらもヨーロッパの同種の仲間より美しく啼く。ここでは声のいいウグイスは珍重されていて、籠に入れて高額で取引されている。蜂も多いので養蜂が盛んである。

騒々しいセミやイナゴは森や山にたくさん生息している。蝶やカブトムシの種類も多い。どちらも驚くほどきれいな種がある。蛾も多い。ある種の蛾は日本の女性のペットにもなっている。大きさはおよそ四インチ（十センチメートル）。全体に細長く、胴は丸い。四つの翅《はね》を持ち、一対は透き通っていて、もう一対の翅の下に隠れている。磨かれた金属のような光沢の翅には青と金の筋と斑が入っている。この蛾については面白い話が伝わっている。とびきりきれいなメスに恋に落ちたたくさんのオスの蛾がいた。しつこく言い寄るオスたちに求められたのは、彼女に火をプレゼントすることだった。恋に盲目になったオスたちはプレゼントを得ようと我先に燃える炎に立ち向かっていった。そしてみな死んでしまったという。

魚食民族の捕鯨

日本の海には魚が豊富で、この国の民は漁に優れている。シャルルボア、ケンペルをはじめこの国を訪れたものは活発な漁業や、日本島の南の海で盛んな捕鯨について伝えている。捕鯨はグリーンランドの漁師と同じように銛《もり》を使う。ただ日本の漁船は少し小型で細身である。前後が尖り、驚くほど敏捷な動きが可能だ。一六八〇年頃、大村（長崎）の漁師が網を使って鯨を捕らえる方法を考え出した。網は二インチ径の太く丈夫なロープでできている。鯨を見つけたら、まずこの網をかける。こうなると鯨は網に絡んでしまい、泳いで逃げることも潜ることも難しくなってしまう。こうしておいて銛を打ち込むのだ。この方法が優れているのにあまり普及しない理由は、この漁法に必要な漁具が高くつくからだ、とケンペルは観察している。

彼らは六種類の鯨を記録している。どの鯨を捕獲しても、何もかも利用する。脂肪分からは油を採り、肉は漬物にしたり煮たり焼いたり、あるいは乾燥肉にして食用にする。軟骨部分も食べる。筋や腱は索、ロープあるいは楽器の弦に使う。鰭の部分も利用する。顎などの固い骨は工芸品や各種道具の材料になる。例えば鯨骨から、金や銀の秤量に使う棹秤《さおばかり》が作られたりしている。日本の漁師たちは、鯨の肉を食べることで悪天候に負けず寒さにも耐えられるスタミナが得られると信じている。そういえば、日本沿岸で操業するアメリカの捕鯨船が遭難してひどい扱いを受けたことがアメリカ政府がこの国への関心を高めた理由だった。

巨大なサイズのウミガメを日本の東や南の沿岸で多く見ることができる。この他にも、サケ、ヒラメ、タラ、エビ、カニ、カキ、カラス貝なども豊富である。他にも西洋人には知られていない魚も多く、なかには相当味のよい種類がある。魚を食べることを禁じる迷信や奇妙な教えがなくて幸いだったと言えそうだ。日本の島々の沿岸部は二マイルから三マイルごとに村があって盛んに漁を行なっている。要するに、日本人は魚食民族である。十分な米とイモ類の生産とあいまって、こうした豊富な漁業資源がこの国の多くの民を支えている。

あまり細かいことまでは触れなかったが、読者には豊かな国日本、健康的な国日本についてそれなりの情報を伝えることができたのではないかと思う。

第八章　注

1：この皇帝は五代将軍綱吉を指していると思われるが、綱吉が生まれたのは十八世紀ではなく十七世紀である。綱吉は一六四六年の丙戌《ひのえいぬ》の年に生まれている。

2：十八世紀末に京都の銭屋長兵衛により発刊された『珍玩鼠育艸《ちんぐわんそだてぐさ》』には愛玩用ネズミの由来、飼育法などが詳しく説明されている。ネズミと遊ぶ童子の版画も掲載されている。江戸時代にネズミを愛玩する風習があったのは事実である。

3：「ある種類の鳥たちが宗教的に崇められています。鳩はその純潔のため、コウノトリは毎冬メッカへ巡礼するという理由で、崇拝を受けているのです。実のところ、この鳥たちは、オスマン帝国の支配下では一番幸福な者たちと言えるでしょう。皆自分たちの特権を十分承知して、全く恐れなど知らない様子で通りを飛び跳ねていたり、家の軒先にずらりと並んだりしています。誰もが知る、幸せの象徴の鳥たちなのです。野蛮と言われるトルコ人たちですが、この鳥たちさえいれば、その年は火事や疫病などが起こらないと信じているようです」（一七一七年）Mary Wonrley Montagu, *Turkish Embassy Letters* の1節、紺野文氏訳。
http://www.tufs.ac.jp/common/fs/asw/tur/theses/2001/konno02.pdf

第九章　芸術、工業、造船、航海

金属、ガラス加工

日本人の器用さや創造力はよく知られている。イタリア人宣教師の言葉を借りれば、鉄でも金銀でも、とにかくあらゆる金属の加工に優れた能力を発揮する。もちろん木工や竹の加工も得意である。西洋人が捨ててしまうような材料まで利用している。ツンベルグによれば、この国は全土にわたって、工芸品が作られ諸工業も盛んである。いくつかの分野は完成度が高く、ヨーロッパを凌ぐものがある。鉄器や銅器の加工はそうした分野である。絹製品や綿織物の分野は他のアジア諸国とほぼ同等か、いくぶん優れている。漆加工の技術は世界最高である。優れた金属加工としては、金と銅の合金[1]を使い、青色や黒色を出す着色の方法もよく理解していた。我々には知られていない技法も使われているようだ。

同じようにガラス加工にも長《た》けている。色ガラス、無色ガラスを、多くの用途に加工している。しかし窓ガラス用の板ガラスはうまく作れていない。ガラス製造の方法はヨーロッパから学んだものだ。時計作りも同様にヨーロッパから学んでいる。こうした時計は家庭用でもある。ガラス加工の技術もマスターしている。望遠鏡を作るためのガラス素材はオランダから入手している。鉄の加工技術は完璧だ。比べるものがないほど素晴らしい刀剣を見ればそれは明らかである。

製紙

紙製品も溢れている。書き物や絵画用の紙、障子などの装飾用の紙、手を拭く紙、物を包む紙など多種多様である。こうした紙は楮《こうぞ》の皮を原料としている。紙は次のような方法で漉《す》かれている。楮の木が葉を落とす十二月、その枝をおよそ三フィート（九十センチメートル）の長さに切り落として集める。束にまとめたものを灰汁の鍋で煮る。次第に樹皮が縮んで枝の端の皮がハーフ・インチ（一・二センチメートル）ほど剝けてくる。この時点で束を鍋から取り出し、冷めるのを待つ。枝を短めに切り、樹皮を剝く。剝いた樹皮を水に漬けること三、四時間。柔らかくなった樹皮の外側にある黒い部分はナイフで削り落とす。次に樹皮の繊維の粗い部分ときめ細かい部分に分ける。細かい部分からより白い紙が取れるからだ。

原料となる枝が古いほど紙の質は粗くなる。剝いだ樹皮をもう一度灰汁で煮る。棒でかき混ぜながら必要に応じて水を足す。このあとのデリケートな工程は小川での作業になる。[2] これがどろどろになるまでかき混ぜる。器の中で、このどろどろの液にトロロアオイ（Hibiscus manihot）や米（rice）などから出た汁（decoction）を加え、粘り気が出てくるまで攪拌を続ける。広めの水桶にこれを移す。植物繊維で編んで作った型に入れて漉いていく。漉いた紙は積み重ねるが、漉いた紙の間には麦藁のようなものをかませておき、剝がしやすいようにしておく。重ねた紙を木の板を使い、押さえ込む。最初は軽く押しながら徐々に力を加え、水を絞ってゆく。これが終わると紙は木の板に載せられて天日で乾燥させる。これを束にして販売する。ヤマグワなどの樹皮（morus indica）からできる紙もあるが、品質はあまりよくない。

漆器

日本の漆塗り製品は支那やシャムのものよりも品質が高い。おそらく世界で最高の出来だろう。器の材料には精選されたマツ類やスギを使い、その上に皮膜をつくるワニスを塗っていく。ワニスはウルシの木[3]（Rhus Vernix）から採っている。ウルシは日本各地で見つけられる樹木である。樹齢三年の木に傷をつけて染み出してくる樹液を器に集める。樹液は薄い色でクリーム状だが外気にあたると粘性が増し、黒っぽく変色する。何も混ぜない漆を器や家具に塗っていくと、木目がはっきりと透けて見える。漆の液に微細な墨の粉、あるいはそれに劣らない黒さを持つ粉末を混ぜた黒漆もある。できあがった器には、ときに金箔もほどこされる。また金色や銀色の花などの絵柄も描かれる。ただ、こうした図柄はときの経過と共に消えていく。

美しい日本の漆器は、かつては人気があったのだが、すっかり時代遅れになってしまった。昔はちょっとした金持ちの家庭の応接間、ダイニングルーム、婦人の間（boudoir）には漆器が飾られていた。飾り物だけでなく、衝立、キャビネット、机、宝石箱のような実用品もあった。こうした漆器はスコットランドの屋敷でよく見ることができた。その理由は簡単だ。アジアとの交易に関心が高く一山当てたのはヘンリー・ダンダス（政治家。一七四二―一八一一年）のようなスコットランド人が多かったのだ。日本からもたらされた漆製品は我が国の家具職人、漆職人、金細工職人などに刺激を与えた。ただ最高レベルの製品は日本からの持ち出しは禁じられていた。持ち出されたものの中で最も美しい作品はシーボルトやオランダ王室のコレクションで、ハーグにある。

一般論だが、日本の製品の出来栄えは頑丈さ、安定性、仕上げのよさで支那の製品を上回っている。支那の製品はこうしたことが軽視されていて見劣りがする。日本の製品は頑丈でしっかりした容器に入ってくる。包装だけで日本の製品のレベルがわかると言える。日支の商品の相違は英仏の相違に似ている。ただフランスの連中は、フランス製品はデザインだけはイギリスのものより優れていると主張することができるが、支那の人々はそのような主張さえも難しい。

刀剣、織物

鉄の加工については、日本人は我々の知らない技術を持っている。日本の刀剣は世界最高である。日本刀に比肩できるのはダマスカスで作られたものか、スコットランドのアンドリュー・フェラーラ製だけであろう。このクラスの刀になると人間の身体など一振りで真っ二つだ。

ゴローニンは次のように述べている。

「日本のサーベルやダガー（短剣）はダマスカス製と比肩しうる世界最高レベルにある。サーベルの刃先はまさにかみそりである。金属研磨技術も目を見張るものがある。金属を磨いて作った鏡は、我々が作るガラス製の鏡と遜色ない出来栄えである。日本製の大工道具も素晴らしい。日本の鋸を使えば堅い材木からやすやすと薄い板材が挽ける」

日本には綿織物の技術はほとんどないようだ。我々はハンカチーフやナプキンなどに更紗、モスリンあるいは絹などの柔らかい生地を使うが、日本では木の繊維からできた粗い生地で、吸水性のあるものを使っている。日本の絹製品の品質の低いことは先に述べたが、支那からの輸入絹糸を使った製品には素晴らしいものがある。こうした高級な絹製品は、島流しになった貴族らが生計を立てるために作っていると聞いている。

金属加工技術は鋳型加工を含めて優れた技術がある。そのせいか鋳ぬいて製造される銅銭の品質はかなり良い。純度の高さでは比類のない日本の銅を使って鋳ぬかれた銭は京都（Mako）で製造されている。[4] また寺院や礼拝堂などで鋳造された大小多数の像を見ることができる。

他にも鉄製装飾品、煙草、醸造、蒸留などの産業が全国で盛んである。中でもおもしろいのは藁を原料とする産業である。藁草履、藁帽子、ゴザといった製品が作られている。日本を旅したツンベルグは次のように伝えている。

「旅の先々で、尖った帽子を被っている人々を見た。帽子は草を編み上げて作られていて、それを紐で縛って留めていた」

ツンベルグは漁師も同じような帽子を被っているのを見ている。また日本では藁草履が一般的な履物である。日本人の身なりの中では履物はいつもみすぼらしい。身分の上下や貧富にかかわらず粗末な草鞋《わらじ》を履いているのだ。藁を編み上げたものだから決して丈夫ではない。とても安い価格で日本中どこでも売られている。履けなくなったら旅人はいつでも新しいものを買うことができた。旅慣れた者は二、三足の予備を持って歩いていた。

「街道の脇には捨てられた草鞋がそこかしこで見られた。特に小川が流れているところにはたくさん捨てられていた。新しい草鞋に履き替え、そのついでに足を洗うからだろう」

雨の日は下駄を履くこともあった。高位の者の中には籐《ラタン》を細かく編み上げたものを履いている者もあった。旅の長さを履きつぶした草鞋の数で表現することもあった。

ツンベルグはさらに続けて日本の家庭を観察している。

「日本の家屋には家具はほとんど置いていない。キッチンで必要な水屋家具くらいなものだ。衣類なども同様で必要な数以上に持っていない。それにもかかわらず、店では家具や衣類が数え切れないほど販売されている。日本全土に供給できるのではなかろうかと思うほどである。とにかく何でも揃うのだ」

日本人は食器類には薄めの漆塗りを好むようで、陶磁器への関心は薄い。それでも日本の陶磁器には支那の製品をはるかに凌ぐものがある。こうした品は日本中で手に入るがやはり高級品は京都、江戸、大坂に集中しているという。

日本の船

かつて日本人は朝鮮、支那、ジャワ、台湾などに進出していたが、今では国を離れることは禁じられている。結果として航海の技術は廃《すた》れていった。しかし岩礁の多い沿岸を航海する貿易船や漁船は、大小さまざまなものが建造されている。常に岸が見える沖合を航海し、夜になれば港に入る。港に入れない場合でも嵐に備えて安全な場所に碇泊する。日本の船はコンパスを備えていたが、ヨーロッパのものに比べると正確ではなかった。また船尾はオープンだったから外海での航海に耐えるのは難しかった。舵は大きくて使い勝手も悪かった。私のような海に馴染みのない者の説明はあまり参考にはならないので、モリソン号で日本や琉球を航海したアメリカ人キング氏[5]（アメリカの貿易業者。オリファント商会の経営者。?―一八四五年）の見聞を以下に示しておく。

「午後になって、一隻の日本船が二百ペキュール（約十二トン）の砂糖を積んで那覇から薩摩に出帆した。薩摩は琉球から北北東におよそ四百マイル（七百四十キロメートル）のところにある日本の港である。港を出ようとするとすぐ岩礁に乗り上げたが、たいしたダメージもなく離礁した。この船が我々の近くを通ったので、いったいどんな船かとボートを降ろして、中を見に向かった。船体はマツ材でできていた。全体的なつくりは支那の少しスピードの出るタイプの舟に似ていた。船首部するどく突き出ていたが三角帆を張るボウスプリット（斜檣）はなかった。船首部分は高く隆起して、昔のガレー船に似ていた。その両脇には接触時のクッションとなる防舷材が着装されていた。一本の大型の檣《ほばしら》の高さはおよそ四十フィート（十二メートル）。この檣の上部と船首部分は前部支索で固定され、檣が前後に軋むのを防いでいた。帆を吊る帆桁は揚げ索を使って船尾方向から引き上げられるようになっていた。揚げ索は船尾近くの巻上げ機に連結していた。

帆は粗く重い木綿生地が使われていた。生地には金属ボルトが四インチから五インチ間隔で付けてあり、それが細いロープで緩やかに繋がれていた。これが日本船の帆の特徴となっていた。帆の下部にはたくさんのロープが垂れて、それぞれが帆を定位置に留めておく役割を果たしていた。船尾部分はオープンになっていたので、船内で働いている水夫を直接見ることができた。大きな掛け声を上げながら帆を揚げているところだった。舵は長さ十五フィート（四・五メートル）幅八フィート

(二・四メートル)。舵を操作する舵柄《かじづか》は檣に向かってまっすぐに伸びていた。

船首近くには小船が横向きに固定されていた。小船の前と後の部分は船体から五フィート(一・五メートル)ほど突き出していて、いささか危険だった。船首には三つか四つの引っかけ用の鉤フックが太い綱に繋がれていた。二重フックになっているものが檣の近くに一つ、フックが外に向かうように置かれていた。船尾はきりっとせり上がり、支那のジャンク船に似ている。そこには支那の文字で船の名前が宝山丸(Hozammah)と大きく書かれていた。錨の巻上げ機は船内に設置されていた。他の機材と同じようにきれいにメンテナンスされていた。船の構造は粗削りだががっしりした構造だった。船内にはざっと十五人くらいが働いていた。そのうちの二、三人が短めのズボンのようなものをはいていたが、あとは裸同然だった」

キング氏は江戸湾にも行っている。そのときの様子を次のように記している。

「船が陸に近づくにしたがって、行きかう日本の船が増えてきた。目に見える船をざっと数えてみると、四十から五十。みな追い風を受けて西に向かっていた。漂流民の岩吉[6]はこの航路を二十回以上経験していたらしく、この海域には詳しかった。見えている日本の船は漁船もあって大小いろいろだが、大きいものは二百トンから三百トンあった。船体や索具の構造は那覇で見た船に似ていた。たった一つの檣を太い前部支索一本と、数本の後部支索で支え、檣の前後の歪みを抑えていた。風のないときは船体をローリングさせて進み、横風を使って進むときは針路をいろいろ変えながら進んでいた。どの船も支那の船と同じようにキール（竜骨）がない平底の船だった」

「こうした船は我々を避けようともあるいは近づこうともしなかった。ただみな海岸線に近いところを帆走していたので、こちらから近づくのは危険で、彼らと話をすることはできなかった。日が暮れるにしたがって、こうした船の数は減っていき、最後には一艘も見えなくなった。ただ入り江に碇泊している船を何艘か見ることができた。漂流民のぎんさばる（Ginsabaru）によると、日本の船は支那の文字三つを使い、最後の文字は丸で船を表わすということだ」

「日本の船は最大で六十トン程度だと言われていたが、三百トンクラスの船があることは間違いなかった。それでも、舵が特殊であること、[7] 船体の後部がオープンであることなどが法律で決められているようで、遠洋航海には出られない構造であった」

また雨天の日に小型のボートを観察している。

「こうしたボートはマツ材で頑丈にできていた。一本の可動式の檣に厚手の木綿の帆を張っていた。船尾に近い船側には三、四本の櫂が着装されていた。必要なときにはこれを使って速度を出すのだが、普段は二本ごとにまとめて結びつけられていた。これも支那の船に似ていた。ただ櫂の形状が違っていた。櫂の中央部は幅広で先はパドルの形をしていた。片側が丸く凸状で、その裏側はくぼんでいた。漕ぎやすくするための工夫だろう。ボートは大きいもので長さ三十フィート（九メートル）、幅六フィート（一・八メートル）程度だった。ボートの前後は尖っておらず、スコウ（scow）型の平底船に似ていた。二十人から三十人が乗っていた。中には数人の女がいた。乗組員は竹材を使った雨具と笠を身に着け、船内の奥のほうにかたまっていたので彼らをよく観察することはできなかった」

こうした多くの船の存在は沿岸海運が発達していることの証左である。かつてケンペルが感心したように、この国の海運の盛んなことに我々も驚かざるを得ない。いったいどれだけの船があって、どれほどの商人たちが忙しくしていることか。どの港にも船が溢れかえっている。いったいどれだけの商業都市が海運で栄えているのか想像もつかない。海岸線に続く多くの港は、櫂を漕ぐ音、帆を揚げるざわめきに満ちている。船はものを運ぶだけでなく観光にも利用されているようだ。これだけ沿岸部が発展しているのを見ると、内陸には人はほとんどいないのではと思いたくもなる。

陸路の発達と人口

ところが入手できる情報を総合すると、内陸部での産業は沿岸部に劣らず発展しているらしい。トンネルを造る技術はないようだが、陸路は十分に整備されている。山間部の急峻な地形では道をジグザグに切り開き、岩のあるところはそれを削って階段を作ってある。陸路には一定間隔で厩、旅籠、茶屋などが整備されている。街道には町と町が連続しているようなところがあって、複数の町を貫通する大きな通りに見えるほどである。ドン・ロドリゴは江戸から駿河（Sorongo）までおよそ百リーグ（五百四十キロメートル）を旅しているのだが、四分の一リーグごとに村があったと記録しているほどだ。そして、それぞれの村には十万人くらいの人が住んでいるのではと推定している。駿河から都への距離もおよそ百リーグだが、同じように多くの村があり、たくさんの人が住んでいるらしい。ドン・ロドリゴは江戸に百五十万人、都に七十万人、駿河に六十万人住んでいると推定している。また物価が安いので、貧乏人でも多くのものを買い求めることができた。イギリス商館のコックスも同じような観察をしていて、人口の多さと内陸部の商業発展のさまに驚いている。コックスは平戸から江戸への旅の途次に出会った裕福な商人について何度も日記に記している。コックスのおよそ百年後にやって来たケンペルの観察も同じようなものだ。

「この国の人口の多さには目を見張るものがある。それほど大きな国ではないのに、これだけの人を養えるのは驚きである。街道は村が連続しているかと思うほど賑やかだ。街道を歩いていくと、いつまでも同じ村にいると感じるのだが、実はもう違う村に入っている。村の名前が違っていることでやっとそのことに気づくのだ。大きな町は世界のどの大都市とでも張り合えるほどの威容と人口を誇っていた」

ケンペルは江戸の大きさを次のように語っている。

「江戸の大きさも大したものだ。ある日、馬を使って品川を出発した。街道をそれなりの速さで旅したのだが、町を抜けるのに丸一日かかってしまった」

ドーフ、メイラン、フィッシャー、シーボルトの記録も同じようなもので、一様に人口の多さと活発な商業活動を伝えている。

既に述べたように、この国で泥棒や盗賊行為をはたらくことは簡単なことではない。街道は完璧なまでに安全だ（perfectly safe）。商人は牛の背に高価な商品や金銀を載せて運搬している。盗賊の心配がないのだ。これは厳しい法律のおかげでもあるのだが、それだけではない。日本人は誇り高い民族であり、騙したり、横領したり、盗んだりする行為をひどく軽蔑するのだ。この点が支那の人々と日本人が全く違う点だといえる。

こうしたことを考慮すると、一度この国と交易が始まれば、どれほどの海外貿易に発展していくことだろうか。

第九章　注

1：鍔などに使われた、装飾用合金加工の高い伝統技術の存在がヨーロッパに知られていたと思われる。代表的な合金には赤銅《しゃくどう》、四分一《しぶいち》、黒味銅《くろみどう》などがある。

2：原文は performed in a brook とある。おそらくマックファーレンの誤解による記述だろう。灰汁を流し落とす作業工程（灰汁抜き）の記述が抜けているので、このあとの工程が小川でなされると混乱したのかもしれない。彼の記述では、なぜ小川で作業するのかが不明である。

3：シーボルトが持ち帰り、オランダ王立園芸振興協会が栽培した植物リストにウルシ（Rhus Vernix）がリストアップされている。
http://www.um.u-tokyo.ac.jp/publish_db/2003Siebold21/01/010200.html

4：銭座は銅銭の寛永通宝を製造。京都だけでなく銭座は各地にあった。京都は伏見、江戸は亀戸に銭座があった。

5：キングは広東、上海を中心に営業。一八三七年、モリソン号にて浦賀来航。日本人漂流民を送還し、日本との交易を試みたが失敗（モリソン号事件）。

6：知多半島美浜町の船乗り。一八三二年秋、鳥羽港を出た宝順丸で遭難。十四カ月の漂流でアメリカ北西部海岸に漂着。ハドソンベイカンパニーのはからいで音吉、久吉と共にマカオへ移送される。モリソン号により日本に送り届けられるために乗船していた。

7：弁財船の舵は水深の浅い港での運航に備え、上下可動式で船体に固定されていない。そのため荒波に対する強度が不足していた。

第十章　娯楽、嗜好、民族性

上品な娯楽

日本人は社交的で遊びが好きな民族であるらしいことは多くの記録で確かめられている。しっかり働き、労働の時間は長いのだが、祭りにはご馳走を食べ、大騒ぎをする。

祭りでは、音楽、踊り、演劇がどの身分でも楽しめる。道化師や役者たちが町を練り歩く。曲芸師、手品師、ジャグラーたちが人々を楽しませる。権威に反抗する道化を見せる連中（Punch）の存在は伝わっていない。こうした連中は支那にも多く、タタール民族の文化だ。ボスポラス海峡からコンスタンチノープルに繋がるアジア大陸全般に広がっている。だからこうした反権力の道化師も形を変えて日本にもいるに違いない。日本人は劇場に集まって観劇もするが、自宅に友人を集めて演劇やらお笑いやらを楽しむことも多い。自宅でのこうした集いはヨーロッパ人よりも頻繁である。明るい皮肉を楽しみ、物乞いの連中も陽気である。

托鉢僧の物乞いもおもしろい。悲しげにびっこをひき、目が不自由な格好で物乞いをしているかと思うと、次の瞬間にはその変装を脱ぎ捨て、うれしそうに跳ね回って歓声を上げる。こうしてお布施をたっぷりもらうのだ。沈み込んで悲しげにして、すぐにその嘘がばれそうな態度をとるよりも、むしろ笑わせたほうがお布施が多いのを知っている。

天気がいい日には郊外に出ることもある。金持ち連中はプロの司会者（幇間のことか）を雇う。司会者は、世の中を辛口で皮肉ったり、ちょっとした風変わりな話をおどけた調子でしたりして座を盛り上げる。お客の中から調子に乗りすぎるものが出てきたら、上手にあしらって司会に従わせるテクニックを持っている、こうした様子を西洋人はよく観察していて、その洗練されたやり方や相手を傷つけない上品さに感心している。

演劇と舟遊び

演劇も盛んだがその舞台、衣装、装飾品、どれをとっても支那の演劇よりも優れている。客席は三段になっていて、最前列には若くてきれいな女性が着飾っている。ロンドンでも上流の女性たちが日本の女性と同じように着飾れば、ロンドンの帽子屋は少しは儲かるかもしれない。フィッシャーは劇場の様子を次のように述べている。

「客席の女性たちは上演の間に二度、三度衣装を替えて高価な着物を見せつける。こうした女性は、衣装替えに必要な小間物を持たせたお付きの者を連れて来ていた。彼女たちの衣装の変化を見るのは、舞台の役者を見るのと同じくらいおもしろい。芝居のビラはいつでも配られていて、芝居好きはロンドンの連中と同じようにチケットを買い求め、観劇を楽しむ」

フィッシャー氏は日本の女性をひどく気に入っているようだ。

「若い女性が集まると、話題はちょっとした工作や絵画のことだ。きれいな小箱を作る、小鳥や小動物の絵を描く、財布を作る。こうしたたわいのない趣味についてのおしゃべりでのんびりと長い冬の夜を過ごすのだ。春がくると今度は野外の遊びが始まる。最も人気があるのが舟遊びだ。女性たちは金に糸目をつけずに飾り立てる。湖や川にそうした女性を乗せた小船が溢れる。こうした楽しみ方ができるのは日本の気候の穏やかさと景観のよさの賜物と言える。言ってみれば日本は、ニース（フランス地中海沿岸のリゾート地）の温暖な気候とルガーノ（スイス南部のイタリア語圏の都市。ルガーノ湖北岸に位置する）の素晴らしい景色を併せ持っているから、こうした遊びが可能なのだ。

　日が沈むと湖や川に浮かんだ小船に煌々と提灯の火が点《とも》る。色とりどりの紙でできた提灯だ。そうこうしているうちに、イタリアでやっているようなじゃんけん遊び[1]が始まる。それが終わるとまた別の遊びだ。船内に小さな水鉢を持ち出し、そこに小さな人形を浮かべる。その人形が船の揺れで少しずつ動き出す。動く人形を見ながら三味線に合わせて囃すのだ。『あなたよ。まだまだ（Anataya modamada）』。こんな風に騒ぎながら、人形が最後に止まった位置に座っている客が酒をぐいっと飲むはめになる。罪のないお遊びだ。こうした男女がそろって楽しむ姿は、他のアジア諸国の男だけの退屈な放蕩や、女だけの子供っぽいお遊びとは好対照だ。日本の男女はトルコの男女よりも実に自由なのだ」

優美な女性

確かにこの国には魅惑的な生活の作法が存在する。友人（序説「読者へ」にあるジェームズ・ドラモンド卿を指す）は日本の女性を手放しで賞賛している。

「日本の女性はもうなんとも言えない自然な優美さを持っている。私の見る限り、世界で最も魅力的でエレガントな女性たちだ。少しばかり風変わりなところを矯正すれば、英国の宮廷だろうがヨーロッパの宮廷だろうが、一度連れ出すだけで彼女たちは憧れの的になるだろう。日本女性のちょっとした風変わりなところも、しばらく一緒に暮らせばすぐに慣れてしまう程度のものだ」

私は彼の言葉を信用している。彼は世界各国を旅し、実際にそうした国々に住んだ経験があるのだ。こうした話を聞いたことが私が日本への興味を抱いたきっかけだったということはもうおわかりだろう。

男を磨くのは女だとはよく言ったものだ。女性が品よく、優雅で、洗練されていれば、男性が下品で、粗野で不恰好ということはない。もちろんこの逆も真なりである。少なくとも私たちが旅した国ではそうだった。日本の男性も態度が立派でマナーが洗練されている。それは身分の高い者だけの特徴ではない。一般人にも、喧嘩早かったり大法螺を吹いたり、不快になるほどだらしない者はまずいない。路肩でその日暮らしで働いている者でさえ、会話はまともで礼儀をわきまえている。日本人を観察する者は、この社会の「礼（politeness）」の存在にはっきりと気づくのだ。よほどの権力者の場合は別にして、日本人が横柄で不躾な受け答えをすることはまずない。彼らは攻撃的で口汚い人を軽蔑する。そうした人々のもとで働くことさえ拒否するのだ。ツンベルグはこうした日本人の性格と祭りの関係について述べている。

お盆と祭り

「生真面目さは日本人の最大の特徴である。だからといって祝い事やスポーツを楽しまないなどということではない。祝い事は日本人の信仰の一部で、定期的に催すものと、不定期なものとの二種類がある。最も重要な祝いの行事は祭りと呼ばれるものだ。祭りは八月の末にかけて行なわれ「盆（Bong）」と言われる。三日間にわたる祭りは二日目の午後から翌日の夜までに最高潮に達する。この行事はもともと亡くなった人たちを偲び、魂を祀《まつ》るものだった」

「日本人は魂が年に一度、親族や友人に会いに帰ってくると信じている。祭りの初日の午後に、昔住んでいた家に戻り、親族と再会するのだ。二日目の夜に帰っていく魂は親族によって再び送り出される。魂を迎えるために親族は墓に竹の竿をさし、提灯をたくさん懸けておく。墓のある丘全体がこうした提灯で明るく輝くのだ。提灯は九時から十時頃まで点される。二日目には死者の魂を送り返さなければならない。藁でこしらえた小船を水辺に持って行き、それに灯りを点す。蠟燭の点された小船を歌や楽器の演奏で水辺から送り出すのだ。波や風で沖に運ばれた藁の小船は灯りから火が燃え移って消えていくか、あるいは波にのまれて沈んでいく。何千もの小船が送り出されるさまは壮観である」

ツンベルグはさらに続けて、特別な神を祀る行事にも触れている。

「長崎の町でこうした大きな祭りの一つを見ることができた。この祭りはこの町の守護神である諏訪明神を祀るものだった。九月九日が祭りの日（重陽の節句。長崎くんち）。この日が神の誕生日なのだ。大きな出し物と賑やかな踊り。祭りは実際には七日の日から始まる。人々は社にお参りし、説教を聞き、お布施をする。そして出し物が繰り出されるのだ。これが最高潮に達するのが九日だ。出し物は毎年大きく変わるので、去年出されたものとは全然似ていない。費用は町の人々が分担する。町内での特別な出し物はその町内が負担する」

「私はオランダ人の仲間と一緒にこの祭りに招待された。一七七六年のことである。

長崎の町の広い空き地に、柱に支えられた大きな見物席が設置されていた。屋根があって椅子も用意されていた。奉行所の役人や宗教関係者の他に異国人の席もあった。一般の群衆と隔てるために番兵を置いていた。ここに聖職者が諏訪明神の像を持って現われた。黒と白の装束で席についた。

　十人から十二人が楽器を演奏し、歌を歌いながらやって来ると祭りが始まった。神の偉業をこうして讃えている。次に若い女たちが上品な踊りでこれに続いた。とても魅惑的な立ち居振る舞いだ。ただ音楽はガチャガチャという音でうるさい。それでも神様の耳には心地よく響くのかもしれない。次に大きな傘[3]が繰り出された。傘には町名が書き込まれ、何かの紋が描かれていた。さらに音楽隊の一団が続いた。お面を被り、声を上げ、太鼓、笛、鈴を使って演奏する。さらに町内ごとに異なる出し物が続いていく。最後に数え切れないほどの町民がぞろぞろとついてきた。行列はおよそ一時間続いた。しばらくすると同じ順序で行列が戻ってきた。これが日暮れまで二度三度と繰り返される。町内同士が出し物の優劣を競い合っていた。町の名前はこの地方の産品や産業である鉱石、木材、海運、諸工業に由来しているらしく、出し物にはそうしたものが装飾されていた」

三月三日の節句

ケンペルもこうした祭りを三つほど数え上げている。これら全てを詳細に説明はできないが、ケンペルの言葉を借りてそのうちの一つを以下に示しておく。その由来には日本のロマンスに満ちた伝承が関わっている。

「さんがつさんにち（Sanguatz Sannitz）という節句（Sekf）がある。これは年の二番目の節句だ。[2] この名は第三の月の第三の日に行なわれるところからきている。この日は友人や親戚、あるいは先輩や上司のところへ普段どおり挨拶に伺うのだが、少し違うのはこのあと、みなで気分転換をはかるのだ。三月三日は春の始まり。スモモ、サクラ、アンズなどの花が満開だ。赤や白の無数の花。一重や二重の花弁。並外れた美しさだ。これが人々の気分を爽快にさせる。自然が新しい装いで、その比類なき美しさを競うのを見守るのだ」

「この日は春の訪れを祝うだけではない。女の子の楽しみの日でもある。両親が女の子のお祝いに親戚や友人を招くのだ。広々とした部屋が人形で飾られる。この人形はかなり価値のあるものだ。飾られたたくさんの人形は宮廷を表現している。人形は雛公家（Finakuge）と呼ばれる。それぞれの人形の前に食膳が置かれ、そうしたお供えの一つが糯米《もちごめ》とヨモギの葉で作ったケーキである。お供えの料理と同じものでゲストはもてなされる。もちろん酒も一緒だ。女の子がホステス役となってもてなすのだが、幼なすぎる場合は両親が代わりをする」

この風習は次のような伝説が起源になっているようだ。[3]

「裕福な男が流沙川（Riusagawa）近くに暮らしていた。流沙川は鳥の川（the Bird River）とも言う。男には、ぶん女（Bungio）という娘がいた。彼女はある大明神（one Symmias Dai Miosin）に嫁いだ。二人には長いこと子供ができなかった。何とか子供を授かりたいと、祈願を続けると妊娠した。ところが彼女が産み落としたのは五百の卵だった。彼女はこれにひどく驚いた。この卵からどんな恐ろしい生き物が孵《かえ》るかと思うと恐ろしくなった。急いで卵を箱に詰め、流沙川に流した。箱の上に『不浄（fosjoroo）』と書き付けておいた。

この川のずっと川下に老いた漁師がいた。彼は川を流れていく箱を見つけた。開けてみると、中にはたくさんの卵が入っていた。家に持ち帰り妻に見せると、『つまらないものだから捨てられていたのでしょう。見つけたところに戻しておきなさい』と言う。しかし漁師はこう妻に答えた。『わしらはいつ死んでもおかしくない歳だ。どんなことが起ころうとも大したことはない。この卵から何が孵るか見届けるのも一興じゃないか』。こう言うと、温かい砂を二枚の座布団の中に入れその中で卵を温めた。しばらくすると一つ一つの卵から子供が生まれた」

「これだけ大人数の子供の養育は老夫婦には大変なことだった。それでもヨモギの葉と米とで子供を育てた。成長すると老夫婦にはとても手に負えなくなってしまった。子供たちは仕方なく街道で追剝《おいはぎ》をせざるを得なくなった。

そうこうするうちに、川上に住んでいる、この国でも有数の金持ちの家に行ってみようということになった。家を探し当て、食べ物がほしいと物乞いをすると、出てきた男が『名前はあるのか』と尋ねてきた。五百の卵から孵った子供なので、『名前はない』と答えた。男がこれを奥方に伝えると、奥方は卵の入った箱に何か書いてはなかったかと聞くように命じた。子供たちが、箱には不浄と書かれていたことを伝えると、彼女はやって来た子供たちがみな我が子であることを悟ったのだった。喜んだ彼女はアンズの枝で席を飾り、子供たちを魚やヨモギのケーキのご馳走で精いっぱいもてなした。こうして五百人の子供の母となったのが弁才天で、財運の女神として崇拝されている」

「この伝承が祭りの起源となっているので、この日にはヤカンの上にアンズの枝を載せて置いたり、ヨモギと米でふつ餅[4]（futsumotzi）を作る。ふつ餅を作るには、まずヨモギの葉を準備して、それを一晩水に浸しておく。それを圧縮し、乾かして粉末状にする。それを蒸した米と小豆（adsuki）と合わせて混ぜるのだ」

もう一つの祭りを紹介したい。これも日本の五大節句の一つになっている（七夕）。この祭りでは、飲んだり食べたりの大騒ぎの中で、子供たちが竹竿を立てる。思い思いの詩を書いてこの竿に結ぶ。中には「喜び、楽しみ、そして思いやりが世界中に溢れますように」などというのもある。祭りの間は誰かれとなく酒と食べ物がふるまわれる。ローマの酒の神バッカスの信者が日本に舞い降り、大騒ぎしているさまでもイメージしていただきたい。踊り、出し物、演劇などで町が華やぎ、そして賑わう。皆がみな、食事を取る間も惜しんで夜の町を練り歩く。

日本の祭りは五大節句の他にもまだまだある。ケンペルによれば、それら全てを記すことはとてもできないそうだ。

お茶会とマナー

日本人はこうした野外での楽しみだけでなく、室内での楽しみ方も心得ている。おそらく江戸や都の女性たちのほうが、我々のひいおばあさんが生きていた時代や、雑誌の『タトラー』や『スペクテイター』がよく読まれていた時代の女性よりも、お茶会での楽しみ方を知っていたのではなかろうか。お茶会は最新流行のファッションを身に着ける場でもあり、またファッションの情報交換の場でもあった。日本の女性のおしゃべりを英語で聞くことができたら、それはイギリスの夜会で聞くゴシップ話と同じだとわかるだろう。日本で正式なお茶会を催すには少しの勉強と修業がないとできるものではない。ケンペルはこう述べている。

「茶をたて、それをゲストにふるまうことはある種のアートと言っていい。湯を沸かし、茶をたてることの難しさよりもむしろ、作法そのものが重視される。このアートは茶道（Sado）とか茶の湯（Tsianoi）と呼ばれている。ヨーロッパで彫刻、踊り、フェンシングなどに先生がいるように、日本にも茶のマスターがいて生計を立てている。男の子にも女の子にも茶の湯の作法が仕込まれる。茶席での動き、仕草、茶のたて方、勧め方。子供たちは、そうした作法の習得を通じて、上品で優雅な振る舞いを身に付けるのだ」

茶の湯のたくさんの決まりごとはシステム化されていて、本になってまとまっている。若い女性たちは師匠についてこの決まりごとを勉強する。

さまざまなお茶会が催され、いろいろな流儀で茶がふるまわれる。大きなお茶会ではたくさんの茶器や道具を必要とする。装飾のほどこされたもの、高価なもの、いろいろである。主催者の女性がそうした茶器を自慢げに披露するさまは、我々のお祖母《ばあ》さんが珍しい、そして高価な磁器を誇らしげに客に見せるのとそっくりだ。お茶会で使われる絹のナプキン、腰掛、トレイ。こういったものもすべて高級品でなくてはならない。そして選りすぐりの茶。スプーン一杯の抹茶を、豪華な器に入れる。動作は決められた優雅な作法に則っていなければならない。器に熱い湯が注がれる。細かく割れた竹の道具でかき混ぜられ、クリーム状になるほどに泡立てられる。

江戸の朝のお茶会では、茶と煙草はつきもので、コンスタンチノープルのコーヒーとパイプのようなものだ。茶のふるまいのあとに、甘い菓子のご馳走が出てくる。小さな紙に載せられた菓子を箸を使って食べる。菓子はきれいな、多色の派手な紙や、純白の紙に載せられている。出されたものを食べ切れなければポケットに入れて持ち帰る。それは決して無作法なことではない。むしろそれがエチケットだ。残りものは紙にくるんで袖に入れる。日本の服の袖はポケットの役割がある。大きな宴会ではお供の者を一人、二人同伴させることもある。こんなときには残りものをバスケットに入れて供の者に持ち帰らせることもある。こうした食事の席で女性が煙草を吸うかどうかははっきり伝えられていないが、残念ながら彼女たちは喫煙しているようだ。

宴会では七つか八つの料理が供される。次の料理が運ばれる合間を利用して、ホストの主人は招いた客の一人ひとりと酒を酌み交わす。これが日本的な酒の社交術

(hobnob）なのだ。食材は狩りでしとめた野鳥、鹿肉、家禽、魚、野菜などで海草もある。魚はとりわけ大事な食材だ。魚料理は言ってみれば日本人のローストビーフだ。既に述べたように日本人は魚は何でも食べる。鯨もシャークも例外ではない。こうした料理を入れる漆の椀とライスを入れる椀が食膳に置かれる。ライスはいつでもおかわりができる。ちょっと舌の刺激になるように醤油などのソースが用意され、生姜漬け、塩漬けの魚の切り身も食卓にのぼる。日本人はみな、箸を使って食事する。ゲストは料理だけでなく、使われている膳や器の美しさにも注意を払い、その見事なことをしっかりと褒めるのだ。

世襲の有力者を除くと、過度に贅沢な料理を出すことはない。裕福な商人たちでさえもお殿様のような宴会はしない。彼らは見張られていることを知っているのだ。そのため、あえてスパイと思われる連中を招待して、恭しく丁寧に扱い少し派手な宴会をすることはある。宴会は歌や踊りで盛り上がり、たくさんの酒がふるまわれる。ちょっとした素人芸が披露されることもある。

コックス船長は日本の新築祝い（housewarming）の風習を伝えている。

「日本人は新築祝いで大騒ぎをするのが好きなようだ。仲間を集めての宴会、酒盛り。これがなければその家の末長い繁栄はない、と固く信じている。こうした祝いの席では、隣近所の主《あるじ》が祝いの品を贈り、たくさんの料理と酒を持ち寄る」

清潔好き

日本の家は驚くほど清潔らしい。貧しい家庭でもそうなのだ。何もかもが見事に整理整頓されている。使いもしない邪魔な家具は室内に置かない。これが鉄則らしい。私の友人は、有力者の家を訪問したとき、その部屋が見事なほどに片づけが行き届き、清潔であったことを実際に経験している。それを私に目を輝かせながら伝えてくれた。

日本人がきれい好きであることは賞賛に値する。身分の高低にかかわらず風呂が好きである。日に何度か手足を洗うほどに几帳面である。もちろん頻繁に風呂に入ったり身体を拭いたりするからといって清潔とは言い切れない。トルコ人も日本人と同じくらいに何度もトルコ風の風呂に入る。ところが清潔にした身体の上に、汚れた服をそのまま身に着けてしまう。その上、家に戻ればそこは汚れきっていて、ありとあらゆる嫌な虫やら蚤やらがわいているのだ。しかし日本人はきれいにした身体に清潔な服を着る。家に帰っても室内は清潔である。ケンペルは伝える。

「日本人は実にきれい好きだ。身体、衣服、室内。何から何まで清潔で片づいている」

家には風呂（fro）と呼ばれる別棟があって、そこは蒸し風呂になっている。そこには温冷水の二つの湯船が付いている。朝晩の二回、この風呂を使って身をきれいに保っている。彼らの身に着ける服が簡単に脱いだり着たりできるのは、風呂好きと関係しているのかもしれない。腰帯を緩めるとシンプルなつくりの服は一気に脱ぐことができる。ドイツ人の医師はこうした清潔好きこそが日本人の健康と長寿の理由だと述べている。

乗馬

話題は変わるが、日本では貴族や領主クラスの間で狩猟や鷹狩りが盛んだったことが伝えられている。鷹は素晴らしい鳥であることやその訓練の見事さが語られることも多かった。かつて流行っていた鷹狩りも近年は廃《すた》れ気味だという。同じように馬術についても流行らなくなっているらしい。それでも数多くの馬が飼育されている。馬の世話がうまくできず、馬を清潔に保てない馬丁は厳しく叱責される。厩舎が応接間のようにきれいにされていたという報告さえもある。

高位で金のある者は従者を引き連れて、その威厳を見せつけることもある。彼らは四輪のワゴンを持っている。この乗り物はオランダ人が日本に伝えたものだ。ワゴンは馬にも牛にも曳かせる。高官たちは普段籠椅子を利用することが多い。中には自ら馬に乗ることもあるが、普通は自ら手綱を操るような、はしたないことはしない。馬丁を連れ手綱を曳かせるのだ。

ゴローニンは松前での見聞を語っている。

「松前奉行が馬に乗って寺に向かうのを見た。寺では感謝祭に似たような祭礼が行なわれていた。奉行は毎春一度そこを訪問することになっていた。寺の関係者や奉行所の役人たちはみな先に寺に行っていた。そこへ奉行が形式ばらずにやって来た。ハミの両側に二本の淡青色の帯を結び、それを従者に曳かせていた。垂らした帯を曳く従者は前に二人、後ろに二人だった。後ろの二人は帯の端を握り、前の二人とは十分な距離をあけていた。四人の男が道いっぱいに広がったような感じである。馬の尾はシルクでできたサックが被せられていた。奉行の服装は、我々が普段見かけるものと同じで、豪華な鞍に腰をおろしていた。足先は漆の鐙《あぶみ》に乗せていた。鐙は箱のような形をしていた。従者たちは帯を握り締めながら、しきりに『ちゃい、ちゃい』と馬に命令していた。命令の言葉はソフトだったが急がせているので、馬はスピードを出しすぎたり少し飛び跳ねたりする。奉行は身体を前傾させ、両の手で鞍をしっかり摑んでいた。馬の前を兵士の一団が先行し、二人の士官が、どけどけ、と声を荒らげていた。もちろんそこには道を遮っている者などがいるわけはない。馬の後ろから二人の鎧持ち（armoubearer）が付いてきていた。どうも今日の奉行の外出はお忍びのような感じである」

お忍びか否かにかかわらず、この日の奉行のさまはこの国での馬術の衰退を象徴しているようだった。好意的に考えれば、都会から遠く離れていることもあり、いささかプライドを捨てて、男らしく馬に乗って参詣することを選んだのだろう。貴族のようにシルクやサテンのベールに隠れて移動するのは嫌だったのだろう。

妻の貞節

さて繰り返しになるが、日本の女性についてもう一度述べておきたい。女性のありようを見ればその国の文明の程度が一目瞭然である。先述のとおり、日本の女性に対する扱いはアジアで最高のレベルにある。女性は隔離された社会に閉じ込められてはいない。フェアな社会的地位を持ち、父や夫と同じように遊びに興じている。妻の貞節、娘たちの純潔は本人の誇りと自覚に基づいて保たれている。もちろんそうした行動は、不貞の責任は命をもって贖わなくてはならない決まりで補強されてはいよう。それでも不貞な妻というのは日本では聞いたことがない。

身分の高低にかかわらず、子供は全て学校に行かされる。学校の数は世界のどの国よりも多いのではないかと言われている。だからこそ、どんな貧乏な者でも少なくとも字は読める。まさに世界に誇れる特質だ。女性の心は男たちの心と同じように豊かである。だからこそ、この国には優れた女性の詩人や歴史家や小説家がたくさん生まれているのだろう。

高位の者や金のある男たちは、妻たちの見せる貞節とは全く逆の行動を見せる。むしろこうした男の性癖は身分を問わず一般的な傾向といってもよい。日本の男はこのたわいない悪徳（pleasant vices）のせいで火傷をするのはわかっていても、やっぱり遊んでしまうのだ。日本を訪れた西洋人はこの様子を、日本の国民的悪徳（the great national vice of the Japanese）だと呆れている。こういう中で、日本の女性が厳しく純潔を守ることは議論の余地がない。このことは日本人自身だけでなく、この国を訪れた多くの西洋人によって証言されている。既婚の女性たちは男性からいつも敬意を払われている。

日本の女性はたいへんに名誉を重んじる。彼女たちに恥をかかせた男が殺された例にも事欠かない。こんな話が伝わっている。

「それなりの地位にある男が旅に出た。その留守に高位の男がその妻に言い寄った。妻はその男を詰《なじ》り、きっぱりと断ったのだが力ずくで犯されてしまった。夫が旅から帰ると、妻は愛情いっぱいで迎えた。しかし彼女の中には、異常なまでに落ち着きはらった空気が感じられた。夫はそのわけを聞き出そうとしたができなかった。明日まで待ってくれと言う。明日、親戚や町の主だった人々を家に呼ぶので、そのとき話すと言うのだ」

「翌日、大勢の客が集まってきた。その中に例の男もいた。宴は屋上にあるテラスで何事もなく進んだ。食事が終わると、客の前で夫の留守中の出来事を話し始めた。そして夫に不貞の妻を殺すように迫ったのだ。夫も客も彼女を落ち着かせようと懸命に試みた。この妻が責められるべきは何一つないのだ。責められるべきはその悪い男だ。妻はみなの慰めに感謝し、夫の肩で泣いた。しかし突然抱きしめる夫の手を払い、欄干から身を乗り出して飛び降りてしまった。客の中にいた例の男が突然、階段を駆け下りていった。あとを追った者たちが見たのは、死んだ女の横で血に染まった男だった。腹を十字に切って果てたのだ。身を投げた女は、不貞を強要した男の名前を明かさないままだったから、誰一人彼を疑ってはいなかったにもかかわらず」

こういう事件が多くの演劇や小説のモチーフになっている。もう一人強い意志を示した女性の話が伝わっている（以下に紹介される話は、一六五一年に起きた慶安事件をモチーフとした『慶安太平記』に基づいている）。

「忠弥（Tchouya）という男が反乱を企てていることが発覚し、仲間の正雪（Ziositz）と併せて逮捕が命じられた。二人同時に取り押さえたかったが、まずは江戸に居る忠弥を捕まえ計画の中身を白状させることにした。奇策をもって捕まえるのがよろしかろうと、『火事だ！』と叫びながら忠弥の屋敷の門を叩いた。飛び出してきた忠弥を取り囲んだが、忠弥に二人が倒されてしまう。それでも数に勝る捕り手により忠弥は捕縛される。この騒ぎに気づいた忠弥の妻はすばやく機転を利かし、夫の書付を燃やしてしまった。そこには仲間や支援者の名前が書き込まれていたのだ。忠弥の妻が見せた強い意志と正しい判断力は今でも語り継がれている」

日本では親子間の関係も素晴らしい。子供が親に示す愛情、敬意、恭順は限りなく強く、同じように親たちも子供たちを強く信頼している。家庭内で揉め事があると、親は長男に調整を任せる。彼が全体の合意をとりまとめるのだ。息子が一定の年齢に達すると家産を早々に譲り、息子に扶養される道を選ぶ親も多い。こうした子供への厚い信頼が裏切られることはまずない。

仇討ち

日本人の欠点に強烈な復讐の慣習が挙げられる。誇り高い性格の裏返しでもある。日本には劇作家や小説家の材料になる仇討ちの話が無数にある。

「高木彦右衛門[6]（Fakaki Fikoyemon）という男がいた。長崎奉行だった。将軍から家紋の入った二本の刀と槍を持つことが許された、成り上がりの男だ。彼に仕える者も次第に傲慢になり、町の人々を侮蔑し、小馬鹿にする態度を見せ始めた。元禄十四年十二月二十日（この事件は元禄十三年十二月に起こっている。西暦では一七〇二年一月二十日にあたる）、彼らは高木の娘を立派な籠に乗せ、ある社に向かっていた。名のある家の子供の命名は、生まれてから七日目にすることになっていた。社に付けてもらう名前を受け取りに行く途次だった（お七夜の風習）。身分の低い家庭では子供に名を付けられるのが男の子は三十日後、女の子は三十一日後という決まりがあった」

「道はひどく降った雨のせいで、ぬかるんでいた。そこを隣町の奉行の深堀こうあんせいもん（Fokka-fouri-kouan-seimon）が通りかかった。そのとき誤って高木の一行に泥がかかってしまった。怒った高木の一行は、深堀の陳謝に耳を貸さず、彼を殴打した。それだけではなく浦五島町にある深堀屋敷に乱入して全ての家具を壊す乱暴狼藉をはたらいた。こうあんせいもんらは復讐を考える。二百人を超える深堀の手の者が彦右衛門の屋敷の前に集まった。門を開けさせると、いっせいに彦右衛門らに襲いかかった。彦右衛門は懸命に防戦したが足を滑らせ、のしかかった深堀の者に首を掻っ切られた。この首級をもって深堀の一団は意気揚々と引き揚げていった」

「彦右衛門は本蓮寺《ほんれんじ》近くに白い愛犬と一緒に葬られた。主人を守ろうと何人かを傷つけたが最後には殺されてしまった犬だった」

「目的を果たした者のうち二人が、深堀の屋敷近くの橋の上で切腹して果てた。仇討ちには死をも恐れないことを示したのである」

この事件はティチングが長崎滞在中に老女から聞いた話である。その老女は血の滴る彦右衛門の首を持って逃げる男を目撃したという。

ランドール氏も似たような話を伝えている。

「カロンという男が聞いた話なのだが、宮廷の段差のあるところで二人の高官がぶつかってしまった。このうちの一人はひどく短気な男で、激しく謝罪を要求した。もう一方の男は少しのんびりしていて、たんなる事故ではないかと鷹揚に返した。

それでも執拗に謝罪を求め、戦おうとする男は、謝罪させるのを諦めると、突然着ていた服を脱ぎ作法にしたがって割腹したのだ。面目を保つにはもう一方の男も割腹せざるを得なかった。最初に腹を切った男は相手が死んでいくのを見て満足気に最後の息をひきとった」

「どんな些細な侮辱も甘受しない。汚名は血によってしか雪《そそ》げない。こうした日本人の気質は、逆に相手に対して最大の敬意を払って接するという態度を生んでいる」

こうした気質を持つ日本人は、我々が軽蔑する他のアジア人とは全く異質である。この国を訪れた西洋人の誰もが、日本人のこうした男らしい（manly）行動を評価している。読者はアダムスやザビエルの言葉を覚えているだろう。そう言えばフロイス（一五三二―九七年。イエズス会宣教師。信長に布教を許されている）も同じように日本人を賞賛している。

「日本人は西洋人に匹敵する優れた民族である。この国の人々の性質や特質を思うとき、布教に関わる喜びを禁じ得ない。この国でのキリスト教の未来は明るい。有馬の神学校で学ぶ若者は実に素晴らしい。ほとんどが高い身分の出身だ。世間から離れた信心の生活を送っている。静かに控えめで熱心に教義を学んでいる。純真で、素直で、よく言いつけを守り、飲み込みが早い。しっかりと規則を守っている。少しも無駄のないスケジュールで言葉を学び、文学、声楽、音楽の勉学にも励んでいる。学ぶことにかけては天賦の才がある者ばかりだ」

ドン・ロドリゴも同様に日本人の性質を激賞しているが、彼が酒を飲まなかったこともあり、日本人の酒好きには閉口している。

これ以上、日本人に対する賛辞の記録を繰り返さない。最後に日本に関する記録をまとめ、それをじっくり読み込んだイギリス人作家（ランドール氏）の言葉を紹介しておく。

「日本人は名誉を異常なほどに大事にする民族である。少し高慢で、仇討ちに価値を置き、少し好色なところがある。それが欠点である。一方、粗野で乱暴を働いたり、大法螺を吹いたり、陰口を叩くことをひどく軽蔑する。嘘をつくことは許されない。概してやさしく親切な民族だ。友人を裏切ることは決してない。拷問を使っても友を裏切らせるのは至難である。ときに見ず知らずの人間にも助けを求められれば、血を流してまで守ることがある。いずれにせよ日本人には、こうした長所短所があるのだが、宣教師たちの心を強く捉えたのは間違いのないことである」

第十章　注

1：イタリアのじゃんけんは、まず偶数か奇数を決め、お互いの出した指の数の合計を当てたものが勝つルール。

2：若菜の節句（一月七日）、桃の節句（三月三日）、菖蒲の節句（五月五日）、七夕（七月七日）、菊の節句（九月九日）を五節句という。

3：ここに語られる話に類似した伝承は『今昔物語』にある（京都大学附属図書館蔵『鈴鹿家旧蔵』〈巻五〉「般沙羅王五百卵、初知父母語」〈第六〉）。この伝承と桃の節句の起源とは無関係と思われる。マックファーレンの依拠する文献は不明。桃の節句の起源については「桃花源」伝承と結びつけるものがある（『鎌倉時代語研究』Vol.21、一九九八年、二七一—三四三頁）。

4：長崎、佐賀周辺ではヨモギ餅を「ふつ餅」と呼ぶ。マックファーレンの記述のもとになった伝承は、九州起源あるいは九州の人々から聞いたものと推測される。

5：十八世紀初頭のイギリスのファッション雑誌。*The Tatler* は一七〇九年から一一年まで、*The Spectator* は一七一一年から一四年まで刊行。中流階級の女性はこうした雑誌を通じて、流行のファッションだけでなく都会生活のマナーを学んだ。

6：高木彦右衛門は長崎会所の幹部。長崎貿易を仕切っていた。マックファーレンは長崎奉行としているが間違い。ここで語られるのは「長崎喧嘩騒動」という実際に起こった事件である。長崎防衛の役割を持った肥前藩深堀領（長崎市深堀町）深堀屋敷の二人の武士が高木の手代に侮辱された。これに憤った深堀屋敷の武士らが高木の屋敷を襲い、高木を殺害した事件（一七〇一年）。長崎奉行所は江戸幕府の裁定を仰いだ。喧嘩両成敗となり、どちらも厳しく処分された。マックファーレンの語るこの事件は時期、名前、役職などに混乱がある。

第十一章　言語、文学、科学、音楽、絵画

日本語の難易度

イエズス会宣教師は日本語には相当に苦しんだようだ。日本語がこれほど難解なのは悪魔の仕業、布教の仕事を邪魔するのにうってつけの難しさだと嘆いた。

まだ日本語を本当の意味でマスターしたヨーロッパ人はいない。それでも他のアジアの言語に比べて難しいというわけではない。国交が開かれ交流が始まれば、アメリカ人、イギリス人の中にも流暢にしゃべれる者は出てこよう。イギリスの若者が日本語を学ぶインセンティブは十分にある。香港貿易監督官デーヴィスが言っているよう

に、外交上の通訳に外国人を使うことは危険である。交渉相手の国の言葉を知ることは外交交渉を進める上でとても大事なことである。日本語の基礎的な文法、語彙についてはヨーロッパの他の言語では既に紹介され、本も出版されている。ある優れた言語学者は日本語を次のように評している（日本語分析部分は一部省略）。

「日本語は世界のどの言語にも似ていないと言われている。これは一面真実である。しかし構造上はタタール語やスキタイ語に近いところがある。辞書編纂の視点から見れば、日本語はこうした言葉と大きく違っているからといって、どの言語にも似ていないとは言い切れない。同じ系統のタタール語とスキタイ語の間にもかなり相異があるのだ。タタール語やスキタイ語はインド・ゲルマン語に比べると体系だっていない。ある言語学者（原文には Dr. Johnson とある）は前者を『釘を使ってできた家具』、後者を、職人の高度な腕が必要な臍《ほぞ》加工や蟻継ぎ技法を駆使し、『釘を使わずに作られた高級家具』にたとえている。そういう理由からか、前者は単語が簡単に形を変え、その意味もいろいろに変わっていく」

「サンスクリット語と英語が分岐したのはかなり昔のことだ。それでもたくさんの語幹が共通している。ところがボルガ川流域の言葉であるモルドウィン語（Mold-win）とシェレミス語（Cheremiss）は、地理的には隣り合ったような場所で話されているにもかかわらず、普通に使われる単語でさえ大きく違っている。この二つの言葉が分かれたのはわずか数百年前なのだ」

「こうした観察から言えるのは、（日本語、タタール語、スキタイ語などの）言語は（インド・ゲルマン語に比べると）洗練されたものとは言い難い。遊牧の民の言葉であることがその理由かもしれない」

ユニークな演劇

日本人は熱狂的に演劇好きである。その主題はシェークスピアの悲劇と喜劇の混成の如きもので、フランス古典主義の「三単一の法則」[1]への挑戦である。舞台は片目を瞬きするほどのスピードで、島から島へ、日本から支那、朝鮮へ、地上から天国、地獄へ瞬間移動する。既に述べたように、日本の演劇が好む主要なテーマは決まっている。歴史的な事件をモチーフにした英雄や神々の恋や冒険や偉業に関わる話である。道徳的な教訓を垂れる演目もあるが、ほとんどは愛国的で気分が高揚する、出来のよいものばかりである。しかし、中には反抗的な、好ましからざる人物が描かれることもある。また復讐物語や残酷な刑や拷問を楽しむような演劇もある。

フィッシャー氏は大坂の劇場で拷問を扱ったひどく残酷な演目を見ている。日本の演劇では役者が二人以上、同時に舞台に上がることはほとんどないようだ。劇場は広く、そこに役者たちの叫びや喚きの大きな声が響き渡る。イギリスやヨーロッパでもそうだったように、女性パートは女優ではなく肌のすべすべした少年によって演じられる。おそらく役者に必要な肉体的なスタミナが女性には足りないからだろう。

演劇は昼過ぎから夜遅くまで続けられる。高名な役者は一つの演目に役柄を変えて何度も登場する。ちょうど舞台役者チャールズ・マチュー[2]（イギリスの舞台役者。一七七九―一八三五年）が悲しげな表情を見せたり、ひょうきんな動きをしながら一人芝居を見せるのに似ている。スター役者、人気役者の収入はすこぶる高い。しかし役者の職業そのものの地位は低い。自分の本性を抑えて他のキャラクターを演じる行為は、はしたないものと理解されていたのだ。役者は不道徳で性的に淫らで不純な連中だと思われていた。

日本の演劇で最もユニークなのは、同じ日の舞台で三つの異なる演目を上演することだ。その演じ方の順序がおもしろい。イギリスのように一つの演目を終えてから次の演目に移るのではない。最初の演目の第一部が終わると二番目の演目の第一部が始まり、それが終わると今度は三番目の演目の第一部が始まるという寸法だ。第二部でもこうした順序が繰り返される。好きな演目だけ見たい観客は、途中で抜け出してちょっとした用事を済ませたり、煙草を吸ったり、酒を飲んだりしてのんびりする。お気に入りの演目が始まる頃には、すっかり気分転換ができている。日本の女性がこのシステムを利用して気分転換することはない。三つの演目をこうした順序で続けて見ることに何の苦痛も感じない。ときに席を立つのは、おめかしの着替えをするためだ。女性の観劇中の着替えのことは既に述べたとおりだ。役者たちの身に着ける衣装はたいそう豪華で、その着替えも舞台の上で一瞬のうちに行なう。着替えの頻度は女性客が着替える回数よりもずっと多いそうだ。

弘法大師の秘薬

科学の分野では薬学、天文学、数学が進んでいる。ただ死体への嫌悪の情が強いことから解剖学は遅れている。したがって、日本には優秀な外科医はいないだろう。それでも内科医は優れているらしい。かなり難しい病にかかった患者を治している。ケンペルやツンベルグをはじめ、この国を旅した医者は日本の医者の持っている技術だけでなく、ヨーロッパの新知識を学ぼうという熱い思いに心打たれている。

鍼灸は日本人の発明した技術である。ヨーロッパでは鍼灸は他の治療法に取って代わられたがヨーロッパの鍼灸はもともと日本から紹介されたものだった。

日本の薬学についてはティチングの興味深い報告がある。彼の実際の体験に基づく記録だ。

「日本では身体の大きさにあった西洋式のお棺は使わない。彼らは遺体を、高さ三フィート（九十センチメートル）、上部の径二・五フィート（七十五センチメートル）下部の径二フィート（六十センチメートル）の棺桶に納める。大の大人の身体がこんな小さな桶に入るとは驚きである。特に死後硬直でかたまった身体を納めるのは難しい」

「私はドシア（dosia）という粉末[3]〈水銀をベースにした伊勢白粉〈塩化第一水銀〉ではないかと思われる〉が使われるのを見た。この粉末は死者の耳、鼻、口に注がれる。すると硬くなった身体が驚くほどに柔らかくなった。日本の医者はもう一度私の前でこれを見せてくれるというので、くだらないトリックだと決めつけるのを控えた。実験は一七八三年の十月に約束どおり行なわれた。出島商館で若いオランダ人が死んだのだ。ひどく寒い日だった。私は商館医に亡骸を洗い終わったら、外の冷たい空気に一晩中晒しておくように命じておいた。開け放った窓のそばに置かれたので翌朝には遺体はがちがちに硬くなっていた」

「数人の日本人の医者と商館員とで確認すると、身体は木のように硬かった。すると立ち会っていた通訳の伝兵衛が、胸元から例の粉末を取り出した。それを一つまみずつ耳、鼻、口に注いでいった。するとあれだけ硬くなっていた身体が柔らかさを取り戻した。胸の上で閉じられていた腕がだらりと垂れ下がったのだ。この現象はある種の弱毒性薬物の効果と考えられる。この粉末は出産、眼疾患などの病気に効果のある薬物だろう。健康体の人間も精神が昂揚して気分が爽快になるということで高い需要がある。小さな白い布きれに包んで大事に保管されている」

「この薬は死の間際に用いられることもある。薬としてではなく、死後の硬直を抑えるためだ。そうすれば遺体の取り扱いが乱暴にならないという配慮だ」

「私は何とかこの粉末を手に入れようと試みた。全国で九つの地域の神道の社だけで販売されている。この薬を考え出したのは弘法大師[4]（Kobou-Daysi）で、彼の死から二年後に一般に広まったという。僧侶の厚意で何とか入手できたのだが、その量はひどく少なかった。しかし一七八四年に日本を離れる前に再び手に入れることができた。二十包に分けられたドシアの包みにはその名前が朱で書かれていた。布袋に入った目の粗いものも手に入れた。細かな金の粒子が含まれているのがわかった。この粗い粒子は薬にする前のものだ。包みに入った粉は雪のように真っ白で、こちらは薬効が確かなのだろう。

　弘法大師がドシアの原料となる鉱石に出会ったのは大和の国の金剛山中（大阪と奈良県境にある山。真言宗の修験道場、転法輪寺がある）であった[5]。この山で鉱石を見つけ出すと、弘法大師はそれを高野山に持っていった。高野山の僧侶たちは今でも弘法大師の鉱石の発見を助けた神に感謝の祈りを捧げる聖歌を詠唱している。高野山ではこうした鉱石は掘り尽くされていたので、金剛山に原料を求めたのである。僧侶たちはドシアの薬効を発見できたのは神に敬虔な祈りを捧げ続けた結果と考えていた。原料が届けられると金塗りのたらい状の容器に移し、大日如来図の前に供える。大日如来は（インドの神である）ヴィローチャナ（Biron-sanna）である。数珠をつけた僧侶たちは容器の置かれた祭壇の周りに輪を作り、七日間にわたり心経を唱える。その文句は次のようなものだ。

"On o bokja Biron saunanomaka-godora mani Fando ma, zimbara gara, garetaga won"

僧侶の長い祈禱が続くうちに、容器の中からかさかさと音が聞こえてくる。原料から不純物が飛んでいく音だ。これが聞こえてからしばらくすると、器の中の原料は純粋なドシアの粉末に変わる。こうして出来上がったドシアは神道の寺社に配られる」

この国では化学はそれほど発展していないが、植物学の研究は熱心で、十分な成果をあげている。薬草の中には高い薬効を示す素晴らしいものがある。それでもこの国の人々は健康のためには食事に気を配るのが一番だと考えている。鍼灸も広まっていて、モグサ（moxa）を使った灸が盛んに行なわれている。

天文学も相当に発展している。トップクラスの学者はすでにラランデの論文[6]（フランスの天文学者。フランス航海暦を編纂。一七三二―一八〇七年）を理解していた。こうした論文はオランダ語に訳出されていたのだ。この事実は「日本人は数学をほとんど理解していない」という観察を否定するものだ。彼らは天体観測機器の使用法に習熟しており、既に完璧に近い精巧なコピーを製作させている。彼らは、クロノメーター、気圧計、温度計を製作し、山の高度を気圧計で測る方法も学んでいた。二人の皇帝の都の周辺にこうした科学者が多くいた。月蝕や日蝕を記載した、しっかりした暦が江戸と都の学問所から出版されていた。サマラン号の士官らは、日本人をもう少し知ることができれば、彼らの科学的な知識が我々の想像する以上に豊かなことがわかるだろう、と述べている。

日本人が土木工学の基礎である三角法を理解していることは間違いない。しかし器械の導入は人々の職を奪うという視点から、政府はそうした器械の導入を抑制している。将軍は西洋人から贈られた搾油機を拒否したそうだ。器械の出来には感心したのだが、それが職人から仕事を奪うことを心配したのだ。

日本の音楽は西洋人の耳には馴染まないが、日本の女性はかなりの音楽的センスがあるらしい。三味線という楽器がある。日本のギターだ。女性たちはこの楽器の演奏法を学ぶ。イギリスでピアノを習わせるのに似ているが、日本では三味線を女性教育の一環としてとらえている。控えめな作法を学ぶのだ。日本の男性は宴会好きで社交的。女性を宴会に同伴するという点で実にジェントルマンである。同伴の女性には必ず三味線を持たせる。男たちは乾杯を繰り返しキセルの煙草をふかし、女たちはかわるがわるに三味線を演奏し、そして歌うのだ。男たちはどんな宴会にも必ず婦人を同伴する。

肖像画嫌い

絵画についても素晴らしい感性と、それを可能にする技術がある。しかし「人間の聖なる姿」[7]の研究、つまり人体の観察はひどく遅れている。フィッシャーはこの国の絵画について次のように述べている。

「この国の絵画はかなり早い時期から相当に高いレベルに達している。多くの寺社の襖や壁に描かれた絵がそれを示している。ところがこの国には優れた肖像画家はいない。おそらく画家たちが肖像画を描きたがらないのだろう。描かれた肖像画を見ると、着衣や背景などを実に正確に描き込んでいるにもかかわらず、顔が全く似ていないということが多い。ローレンス（イギリスの肖像画家。一七九六—一八三〇年）が描いたアレキサンダー一世（ロシア皇帝。一七七七—一八二五年）の肖像画に対する評価と似ているところがある。画家の注意が人物の輪郭や身に纏っている衣服あるいは装飾品に行き過ぎている」

肖像についての考え方でも、モンゴル系のトルコ人と日本人は似ている。地理的にこれだけ離れているのに、おもしろいことである。日本人の同胞とも言えるオスマン帝国のトルコ人だが、彼らは肖像画、肖像彫刻の製作を一切禁じていた。コーランが肖像を拝むことを禁じていることもあるが、モンゴル系には、こうした宗教的な理由の他に、肖像を嫌う性質があるのかもしれない。あまり信仰に熱心でないトルコ人でさえも、かなり質のよいイギリスの肖像画を見て嫌悪感を示すところを見ると、この推測は正しそうだ。

フィッシャー氏の出版した本には彼が長崎で収集した絵画が多数紹介されている。我々の宗教画と同じように高いレベルを示している。おそらく江戸や都で活躍する画家は長崎の画家よりも優れているに違いない。イギリスでもロンドンの画家が優れているのと同じことだ。日本の絵画の持ち出しは禁じられていることを考えると、この国の最高レベルの作品はまだヨーロッパには紹介されていないだろう。絵画の専門家がそうした作品を吟味する機会はまだ来ていない。

日本の植物画や動物画は素晴らしい。中でも鳥を描いたものは絶品である。食器に描かれたつがいのツルなどは実に見事だ。ツルの真の姿を忠実に写している。こうした作品は王立アジア協会（一八二三年に設立）の博物館に展示されている。ニューバーリントン街にこの博物館はある。会員を通じて申し込めば実物を見ることができる。日本の地図も素晴らしい。しかし法律によって地図の国外持ち出しは禁じられている。外国人は閲覧も認められていない。シーボルトが地図を入手しようと試みたがひどく悲惨な結果となっている。[8] 三年前、知り合いのイギリス人海軍士官がシーボルトの持ち出した地図を見る機会があった。ライデンのシーボルト屋敷にあったものだ。彼は私に、そうした地図が驚くほど正確に作製されていたことを証言してくれた。もう少しそうした日本の芸術品の現物があれば、それらがいかに優れているかをもっと語れるかもしれないが、読者にはそうしたことは十分に伝わったものと確信している。

日本人はまさに最高に洗練されたタタール人である（super-refined Tartars）。

第十一章　注

1：「フランス古典主義の演劇に、『三単一の法則』があったことは、あまりに有名である。『ひとつの場所で、一日のあいだに、ひとつの劇行為を』というあれだ。限られた上演時間に、ひとはそれほど移動できるはずはないし、事件に立ち会うにしても、長くて一日が納得できる最大だし、あれもこれもという出来事でなく焦点をひとつに絞ったほうが印象強いという観点から、真実を表すには、さらに傑作であるためには、これを遵守しなければならない……」(原幸雄「イヨネスコ『禿の女歌手』から」『武蔵野大学人文学会雑誌』第三十七巻、二〇〇六年)

2：「喜劇役者マシューズの芸はモノポリローグ (monopolylogue) と言われるもので、短い芝居の全ての役を舞台上で一人で演じる、一人芝居である。衣裳も声も次々に変えながら何役もこなす器用さと素早さが、彼の売り物だった」(田村真奈美「ディケンズ『貧しい親戚の話』—マイケルの語りの彼方—」) http://www.dickens.jp/archive/cs/cs-tamura.pdf

3：当初化粧用に販売されていたが、次第に梅毒、皮膚疾患などの治療薬として広まっていった。現在は製造されていない。

4：空海(七七四—八三五年)と水銀とは深い関係があるとされる。唯一の液体金属である水銀は金や銀を鉱石から溶かしだしアマルガムとなる。その性質から金銀の精錬や鍍金《ときん》に利用される。空海の唐留学は私費であったが、その資金は鉱山技術者集団から出ている可能性がある。帰国後開山した高野山周辺には多くの水銀鉱脈がある。高野山への入り口にあたる和歌山県伊都郡かつらぎ町には丹生都比売《ニウツヒメ》神社がある。「丹」は水銀を含む朱砂の鉱石を意味している。

5：ここで描写されているドシアの製造法は真言密教の土砂加持法要の模様に似ている。この法要で加持された土砂には死者の宿業を除く力があり、また死後硬直を解くとも言われる(天台宗ホームページ「密教法要」を参照　http://www.tendai.or.jp/houyou/index.php)。

したがってドシアは加持された土砂のことを指していると考えられるが、著者はこれを伊勢白粉《おしろい》と混同しているので dosia を土砂と訳さず、カタカナ表記とした。

6：「彼（ラランデ）の著作による天文学の一般的教科書である‘*Astronomie*’１７６４年、全３冊（フランス）が、オランダでストラッペ（Arnoldus Bastiaan Strabbe）によって訳され、日本に入ってきたのが、‘*Astronomia of Sterrekunde*’全5冊である。この本を『ラランデ暦書』と称している。幕府天文方で『寛政暦法』の改暦を行った高橋至時は、１８０３年に個人所有であったこの本を17日間だけ借りて読み、直接西洋天文学にふれ、その内容に感嘆し寝食を忘れて、抄訳に没頭したと云われている。『ラランデ暦書』の翻訳には高橋至時、間重富、渋川景佑が関わっている」（国立天文台図書室ホームページ　http://library.nao.ac.jp/kichou/open/017/index.html）

7：イギリスの詩人で画家でもあるウィリアム・ブレーク（一七五七―一八二七年）の詩「神のイメージ」の一節にある言葉（the human form divine）の引用。

8：一八二八年に起きたシーボルトの地図持ち出しの事件を指す（シーボルト事件）。地図の海外への持ち出しは厳禁だった。シーボルトに国禁の地図類を提供した幕府天文方高橋景保らが処分された。

＊本書は、二〇一〇年に当社より刊行した著作を文庫化したものです。

草思社文庫

日本 1852
ペリー遠征計画の基礎資料

2016年8月8日　第1刷発行

著　者　チャールズ・マックファーレン

訳　者　渡辺惣樹

発行者　藤田　博

発行所　株式会社 草思社

〒160-0022　東京都新宿区新宿 5-3-15
電話　03(4580)7680(編集)
　　　03(4580)7676(営業)
　　　http://www.soshisha.com/

本文印刷　株式会社 三陽社

付物印刷　日経印刷 株式会社

製本所　加藤製本 株式会社

本体表紙デザイン　間村俊一

ISBN978-4-7942-2220-6　Printed in Japan

草思社文庫既刊

渡辺惣樹
日本開国
アメリカがペリー艦隊を派遣した本当の理由

1854年のペリー来航の本当の目的は何だったのか。米側の史料を丹念に読み解き、開国のシナリオを練ったアーロン・パーマーの動向から今日に至るまで、一貫するアメリカの対日政策の原型を描き出す。

兵頭二十八
「日本国憲法」廃棄論

マッカーサー占領軍が日本に強制した「日本国憲法」。自衛権すら奪う法案を日本が丸呑みせざるを得なくなった経緯を詳述。近代精神あふれる「五箇条の御誓文」の理念に則った新しい憲法の必要性を説く。

兵頭二十八
日本人が知らない軍事学の常識

戦後日本は軍事の視点を欠いてきた。軍事学の常識から尖閣、北方領土、原発、TPPと日本が直面する危機の本質をとらえる。極東パワー・バランスの実状を把握し、国際情勢をリアルに読み解く。

草思社文庫既刊

鳥居 民
昭和二十年 全13巻

太平洋戦争が終結する昭和二十年の一年間、何が起きていたのか。天皇、重臣から、兵士、市井の人の当時の有様を公文書から私家版の記録、個人の日記など膨大な資料を駆使して描く戦争史の傑作。

鳥居 民
日米開戦の謎

昭和十六年の日米開戦の決断はどのように下されたのか。避けなければならなかった戦いに、なぜ突き進んでいったのか。当時の政治機構や組織上の対立から、語られることのなかった日本の失敗の真因に迫る。

鳥居 民
原爆を投下するまで日本を降伏させるな

なぜ、トルーマン大統領は無警告の原爆投下を命じたのか。なぜ、あの日でなければならなかったのか。大統領と国務長官のひそかな計画の核心に大胆な推論を加え、真相に迫った話題の書。

草思社文庫既刊

菅原 出
アメリカはなぜヒトラーを必要としたのか

1920年以降、アメリカは「独裁者を援助し、育てる」外交戦略をとってきた。ナチスから麻薬王、イスラム過激派に至るまで、アメリカと独裁者たちを結ぶ黒い人脈に迫る真実の米外交裏面史。

山岡淳一郎
田中角栄の資源戦争

70年代、日米関係のタブーを踏み超えて挑んだ世界の「資源争奪戦」の恐るべき実態とは？ 独自の石油獲得に加えウラン燃料へのルートにも手を伸ばした角栄の航跡をたどる。3・11後の日本の針路を問う力作。

盧 千恵
私のなかのよき日本
台湾駐日代表夫人の回想五十年

「戦後、誇り高く生きていく日本人の姿が私たちの心を打ち、それが自然と尊敬の気持ちへと繋がったのだと思います」。自らのうちに刻まれた「日本的なるもの」を綴った前台湾駐日代表夫人の回想録。

草思社文庫既刊

かたき討ち 復讐の作法

氏家幹人

自ら腹を割き、遺書で敵に切腹を迫る「さし腹」。先妻が後妻を襲撃する「うわなり打」。密通した妻と間男の殺害「妻敵討」…。討つ者の作法から討たれる者の作法まで、近世武家社会の驚くべき実態を明かす。

江戸人の性

氏家幹人

衆道、不義密通、遊里、春画……。江戸社会には多彩な性愛文化が花開いたが、その背後には、地震、流行病、飢餓という当時の生の危うさがあった。豊富な史料から奔放で切実な江戸の性愛を覗き見る刺激的な書。

幕末不戦派軍記

野口武彦

慶応元年、第二次長州征伐に集まった仲良し御家人四人組は長州、鳥羽伏見、そして箱館と続く維新の戦乱に嫌々かつノーテンキに従軍する。幕府滅亡を象徴する〝戦意なき〟ぐうたら四人衆を描く傑作幕末小説。

草思社文庫既刊

徳大寺有恒
ダンディー・トーク

自動車評論家として名を馳せた著者を形づくったクルマ、レース、服装術、恋愛、放蕩のすべてを綴る。快楽主義にも見える生き方の裏にあるストイシズムと美学——人生のバイブルとなる極上の一冊。

徳大寺有恒
ぼくの日本自動車史

戦後の国産車のすべてを「同時代」として乗りまくった著者の自伝的クルマ体験記。日本車発達史であると同時に、昭和の若々しい時代を描いた傑作青春記でもある。伝説の名車が続々登場！

河東哲夫
新・外交官の仕事

国家と国家のはざまに立つ外交官から見た日本とは？ ボストン、ロシアなどでの任務を経験した著者が、外交の意義、外交官の交渉術、情報収集力を語る。現在の日本外交の実像から「世界の中の日本」に迫る。

草思社文庫既刊

ディー・ブラウン　鈴木主税＝訳

わが魂を聖地に埋めよ（上・下）

フロンティア開拓の美名の下で繰り広げられたのは、アメリカ先住民の各部族の虐殺だった。燦然たるアメリカ史の裏面に追いやられていた真実の歴史を、史料に残された酋長たちの肉声から描く衝撃的名著。

エリック・シュローサー　楡井浩一＝訳

ファストフードが世界を食いつくす

世界を席巻するファストフード産業の背後には、巨大化した食品メーカー、農畜産業の利益優先の論理がはびこっている。環境と人々の健康を害し、自営農民や労働者、文化を蝕むアメリカの食の実態を暴く。

エリザベス・マーシャル・トーマス　深町眞理子＝訳

犬たちの隠された生活

人間の最良のパートナーである犬は、何を考え、行動しているのか。社会規律、派閥争い、恋愛沙汰など、人類学者が三十年にわたる観察によって解き明かした、犬たちの知られざる世界。